Droit de la propriété industrielle

CW01642287

MÉMENTOS DALLOZ
série droit privé

Droit de la propriété industrielle

5e ÉDITION – 2001

Joanna Schmidt-Szalewski
Professeur à l'Université Jean-Moulin (Lyon III)

DALLOZ

Le pictogramme qui figure ci-contre mérite une explication. Son objet est d'alerter le lecteur sur la menace que représente pour l'avenir de l'écrit, particulièrement dans le domaine de l'édition technique et universitaire, le développement massif du photocopillage.

Le Code de la propriété intellectuelle du 1er juillet 1992 interdit en effet expressément la photocopie à usage collectif sans autorisation des ayants droit. Or, cette pratique s'est généralisée dans les établissements d'enseignement supérieur, provoquant une baisse brutale des achats de livres et de revues, au point que la possibilité même pour les auteurs de créer des œuvres nouvelles et de les faire éditer correctement est aujourd'hui menacée.

Nous rappelons donc que toute reproduction, partielle ou totale, de la présente publication est interdite sans autorisation de l'auteur, de son éditeur ou du Centre français d'exploitation du droit de copie (CFC, 20 rue des Grands-Augustins, 75006 Paris).

DALLOZ

31-35 rue Froidevaux, 75685 Paris cedex 14

Le Code de la propriété intellectuelle n'autorisant, aux termes de l'article L. 122-5, 2° et 3° a), d'une part, que les « copies ou reproductions strictement réservées à l'usage privé du copiste et non destinées à une utilisation collective » et, d'autre part, que les analyses et les courtes citations dans un but d'exemple et d'illustration, « toute représentation ou reproduction intégrale ou partielle faite sans le consentement de l'auteur ou de ses ayants droit ou ayants cause est illicite » (art. L. 122-4).

Cette représentation ou reproduction, par quelque procédé que ce soit, constituerait donc une contrefaçon sanctionnée par les articles L. 315-2 et suivants du Code de la propriété intellectuelle.

© ÉDITIONS DALLOZ - 2001

Sommaire

Introduction

A Objet du droit de la propriété industrielle

Le droit de la propriété industrielle vise à régulariser le jeu de la concurrence économique et à promouvoir le progrès technique. Cet objectif est réalisé par la reconnaissance à certaines personnes de droits exclusifs (droits de propriété industrielle), assurant à leur titulaire une position protégée face aux concurrents.

À la différence des droits de propriété littéraire et artistique, les droits de propriété industrielle ne naissent pas automatiquement du seul fait de la création ; ces droits sont accordés par l'autorité publique, à la suite d'une demande présentée par la personne intéressée. L'Institut national de la propriété industrielle est un établissement public placé auprès du ministre de l'industrie, compétent pour diligenter ces procédures (à l'exception des obtentions végétales). Une profession de conseil en propriété industrielle est organisée par la loi (art. L. 421-1 à L. 423-2, C. prop. ind.).

Les droits de propriété industrielle sont regroupés en deux catégories, selon leur objet :

1. **Les droits sur les créations industrielles :** ces créations sont protégées par un droit exclusif d'exploitation. Le droit de brevet couvre les créations utilitaires ; le droit des dessins et modèles couvre les créations ornementales.

2. **Les droits sur les signes distinctifs :** les signes distinctifs d'une activité commerciale (marques, indications de provenance, appellations d'origine) sont protégés afin d'éviter la confusion dans l'esprit de la clientèle. La protection consiste donc dans le droit à l'emploi exclusif du signe pour désigner un produit ou service déterminé.

B Sources du droit de la propriété industrielle

1. Sources internationales

L'organisation unioniste issue de la convention d'union de Paris pour la protection de la propriété industrielle de 1883 (v. *infra*), joue un rôle important dans la production des règles juridiques. Depuis 1967, les organes de l'union ont été associés au sein de l'Organisation mondiale de la propriété intellectuelle, siégeant à Genève.

D'autres conventions internationales concernent les différentes catégories de droits de propriété industrielle (v. *infra*, les parties relatives au régime international des droits étudiés).

La convention de Marrakech du 15 avril 1994 créant l'Organisation mondiale du commerce (OMC) comporte en annexe 1C un Accord relatif aux aspects des droits de propriété intellectuelle qui touchent au commerce (ADPIC). Elle impose aux membres le respect des principes de la convention d'union de Paris de 1883 et de Berne de 1886 (sur le droit d'auteur) et comporte des règles minimales de protection des différents droits que les membres doivent respecter sous peine de sanctions commerciales.

Les dispositions de l'ADPIC furent introduites dans le Code de la propriété intellectuelle par la loi n° 96-1106 du 18 décembre 1996.

2. Sources internes

Chaque catégorie de droits de propriété industrielle est régie, en France, par des textes législatifs et réglementaires spécifiques. Les textes relatifs aux droits de propriété industrielle et à la propriété littéraire et artistique furent abrogés par la loi n° 92-597 du 1er juillet 1992, qui les a insérés dans le Code de la propriété intellectuelle (les textes législatifs sont identifiés par la lettre L ; ceux d'origine réglementaire par la lettre R). La jurisprudence et la doctrine jouent un rôle important d'interprétation et de systématisation de ces règles.

3. Sources communautaires

Le traité de Rome de 1957 instituant la Communauté économique européenne s'applique à l'exercice des droits intellectuels.

Un important effort d'harmonisation de ces droits a été entrepris par voie de directives communautaires.

De plus, des régimes de protection communautaires spécifiques ont été mis en place (marque communautaire, appellations d'origine et indications géographiques, obtentions végétales).

Livre premier

La protection des créations industrielles

Les créations industrielles à caractère utilitaire sont protégées par le droit des brevets d'invention ; les créations à caractère ornemental par le droit des dessins et modèles.

Première partie

La protection des créations utilitaires

Les créations utilitaires sont classiquement protégées par le brevet d'invention, mais l'évolution de la technique a amené le législateur à instaurer des droits voisins du brevet.

Première sous-partie

Le brevet d'invention

Généralités

A Objet du droit des brevets

Le brevet d'invention est un titre délivré par l'État à la demande du détenteur d'une création industrielle. Il confère à son titulaire un droit exclusif d'exploitation de la création protégée.

Nul n'est tenu de breveter les inventions qu'il détient, mais l'invention non brevetée n'est protégée par aucun droit exclusif. Elle constitue un élément de savoir-faire secret qui n'a de valeur économique qu'autant qu'il reste, en fait, inaccessible aux tiers. Pareille technique n'est pas soumise au droit de la propriété industrielle ; sa protection relève du droit pénal (violation de secrets de fabrique : art. L. 152-7, C. trav.) ; du droit de la concurrence déloyale ou du droit des contrats. Il n'y a pas d'action en contrefaçon de savoir-faire.

B Sources du droit des brevets

Les règles applicables varient selon qu'il s'agit d'un brevet français d'origine nationale, déposé auprès de l'Institut national de la propriété industrielle (INPI), ou d'un brevet européen pour la France, délivré par l'Office européen des brevets (OEB), siégeant à Munich, en République fédérale d'Allemagne *(cf. infra, Régime international des brevets d'invention)*.

1. Les brevets français d'origine nationale

Après les lois révolutionnaires de 1791, la loi du 5 juillet 1844 fut le premier texte moderne relatif aux brevets, en vigueur jusqu'à la loi n° 68-1 du 2 janvier 1968, tendant à valoriser l'activité inventive et à modifier le régime des brevets d'invention (entrée en vigueur le 1er janvier 1969). Ce texte a été modifié par la loi n° 78-742 du 13 juillet 1978 (entrée en vigueur le 1er juillet 1979) ; par la loi n° 84-500 du 27 juin 1984 ; par la loi n° 90-510 du 25 juin 1990 tendant à rendre identique, pour les médicaments et les autres produits, la durée effective de la protection assurée par les brevets et enfin, par la loi n° 90-1052 du 26 novembre 1990, relative à la propriété industrielle.

Les textes relatifs aux brevets sont aujourd'hui regroupés dans le livre VI du Code de la propriété intellectuelle (art. L. 611-1 à L. 623-35).

2. Les brevets européens pour la France

1. La validité de ces brevets est régie par la convention de Munich sur la délivrance de brevets européens (art. 52 et s. : *v. infra, p. 71*).

2. L'exploitation de ces brevets est régie par le droit interne français (sauf application des règles particulières prévues par la loi n° 77-683 du 30 juin 1977, relative à l'application en France de la convention de Munich du 5 octobre 1973 devenue art. L. 614-1 à L. 614-16, C. popr. intell.).

Première division

Le régime national des brevets d'invention

Titre I

Les conditions d'acquisition de la protection

Sous-titre I

La demande de brevet

CHAPITRE I
L'auteur de la demande de brevet

SECTION 1
CAS GÉNÉRAL

Le droit au brevet appartient à l'inventeur ou à son ayant-cause (art. L. 611-6, al. 1). L'inventeur a le droit d'être mentionné comme tel (art. L. 611-9). La procédure de délivrance ne comporte aucune vérification de cette qualité (art. L. 611-6, al. 3).

La demande de brevet peut donc être déposée par une personne physique, morale ou par plusieurs co-demandeurs.

Les étrangers ressortissant d'un État membre de l'Organisation mondiale du commerce (OMC), ou y ayant leur domicile ou établissement industriel ou commercial bénéficient du traitement que la loi française accorde à ses nationaux. Tout autre étranger jouit des mêmes droits que les Français sous condition de réciprocité (art. L. 611-1, al. 3).

La délivrance du brevet à une personne non habilitée est sanctionnée par l'action en revendication, exercée par le véritable titulaire du droit au brevet (art. L. 611-8).

SECTION 2
CAS PARTICULIERS

§1 Les inventions concomitantes

Si la même invention fait l'objet de plusieurs demandes de brevet par des déposants distincts, le droit au brevet appartient à celui qui justifie de la date de dépôt la plus ancienne (art. L. 611-6, al. 2).

§2 Les inventions d'employés

La loi (art. L. 611-7) organise un régime spécial des inventions de salariés qui s'applique « à défaut de stipulation contractuelle plus favorable au salarié ». Ce régime s'applique aussi aux inventions de fonctionnaires et agents publics (art. R. 611-11 à R. 611-14-1).

A Les règles de l'attribution du droit au brevet

1. Les inventions de mission

Il s'agit d'inventions faites par le salarié dans l'exécution d'un contrat de travail comportant une mission inventive qui correspond à ses fonctions effectives, ou de recherches, qui lui sont explicitement confiées.

Ces inventions de mission « appartiennent à l'employeur » (art. L. 611-7, al. 1). Celui-ci décide donc librement s'il souhaite ou non breveter l'invention. L'inventeur bénéficie d'une rémunération supplémentaire dont les conditions sont fixées par les conventions collectives, accords d'entreprise ou contrats de travail. Cette rémunération est imposable dans la catégorie des traitements et salaires. Le salarié garde son droit moral.

2. Les autres inventions

Toutes les autres inventions appartiennent en principe à l'inventeur (art. L. 611-7, al. 2). Toutefois, lorsque l'invention a été « faite par un salarié soit dans le cours de l'exécution de ses fonctions, soit par la connaissance ou l'utilisation de techniques ou moyens spécifiques à l'entreprise ou de données procurées par elle », elle est « attribuable » à l'employeur. Celui-ci peut « se faire attribuer la propriété ou la jouissance de tout ou partie des droits attachés au brevet protégeant l'invention de son salarié ». Un « juste prix » doit être versé au salarié en contrepartie de l'exercice du droit d'attribution. Ces sommes sont imposables dans la catégorie des bénéfices non commerciaux.

Tout accord entre employeur et salarié, relatif à une invention doit être passé par écrit (art. L. 611-7).

B La procédure de classement des inventions d'employés

Tout salarié doit immédiatement informer son employeur de la réalisation d'une invention, quelle que soit sa nature. La déclaration doit permettre à l'employeur de classer l'invention : elle doit indiquer le classement proposé par le salarié. Le silence de l'employeur pendant deux mois vaut acceptation de ce classement.

L'employeur doit exercer son droit d'attribution dans les quatre mois suivant la réception de la déclaration (art. R. 611-7).

C Les litiges relatifs aux inventions d'employés

La Commission paritaire de conciliation (dite « Commission nationale des inventions de salariés » ; art. L. 615-21), statue sur toute contestation portant sur l'application de l'article L. 611-7.

Le recours à la Commission est obligatoire dès qu'une partie le souhaite. La procédure est contradictoire. La Commission élabore un projet de conciliation qu'elle propose aux parties dans les six mois de sa saisine. Ce projet vaut accord si, dans le mois de sa notification, aucune des parties n'a saisi le tribunal de grande instance compétent.

Le fonctionnement de la Commission est organisé par les articles R. 615-6 à 31.

Le brevet délivré en méconnaissance du classement retenu par les parties, par la Commission ou le tribunal peut être revendiqué par l'autre partie selon la procédure ordinaire de l'action en revendication (art. L. 611-8).

CHAPITRE II
L'objet de la demande de brevet

SECTION 1
LES CRÉATIONS BREVETABLES

Pour être brevetable, une création industrielle doit pouvoir être qualifiée d'« invention » ; doit être nouvelle, inventive et susceptible d'application industrielle. Ces conditions s'apprécient à la date du dépôt de la demande de brevet.

La demande portant sur une création non-brevetable peut, dans certains cas, être rejetée par l'INPI *(v. infra, p. 28)*. Le brevet délivré peut être annulé, à l'initiative de toute personne intéressée, par le tribunal de grande instance compétent *(v. infra, p. 47)*.

§1 Les créations qualifiées d'« inventions »

La loi ne définit pas la notion d'invention, mais énonce une liste indicative de créations qui ne sont pas brevetables car « ne sont pas considérées comme des inventions » (art. L. 611-10). Cette exigence ne s'applique qu'aux brevets déposés après le 1er juillet 1979.

1. Ne sont pas des inventions : les découvertes, théories scientifiques et méthodes mathématiques

La découverte consiste à établir un phénomène qui existait objectivement mais était inconnu auparavant. Elle n'est exclue de la brevetabilité que si elle est proposée « en tant que telle ». Les applications industrielles des découvertes sont brevetables.

2. Ne sont pas des inventions : les créations esthétiques

Sont exclues de la protection par brevet les créations esthétiques « en tant que telles », ne présentant aucun aspect technique. Si les éléments esthétiques sont inséparables des éléments techniques de l'invention, seul un brevet peut être demandé (art. L. 511-3, relatif aux dessins et modèles).

3. Ne sont pas des inventions : les plans, principes et méthodes

Cette exclusion vise les créations purement abstraites, ne comportant pas de réalisation matérielle, p. ex. : une méthode de gestion, des règles de jeux.

4. Ne sont pas des inventions : les programmes d'ordinateur

Les programmes ne sont exclus qu'« en tant que tels » ; un ensemble technique comportant un programme peut être breveté (p. ex. : une calculatrice programmable).

La loi (art. L. 112-2, 13°) prévoit la protection des logiciels par le droit d'auteur, avec, toutefois, quelques dérogations au régime de droit commun *(v. infra, p. 83 et s.)*.

5. Les présentations d'informations

Ni l'information elle-même, ni sa présentation ne sont brevetables. Elle peut, éventuellement, constituer une base de données protégée selon la loi n° 98-536 du 1er juillet 1998 (CPI, art. L. 341-1 à L. 343-4).

§2 Les créations qualifiées de nouvelles

« Une invention est considérée comme nouvelle si elle n'est pas comprise dans l'état de la technique » (art. L. 611-11, al. 1).

L'état de la technique contient toutes les informations accessibles au public avant la date de dépôt de la demande de brevet dont la nouveauté est discutée. Une telle information est une « antériorité » destructrice de la nouveauté de l'invention brevetée.

A La nouveauté suppose la comparaison de l'invention à l'état de la technique

1. L'état de la technique ne contient que les informations accessibles au public

a) Principe : l'accessibilité au public est nécessaire

1. **Définition du « public »**

Le « public » auquel l'invention doit être accessible comprend toute personne autre que le déposant qui n'est pas tenue au secret à propos des informations qu'elle reçoit.

2. **Définition des informations « accessibles » au public**

Une information est « accessible au public » si elle a été divulguée de manière suffisamment complète pour qu'un homme du métier puisse la reproduire matériellement. Toute divulgation insuffisamment précise n'est donc pas considérée comme « accessible » (p. ex. : de vagues photos dans la presse).

Est considérée comme « accessible », l'information dont le public pouvait prendre connaissance ; il n'est pas nécessaire de prouver qu'elle a été effectivement connue. L'information constitutive d'antériorité doit avoir été accessible au public avant la date de dépôt de la demande de brevet.

b) Exceptions : l'accessibilité au public n'est pas nécessaire

Lorsqu'une invention est l'objet de deux demandes de brevet successives dont la première n'est pas encore publiée à la date de la seconde, il faut éviter la délivrance de deux brevets concurrents (« double brevetabilité »). La solution de ce conflit consiste à assimiler fictivement le contenu de la première demande non publiée à une antériorité publique (art. L. 611-11, al. 3). Mais l'invention objet de cette demande appartient à l'état de la technique seulement pour l'appréciation de la nouveauté et non de l'activité inventive (art. L. 611-14, C. propr. intell.).

Ces solutions doivent être également appliquées au conflit entre deux demandes de brevets européens désignant la France (art. 54, § 3 et 56 de la convention de Munich), ou entre une demande française et une demande européenne désignant la France (art. 139 de la convention de Munich).

2. L'état de la technique contient toutes les informations accessibles au public.

a) Principe : l'accessibilité au public est la condition suffisante de l'antériorité

Appartiennent à l'état de la technique toutes les informations accessibles au public, quelle que soit la forme de la divulgation, son auteur, sa date, son lieu ou ses moyens de preuve. Le droit français exige la « nouveauté absolue ».

1. **Forme de la divulgation** : la divulgation constitutive d'antériorité peut résulter d'un document (écrit, photographie) ; d'actes d'exploitation de l'invention ; d'essais ; ou, plus généralement, de « tout autre moyen » (art. L. 611-11, al. 2).

2. **Date de la divulgation** : la divulgation constitutive d'antériorité doit avoir eu lieu avant la date de dépôt de la demande de brevet ; peu importe son ancienneté. Le principe de la nouveauté absolue implique que l'invention brevetée n'ait jamais été connue auparavant.

3. **Lieu de la divulgation** : peu importe l'origine géographique de la divulgation antérieure.

4. **Auteur de la divulgation** : la divulgation constitutive d'antériorité peut être le fait d'une personne quelconque : déposant de la demande de brevet lui-même ou un tiers (deux exceptions limitées sont admises à cette règle : *v. infra*).

5. **Preuve de la divulgation** : le défaut de nouveauté est un fait qui peut donc être prouvé par tous moyens. Cette preuve incombe à celui qui

veut détruire la présomption de validité du brevet (demandeur en annulation ou autorité administrative chargée de l'examen de brevetabilité). La divulgation doit être certaine dans son objet et sa date.

b) Exceptions : l'accessibilité au public n'est pas la condition suffisante de l'antériorité

Dans certains cas, une information n'est pas considérée comme faisant partie de l'état de la technique, bien qu'elle ait été accessible au public avant la date de la demande de brevet.

1. **La divulgation antérieure résulte d'un abus** : la divulgation n'antériorise pas le brevet si elle a eu lieu dans les six mois précédant le dépôt, à la suite d'un abus commis par un tiers à l'égard du déposant ou de son ayant cause (art. L. 611-13, a).

2. **La divulgation antérieure résulte de la présentation dans une exposition** : la divulgation n'antériorise pas le brevet si elle a eu lieu dans les six mois précédant le dépôt, au cours de l'une des expositions visées par la convention de Paris de 1928. Une attestation doit être produite lors du dépôt (art. L. 611-13, b).

3. **La divulgation antérieure concerne une invention thérapeutique** : un brevet peut être pris sur la première application thérapeutique, chirurgicale ou de diagnostic d'une substance déjà connue (art. L. 611-11, al. 4).

4. **La divulgation antérieure est couverte par un droit de priorité** (art. L. 612-7) : la convention de Paris de 1883 (art. 4-B) crée un « droit de priorité » grâce auquel le titulaire d'une première demande de brevet déposée dans l'un des États-membres dispose d'un délai de douze mois pour effectuer d'autres dépôts de la même invention dans les États-membres, sans qu'on puisse lui opposer l'antériorité résultant de son premier dépôt, ni celles apparues dans l'intervalle entre les deux dépôts. La demande couverte par une priorité est donc fictivement considérée comme déposée à la date de la première demande (sur le régime du droit de priorité, *voir seconde division : Régime international des brevets*).

Le bénéfice du droit de priorité a été étendu aux ressortissants des États membres de l'OMC (art. L. 611-12).

5. **La divulgation antérieure est couverte par une « priorité interne »** (art. L. 612-3).

Le déposant d'une demande identique (totalement ou partiellement) à une demande antérieure qu'il a déposée moins de douze mois auparavant, peut demander à bénéficier de la date de la première demande, pour les éléments communs aux deux demandes. Le bénéfice n'est pas cumulable avec celui d'une priorité internationale antérieure.

B La nouveauté suppose l'extériorité de l'invention par rapport à l'état de la technique

1. Critère de la nouveauté

L'appréciation de la nouveauté consiste à rechercher les différences entre l'état de la technique et l'invention proposée. Ces différences s'apprécient de façon objective et non par référence à l'originalité de l'invention.

Pour que la nouveauté d'une invention puisse être détruite, on doit trouver dans l'état de la technique au moins une réalisation reproduisant l'ensemble de ses éléments essentiels : le droit français exige une « antériorité de toutes pièces ».

Depuis la loi de 1968, la nouveauté s'apprécie de façon stricte : il suffit de rechercher si l'invention se retrouve telle quelle dans l'état de la technique. Une différence, même faible, entre ces deux termes suffit à satisfaire la condition de nouveauté.

2. Application du critère de la nouveauté

Les inventions consistent, en pratique, en un produit, procédé, application ou combinaison de moyens connus, sans que les tribunaux soient tenus de les classer dans l'une de ces catégories.

a) Nouveauté des inventions de produit

Définition : les produits industriels sont des objets caractérisés par leur constitution matérielle et procurant un résultat industriel.

Pour que le produit soit nouveau, il doit présenter une différence de constitution (physique ou chimique) par rapport aux produits connus. Cette différence doit conduire à un résultat industriel. Doivent donc être nouvelles les caractéristiques du produit qui procurent un résultat industriel : la nouveauté doit être « fonctionnelle ». Par exemple : n'est pas nouveau le produit qui ne se distingue de l'état de la technique que par des différences de forme ne procurant aucun avantage particulier.

La nouveauté s'apprécie de manière stricte : un produit est nouveau dès lors qu'il est structurellement différent des produits connus. Son équivalence éventuelle avec les produits connus est désormais traitée au titre de la condition d'activité inventive.

b) Nouveauté des inventions de moyen (procédé)

Définition : le moyen est tout agent ou procédé qui, dans l'application qui lui est donnée, remplit une fonction en vue de l'obtention d'un résultat industriel. Le moyen peut être d'une nature quelconque : physique, chimique, mécanique, électrique, électronique, etc.

La nouveauté du moyen suppose une modification de sa structure, car s'il était nouveau seulement dans sa fonction, il s'agirait d'une application nouvelle de moyens connus.

c) Nouveauté des inventions d'application

Définition : l'invention d'application porte sur l'utilisation de moyens par hypothèse connus. Le résultat obtenu peut être connu en tant que tel ; il faut seulement qu'il n'ait pas encore été obtenu par la mise en œuvre du moyen considéré.

Toute utilisation faite pour la première fois d'un moyen sera réputée nouvelle ; l'analyse de la fonction exercée par le moyen relève de l'appréciation de l'activité inventive (*v. infra, p. 16*).

d) Nouveauté des inventions de combinaison

Définition : l'invention de combinaison consiste à rassembler en vue d'un résultat d'ensemble, des moyens qui n'avaient pas encore été réunis de la même manière.

Pour pouvoir être qualifiée de nouvelle, une combinaison doit agencer les moyens (éventuellement connus) de telle manière que le résultat auquel ils conduisent soit différent de celui obtenu dans le passé par les combinaisons antérieures.

1. **Cas de l'antériorité complexe**

La question est de savoir si est nouvelle l'invention qui se retrouve telle quelle dans la combinaison antérieure, même si celle-ci est plus complexe.

L'application stricte de la condition de nouveauté conduit à considérer comme nouvelle la combinaison, structurellement différente ; l'antériorité complexe n'est pas opposable au titre de la nouveauté, mais pourrait l'être au titre de l'activité inventive.

2. **Cas de l'antériorité équivalente**

Il s'agit du cas où, dans une combinaison connue, l'un des moyens est remplacé par un moyen différent, mais exerçant la même fonction technique.

La nouveauté s'appréciant de façon stricte, la combinaison sera nouvelle en raison de la différence structurelle des moyens. La considération de l'équivalence fonctionnelle de ces moyens sera appréciée au titre de l'activité inventive.

§3 Les créations présentant le caractère inventif

La condition d'activité inventive a été introduite en droit français par la loi du 2 janvier 1968 (art. 6 et 9). Elle s'applique aux brevets et certificats d'utilité demandés après le 1er janvier 1969 et, depuis le 1er juillet 1979, aux certificats d'addition (ce titre a été supprimé par la loi du 26 nov. 1990).

Une invention implique une activité inventive si, pour un homme du métier, elle ne découle pas de manière évidente de l'état de la technique (art. L. 611-14).

A L'activité inventive suppose une comparaison de l'invention à l'état de la technique

1. L'état de la technique

L'état de la technique considéré pour l'appréciation de l'activité inventive diffère quelque peu de celui utilisé pour la nouveauté.

Depuis la réforme de 1978 (art. L. 611-14), le contenu entier des demandes antérieures non publiées est fictivement inclus dans l'état de la technique lors de l'appréciation de la nouveauté, alors qu'il ne l'est pas lors de l'appréciation de l'activité inventive.

Pour l'appréciation de l'activité inventive, on n'exige pas une « antériorité de toutes pièces » ; les antériorités peuvent être combinées ou rapprochées.

2. L'invention proposée

C'est l'invention définie dans les revendications qui doit être comparée à l'état de la technique. L'activité inventive s'apprécie en comparant les fonctions exercées par les moyens structurels (problème de l'équivalence technique des moyens).

B L'activité inventive suppose la non-évidence de l'invention par rapport à l'état de la technique

1. À quel moment apprécie-t-on la non-évidence ?

L'activité inventive s'apprécie en fonction de l'état de la technique au moment du dépôt de la demande de brevet (et non à celui où l'invention a été réalisée).

2. Par rapport à qui apprécie-t-on la non-évidence ?

La non-évidence doit être appréciée par rapport à l'homme du métier (art. L. 611-14). L'invention qui relevait de la simple habileté technique de l'homme du métier était, en effet, pour lui évidente et n'impliquait aucune activité inventive.

L'homme du métier est un technicien moyen de la branche où se place l'invention.

3. Comment apprécie-t-on la non-évidence ?

La jurisprudence a utilisé différents indices de la non-évidence, notamment :

- la durée nécessaire à la réalisation de l'invention ;
- les difficultés vaincues, révélées par le temps écoulé entre la découverte d'un produit et son application industrielle ou par le nombre important d'expériences nécessaires ;
- l'utilisation de techniques totalement différentes ou la rupture avec les méthodes traditionnelles ;

– le préjugé vaincu ;
– le progrès technique apporté par l'invention ;
– l'effet de surprise provoqué par l'invention dans les milieux professionnels.

§4 Les créations susceptibles d'application industrielle

La loi de 1968 exigeait dans sa version initiale (art. 6 et 7), que l'invention brevetable eut un caractère industriel, entendu au sens d'« effet technique ». Cette condition a été remplacée par celle, plus large, d'application industrielle, remplie dès lors que l'objet de l'invention peut être fabriqué ou utilisé dans tout genre d'industrie, y compris l'agriculture (art. L. 611-15).

Ne sont pas considérées comme susceptibles d'application industrielle les méthodes appliquées au diagnostic ou traitement chirurgical ou thérapeutique des humains et animaux (art. L. 611-16).

L'exclusion ne s'applique pas aux produits pour la mise en œuvre de ces méthodes.

SECTION 2
LES CRÉATIONS NON BREVETABLES

A Les inventions contraires à l'ordre public ou aux bonnes mœurs

Ne sont pas brevetables les inventions dont la publication ou la mise en œuvre seraient contraires à l'ordre public ou aux bonnes mœurs.

La brevetabilité n'est pas écartée au seul motif que la réglementation s'oppose ou limite l'application de l'invention. Est prohibée, au titre de l'ordre public, la protection du corps humain, ses éléments et ses produits, ainsi que la connaissance de la structure d'un gène humain (art. L. 611-17, a).

B Les inventions concernant les espèces animales ou végétales

1. Principe : exclusion de la brevetabilité des inventions animales et végétales

a) Les espèces végétales

Ces créations ne donnent pas lieu à la délivrance d'un brevet, mais d'un certificat d'obtention végétale organisé par la loi du 11 juin 1970, relative à la protection des obtentions végétales (art. L. 623-1 et s. ; *v. infra, p. 74 et s.*).

b) Les espèces animales

Sont exclus de la protection par brevet, les races animales et les procédés biologiques de leur obtention (art. L. 611-17, c).

2. Exception : brevetabilité des inventions microbiologiques

Les organismes vivants (animaux ou végétaux) peuvent être brevetés lorsqu'il s'agit d'organismes microscopiques ou obtenus par des procédés microbiologiques (art. L. 611-17, c).

3. Harmonisation communautaire

La directive du Parlement européen et du Conseil n° 98/44 du 6 juillet 1998 sur la protection des inventions biotechnologiques permet la brevetabilité d'un élément isolé du corps humain ou produit artificiellement, y compris la séquence d'un gène (art. 5), ainsi que son application industrielle.

Ne seront pas brevetables les procédés de clonage d'êtres humains ; les procédés de modification de l'identité génétique d'êtres humains ; l'usage d'embryons humains à des fins commerciales ou industrielles ; les procédés de modification de l'identité génétique d'animaux (art. 6).

La France n'a pas encore transposé la directive.

C La seconde application thérapeutique

Ajoutant à la liste des exclusions légales, la jurisprudence déclare non-brevetable la seconde application thérapeutique d'un produit connu.

CHAPITRE III
Les modalités de la demande de brevet

SECTION 1
AUTEUR ET LIEU DE LA DEMANDE

Le dépôt peut être fait personnellement par le demandeur ou par un mandataire ayant son domicile, son siège ou un établissement en France. Les personnes n'ayant pas en France leur domicile ou siège doivent constituer un tel mandataire. Celui-ci doit avoir la qualité de conseil en propriété industrielle assortie de la mention « Brevets d'invention » (art. R. 612-2). Par exception à cette règle, la représentation peut être confiée soit à un avocat, soit à une entreprise ou établissement public auxquels le demandeur est contractuellement lié, soit à une organisation professionnelle spécialisée (art. L. 422-2). Un mandataire commun peut représenter une pluralité de demandeurs.

La demande de brevet peut être déposée auprès de :

- l'Institut national de la propriété industrielle (directement ou par correspondance ou auprès de l'un de ses centres régionaux) ;
- une préfecture autre que celle de Paris ;
- l'Office européen des brevets, à Munich (s'il s'agit d'une demande européenne désignant la France).

SECTION 2
LA PRÉSENTATION DE LA DEMANDE

La demande de brevet consiste en un dossier devant comporter divers documents soumis à certaines règles générales.

§1 Règles générales

Les documents du dépôt doivent être rédigés en langue française sauf si le déposant est :

- ressortissant d'un État accordant un traitement équivalent aux Français ;
- cessionnaire d'une demande déposée à l'étranger ou titulaire d'un droit de priorité né d'une telle demande, à condition que le pays du dépôt initial accorde la réciprocité aux Français.

La traduction française de la demande doit alors être remise dans les trois mois (art. R. 612-21).

La date de dépôt est attribuée à la date de la remise des pièces suivantes (art. L. 612-2 et art. R. 612-8) :

– une déclaration selon laquelle un brevet est demandé ;

– l'identification du demandeur ;

– une description de l'invention et une ou plusieurs revendications.

§2 La requête

Définition : la requête est une pétition en vue de la délivrance du brevet français.

1. Mentions obligatoires (art. R. 612-10)

a) Identification des intervenants :

– désignation du (ou des) déposants ;

– désignation de l'inventeur (si le déposant n'est pas l'inventeur ou l'unique inventeur, la désignation est effectuée dans un document séparé) ;

– désignation du mandataire, s'il en est constitué.

b) Identification de l'invention

L'invention est identifiée par son titre qui doit, le cas échéant, indiquer l'existence de différentes revendications (produit, procédé, dispositif ou utilisation).

c) Identification du titre demandé

Le déposant doit indiquer son choix du titre de protection : brevet (durée : 20 ans), certificat d'utilité (durée : 6 ans), certificat complémentaire de protection se rattachant à un brevet portant sur un médicament (L. 25 juin 1990 ; *infra, p. 43*), ou sur un produit phytopharmaceutique (Règl. n° 1610/96 du 23 juill. 1996).

Le certificat d'addition, titre rattaché à un brevet ou à un certificat d'utilité et non soumis au paiement des annuités, a été supprimé par la loi du 26 nov. 1990. Les certificats demandés avant l'entrée en vigueur de cette loi restent soumis aux règles applicables à la date de leur dépôt. Toutefois, l'exercice des droits qui en résultent est régi par les dispositions du C. propr. intell. relatives aux brevets (art. L. 611-5).

Le brevet spécial de médicament (BSM), institué par l'ordonnance du 4 févr. 1959, a été supprimé par la loi du 2 janv. 1968.

2. Mentions facultatives

a) Demande d'avantages particuliers

– Établissement différé du rapport de recherche.

– Facilités de paiement de la redevance d'établissement de ce rapport.

– Demande de réduction du taux des redevances.

b) Demande d'immunisation contre certaines antériorités

– Justification de l'existence d'un droit de priorité.

– Justification de la présentation de l'invention dans une exposition.

§3 La description

La description réalise la divulgation de l'invention et participe à la délimitation du droit exclusif du breveté.

A Contenu de la description

1. Cas général (art. R. 612-12)

La description comporte l'indication des éléments suivants :

- titre de l'invention ;
- domaine technique de l'invention ;
- état de la technique antérieure ;
- exposé de l'invention ;
- descriptions des dessins éventuels ;
- un mode de réalisation de l'invention ;
- indication des applications industrielles de l'invention.

2. Cas particulier des micro-organismes (art. L. 612-5 et art. R. 612-14)

Lorsque l'invention concerne l'utilisation d'un micro-organisme, la description précise :

1. Les informations sur les caractéristiques du micro-organisme.

2. L'organisme auprès duquel la culture a été déposée, la date et le numéro du dépôt.

La France a ratifié le traité de Budapest du 28 avril 1977 sur la reconnaissance internationale du dépôt des micro-organismes aux fins de la procédure en matière de brevets.

B Formes de présentation de la description

La description est présentée conformément aux règles matérielles prévues par l'article 7 de l'arrêté du 19 septembre 1979, auquel renvoie l'art. R. 618-5.

C Caractères de la description

1. Suffisance de la description

a) Suffisance pour l'établissement du rapport de recherche

L'insuffisance de la description à cet égard est sanctionnée par le rejet de la demande (art. L. 612-12, 6°).

b) Suffisance pour la reproduction de l'invention

La description de l'invention doit être suffisamment claire et complète pour qu'un homme du métier puisse la reproduire (art. L. 612-5, al. 1).

La méconnaissance de cette règle est sanctionnée par l'annulation du brevet (art. L. 613-25, b).

La description d'un micro-organisme n'est considérée comme suffisante que si une culture en a été déposée auprès d'un organisme habilité (art. L. 612-5, al. 2).

2. Intangibilité de la description

La description, obligatoirement présentée lors du dépôt, est en principe intangible. Elle peut, cependant, sous certaines conditions, être modifiée ou rectifiée.

a) Modification de la description

Une modification est possible (uniquement dans un sens restrictif) à la suite d'une modification des revendications pendant la procédure d'établissement du rapport de recherche (art. R. 612-60). Elle suppose une requête du demandeur et une autorisation de l'INPI.

b) Rectification d'erreurs matérielles (art. R. 612-36)

La rectification suppose :

– une requête en ce sens avant la date de délivrance du brevet ;

– le paiement d'une redevance spéciale ;

– le caractère évident de l'erreur à rectifier.

c) Correction des irrégularités (art. R. 612-37)

La description peut être modifiée pour remédier aux irrégularités constatées lors de l'examen par l'INPI.

§4 Les revendications

Définition : Les revendications sont des phrases définissant l'objet de la protection demandée (art. L. 612-6).

A Conditions d'établissement des revendications

1. Conditions de fond

a) Support par la description

L'invention revendiquée ne peut s'étendre au-delà de l'invention décrite. La méconnaissance de cette règle est sanctionnée par :

– le rejet de la demande (art. L. 612-12, 8°) ;

– l'annulation du brevet délivré (art. L. 613-25, c).

b) Unité de l'invention revendiquée

Un brevet ne peut couvrir qu'une seule invention ou une pluralité d'inventions reliées entre elles par un concept inventif général (art. L. 612-4).

Si l'objet de l'invention ne peut être couvert par une seule revendication, la demande peut contenir :

– soit plusieurs revendications indépendantes d'une même catégorie (produit, procédé, dispositif ou utilisation) (art. R. 612-19, 1°) ;

– soit plusieurs revendications de catégories différentes (art. R. 612-19, 2° et 3°).

La sanction de la méconnaissance de la règle d'unité d'invention consiste dans l'obligation de diviser la demande complexe (art. L. 612-4, al. 2). Les demandes divisionnaires bénéficient de la date du dépôt ou de priorité de la demande initiale. À défaut de division, la demande sera rejetée en application de l'article L. 612-12, 2°.

c) Détermination suffisante de l'invention revendiquée

Les revendications doivent définir l'invention de façon suffisante pour l'application de la procédure d'établissement du rapport de recherche.

L'inobservation de cette règle est sanctionnée par le rejet de la demande de brevet (art. L. 612-12, 6°).

2. Conditions de forme (art. R. 612-17)

a) Nombre de revendications

La demande de brevet peut comporter une ou plusieurs revendications ; la seule limite est financière : une redevance supplémentaire est perçue par l'INPI pour toute revendication à partir de la onzième.

b) Relations entre revendications

La demande peut contenir plusieurs revendications indépendantes (*v. supra A, 1., b*), ou encore des sous-revendications portant sur des modes particuliers de réalisation de l'invention couverte par la revendication principale, ou ajoutant à celle-ci un ou plusieurs éléments spécifiques.

c) Structure des revendications

La définition des caractéristiques techniques de l'invention est habituellement exprimée en deux parties (art. R. 612-17) :

– un préambule mentionnant les caractéristiques techniques connues et que vient modifier l'invention ;

– une partie caractérisante exposant les caractéristiques techniques pour lesquelles la protection est revendiquée.

d) Langage des revendications

La loi n'impose aucune formulation particulière des revendications. Celles-ci peuvent être rédigées de façon abstraite et générale (dite fonctionnelle), ou concrète et particulière (dite structurelle). Quel que soit le langage choisi, les revendications doivent être « claires et concises » (art. L. 612-6).

B Moment d'établissement des revendications

1. Établissement lors du dépôt de la demande

Une date de dépôt n'est attribuée à la demande de brevet que si elle comporte une ou plusieurs revendications (art. L. 612-2, c), même si elles sont irrégulières.

Absentes lors du dépôt, les revendications peuvent être déposées dans le délai d'un mois. La date de la demande est alors celle du dépôt des revendications.

À l'issue du délai de correction, la demande ne comportant pas de revendications est déclarée irrecevable (art. R. 612-8).

2. Modification après le dépôt de la demande

a) Conditions de la modification

1. **Avant la délivrance** (art. L. 612-13)

• Les demandes de brevet : les revendications peuvent être modifiées :

– jusqu'au jour où la procédure d'établissement du rapport de recherche a débuté ;

– ensuite, dans le cadre de cette procédure.

• Les demandes de certificat d'utilité : les revendications peuvent être modifiées jusqu'à la date de la réception de la notification de la délivrance.

2. **Après la délivrance**

Seule, une restriction des revendications est possible par voie de :

• **renonciation** : celle-ci intervient à l'initiative du titulaire et peut porter sur une ou plusieurs revendications (art. L. 613-24 et R. 613-45) ;

- **annulation** : en cas d'annulation (judiciaire) partielle d'une revendication, le breveté peut présenter une nouvelle rédaction de la revendication, modifiée selon le dispositif du jugement. Le directeur de l'INPI peut rejeter la revendication modifiée pour défaut de conformité au jugement (art. L. 613-27, al. 3).

b) Effets de la modification

Le problème est de déterminer le moment auquel la modification de la revendication prend effet. Les textes ne donnent pas de solution générale.

Les revendications non publiées sont opposables dans les termes où elles ont été notifiées au présumé contrefacteur. Après la publication de la demande, seules les modifications restrictives sont opposables aux tiers (art. L. 615-4, al. 2).

§5 Les dessins et échantillons

1. Rôle des dessins

Les dessins servent à interpréter les revendications (art. L. 613-2).

La loi n'envisage plus le dépôt d'échantillons.

2. Moment de dépôt des dessins

Les dessins ne constituent pas une pièce obligatoire de la demande ; ils ne doivent être déposés que si la description ou les revendications s'y réfèrent.

Un délai de grâce d'un mois est laissé au déposant. La date de la demande est alors reportée à celle du dépôt des dessins (art. R. 612-9), faute de quoi les références à ceux-ci sont supprimées.

§6 L'abrégé du contenu technique de l'invention

L'abrégé est un résumé de l'invention établi à des fins strictement documentaires (art. R. 612-20).

L'absence d'abrégé ne fait pas obstacle à l'octroi d'une date à la demande de brevet. Il est, si nécessaire, « mis en forme » par l'INPI.

§7 La justification du paiement des redevances

Montant des redevances : le montant des redevances dues pour une demande de brevet français est fixé par l'arrêté du 29 décembre 2000. Ce montant peut être réduit à la demande du déposant dans les cas prévus par l'article L. 612-20 et R. 613-63 à R. 613-65.

1. Redevance de dépôt

La redevance de dépôt couvre la première annuité de maintien en vigueur du brevet (art. R. 613-46).

Le paiement peut intervenir dans le mois suivant la date du dépôt (art. R. 612-5).

Le non-paiement est sanctionné par le rejet de la demande à moins que le paiement majoré d'une surtaxe n'intervienne dans les deux mois (art. R. 612-45, 2°).

2. Redevance de recherche

Cette redevance est due dès le dépôt, sauf si le déposant a requis l'établissement différé du rapport de recherche (art. R. 612-5). Un délai de grâce peut être accordé par l'INPI. En cas de non-paiement, le rapport de recherche n'est pas dressé et la demande est traitée comme demande de certificat d'utilité (art. L. 612-15 et art. R. 612-56 ; R. 612-5).

3. Redevance de priorité

Cette redevance est due si la demande revendique le bénéfice d'un droit de priorité. Le non-paiement à l'issue du délai de grâce accordé par l'INPI est sanctionné par l'irrecevabilité de la revendication du droit de priorité (art. R. 612-11 et art. R. 612-24, al. 5).

4. Redevances de revendications supplémentaires

Elles sont dues pour toute revendication à compter de la onzième. Faute de paiement dans le délai de grâce, ces revendications sont irrecevables.

§8 Les documents justifiant une situation particulière

La demande doit, le cas échéant, être accompagnée de documents justifiant une situation particulière du déposant :

1. Justification du droit de l'exposant (art. R. 612-11-6°).

2. Justification du droit de priorité unioniste, de réciprocité ou interne (art. R. 612-11-5°).

3. Pouvoir du mandataire éventuel (art. R. 612-2).

Sous-titre II
La délivrance du brevet

Le brevet est délivré (ou refusé) au terme d'une procédure administrative comportant trois étapes : l'examen de la demande ; l'établissement du rapport de recherche ; la publication de la demande.

CHAPITRE I
L'examen de la demande de brevet

Sous le régime de 1844, la délivrance du brevet suivait automatiquement le dépôt de la demande. La loi de 1968 a introduit un contrôle administratif limité de la régularité de la demande. Les pouvoirs de l'administration ont été élargis par la loi de 1978, qui a également multiplié les possibilités d'intervention ouvertes au déposant.

SECTION 1
LES INITIATIVES DE L'ADMINISTRATION

§1 Les décisions d'irrecevabilité de la demande

A Irrecevabilité totale

Une date de dépôt n'est attribuée à la demande de brevet que si le dossier déposé comporte les documents suivants (art. L. 612-2) :

- une requête ;
- l'identification du demandeur ;
- une description ;
- une ou plusieurs revendications.

Ces pièces doivent être rédigées en français (sauf exception prévue à l'art. R. 612-21).

Le déposant peut compléter sa demande dans le délai d'un mois à l'invitation de l'INPI (art. R. 612-8, al. 2) ; à défaut, la demande est déclarée irrecevable.

B Irrecevabilité partielle

Une revendication du droit de priorité unioniste est irrecevable si les documents justificatifs ne sont pas déposés avant l'expiration du 16e mois suivant la date de priorité (art. R. 612-24, al. 5).

§2 L'examen par les services de la défense nationale (art. L. 612-8 à 11 et R. 612-26 à 32)

A Modalités de l'examen

Dans un délai de cinq mois à compter du dépôt, le ministre chargé de la défense peut examiner les demandes de brevet au siège de l'INPI. Pendant cette période, la demande est mise au secret ; la procédure d'établissement du rapport de recherche ne peut être engagée ; l'invention ne peut être exploitée ; aucune copie conforme de la demande n'est délivrée.

La violation de ces interdictions est une infraction pénale sanctionnée par une peine d'emprisonnement de 5 ans et une amende de 30 000 F, si elle porte préjudice à la défense nationale (art. L. 615-13 et L. 623-35).

La livraison d'informations à une puissance étrangère est punie de quinze ans de détention criminelle et d'une amende de 1 500 000 F (art. 411-6, C. pén.).

B Conséquences de l'examen

1. Autorisation de divulguer et d'exploiter

Cette autorisation est acquise :

- soit automatiquement à l'issue du délai de cinq mois ;
- soit avant l'expiration de ce délai, à la demande du déposant.

2. Interdiction de divulguer et d'exploiter

Le ministre compétent peut proroger l'interdiction et peut, à tout moment, obtenir :

- une licence au profit de l'État ;
- l'expropriation totale ou partielle du brevet.

La prorogation ouvre droit à une indemnité au profit du déposant.

§3 Décisions de rejet de la demande (art. L. 612-12)

Le rejet (total ou partiel) est prononcé par le directeur de l'INPI ; il a pour effet d'effacer rétroactivement la demande de brevet à laquelle une date a été attribuée.

A Rejet sanctionnant un vice de forme (art. L. 612-12, 1°)

Toute condition de forme peut être sanctionnée par le rejet de la demande de brevet.

– Peut être rejetée toute demande qui ne satisfait pas aux conditions de l'art. L. 612-1, selon lequel « La demande de brevet est présentée dans les formes et conditions prévues par le présent chapitre. »

– L'absence de désignation de l'inventeur peut être corrigée dans le délai de 16 mois (art. R. 612-11). S'il s'agit d'une demande divisionnaire, un délai supplémentaire de deux mois est accordé (art. R. 612-35, al. 4).

– L'absence de traduction française de la description et des revendications peut être corrigée dans un délai de trois mois (art. R. 612-21).

– Le non-paiement des redevances prévues aux articles R. 612-5 (dépôt, rapport de recherche) peut être corrigé dans le délai d'un mois.

– Si la demande n'a pas été corrigée dans le délai prescrit, notification en est faite au déposant. Un délai lui est accordé pour contester l'irrégularité ou le défaut de paiement. À l'issue de ce délai, ou si les observations ne sont pas retenues, la demande de brevet est rejetée (art. R. 612-49).

– Les autres irrégularités ou défauts de paiement de redevances sont notifiés au déposant avec indication d'un délai pour la régularisation. À défaut de correction dans le délai, la demande de brevet est rejetée (art. R. 612-46).

B Rejet sanctionnant le vice de complexité (art. L. 612-12, 2° et 3°)

1. Sanction de la complexité de la demande initiale

Constatant la complexité de la demande, l'INPI invite le déposant à la diviser dans un délai de deux mois renouvelable une fois (art. R. 612-33).

Si, dans ce délai, le déposant n'a ni divisé la demande, ni présenté d'observations, la demande est rejetée (art. R. 612-48, al. 2). Si les observations ne sont pas retenues, un nouveau délai de correction est imparti (art. R. 612-48, al. 3).

2. Sanction du non-support de la demande divisionnaire par la demande initiale

Si l'objet de la demande divisionnaire s'étend au-delà du contenu de la demande initiale, le déposant est invité à la modifier dans le délai qui lui est accordé par l'INPI. La sanction intervient conformément à la procédure de l'article R. 612-48 (*v. supra, 1.*).

C Rejet sanctionnant l'insuffisance de la description ou des revendications (art. L. 612-12, 6° et 8°)

1. Domaine du rejet

1. Est rejetée toute demande dont la description ou les revendications ne permettent pas d'appliquer la procédure d'établissement du rapport de recherche (art. L. 612-12, 6°) ;

2. Est rejetée toute demande dont les revendications ne se fondent pas sur la description (art. L. 612-12, 8°).

2. Procédure de rejet (art. R. 612-49)

Si la demande de brevet est susceptible d'être rejetée dans les cas ci-dessus, notification en est faite au déposant avec un délai pour présenter ses observations ou de nouvelles revendications.

Le rejet intervient si le déposant n'a pas présenté d'observations, ou si elles n'ont pas été retenues.

D Rejet sanctionnant le défaut d'une condition de brevetabilité

1. Rejet au titre de l'article L. 612-12-4° et 5°

a) Domaine du rejet

- L'article L. 612-12-4° prévoit le rejet des demandes portant sur une invention non-brevetable aux termes de l'article L. 611-17, à savoir :

– invention contraire à l'ordre public ou aux bonnes mœurs ;

– obtention végétale protégeable par un certificat d'obtention végétale ;

– race animale ou procédé essentiellement biologique d'obtention de végétaux ou d'animaux.

- L'article L. 612-12, 5° prévoit le rejet dans les cas suivants :

– l'objet de la demande ne peut manifestement pas être considéré comme une invention au sens de l'article L. 611-10, § 2 ;

– l'objet de la demande ne peut manifestement pas être considéré comme une invention susceptible d'application industrielle au sens de l'article L. 611-16.

b) Procédure de rejet

Dans les cas ci-dessus, notification de la possibilité de rejet (ou de suppression des éléments contraires à l'ordre public ou aux bonnes mœurs), est faite au déposant avec indication d'un délai pour présenter ses observations ou de nouvelles revendications.

Le rejet est prononcé en absence d'observations, ou si celles-ci n'ont pas été retenues (art. R. 612-49).

2. Rejet au titre de l'article L. 612-12, 7° et 9°

a) Domaine du rejet

Le rejet sanctionne certains cas de défaut de nouveauté de l'invention :

1. Absence de nouveauté résultant manifestement du rapport de recherche (art. L. 612-12, 7°) alors que le déposant ne modifie pas sa demande après mise en demeure ;

2. Absence de réponse du déposant à la citation d'antériorités du rapport de recherche (art. L. 612-12, 9°).

b) Procédure de rejet (art. R. 612-51)

La possibilité de rejet est notifiée au déposant.

Une mise en demeure lui est faite d'avoir, dans le délai imparti par l'INPI :

- soit à modifier la demande de brevet ;
- soit à déposer de nouvelles revendications ;
- soit à présenter des observations à l'appui des revendications maintenues.

Le rejet est prononcé si le demandeur ne défère pas à cette mise en demeure.

SECTION 2
LES INITIATIVES DU DÉPOSANT

Les initiatives du déposant consistent soit à affecter le contenu de la demande, soit à exercer un recours contre une décision de l'administration.

§1 Les initiatives affectant la demande

A Le retrait de la demande

Le déposant peut, à tout moment, retirer la demande de brevet (art. R. 612-38). Le retrait doit être opéré par une déclaration écrite comportant l'accord de tous les titulaires de la demande, ainsi que, le cas échéant, des titulaires de droits réels, de gage, ou de licence inscrits au Registre national des brevets.

Si le retrait intervient après la publication de la demande, il est inscrit au Registre national des brevets.

Un exemplaire de la demande est conservé par l'INPI.

B La transformation de la demande

La transformation est un acte émanant du déposant ou de l'administration et visant à modifier la nature du titre demandé. Elle peut concerner une demande de brevet à l'exclusion des demandes de certificat d'utilité.

Le titulaire d'une demande de brevet peut, à tout moment, la transformer en demande de certificat d'utilité.

La transformation est prononcée d'office si le déposant n'a pas requis l'établissement du rapport de recherche à l'expiration du délai de dix-huit mois (art. L. 612-15, al. 2). Le déposant dispose alors d'un délai de deux mois pour présenter ses observations ou requérir l'avis documentaire moyennant le paiement d'une surtaxe (art. R. 612-56).

C La modification de la demande

Sous certaines conditions, le déposant peut modifier la description (*v. supra, p. 22*) et les revendications (*v. supra, p. 24*).

§2 Les recours contre les décisions de l'administration

A Le recours en poursuite de la procédure (art. R. 612-52)

1. Cas d'ouverture du recours

Le recours en poursuite de la procédure est ouvert lorsqu'une demande de brevet est rejetée ou susceptible de l'être en raison de l'inobservation d'un délai imparti par l'INPI.

2. Conditions du recours

– Présentation d'une requête écrite dans le délai de deux mois suivant la notification de la décision de rejet ;

– accomplissement dans ce délai de l'acte omis ;

– justification du paiement de la taxe de recours.

3. Effets du recours

– En cas de succès du recours, la procédure reprend et la décision de rejet est caduque ;

– en cas d'échec du recours, la décision de rejet devient définitive (sauf recours judiciaire ; *v. infra, B*).

B Le recours en restauration (art. L. 612-16)

1. Conditions du recours

a) Cas d'ouverture du recours

Dépassement d'un délai ayant entraîné le rejet de la demande de brevet ou d'une requête, la perte de tout autre droit ou d'un moyen de recours. Le recours est exclu en cas de dépassement des délais énumérés aux articles L. 612-15 (délai du rapport de recherche), L. 612-19 (paiement de redevances annuelles), L. 613-22 (déchéance), et du délai de priorité.

b) Motifs du recours

Existence d'une « excuse légitime » (p. ex. : faute du mandataire ou maladie du déposant), ayant empêché le demandeur de respecter le délai prévu.

c) Formes du recours

Le recours doit être introduit devant le directeur général de l'INPI dans les deux mois suivant la cessation de l'empêchement. L'acte non accompli doit l'être dans ce délai. Le recours n'est recevable que dans le délai d'un an à compter de l'expiration du délai non observé.

2. Effets du recours

Le succès du recours a pour effet la restauration du demandeur dans les droits perdus par suite de l'inobservation du délai. La procédure de délivrance reprend en tenant compte de la restauration.

C Le recours au fond (art. L. 411-4)

1. Objet du recours

Un recours peut être exercé contre toute décision du directeur général de l'INPI, préjudiciant à un droit ou rejetant une demande.

2. Conditions du recours

Le recours est intenté devant la cour d'appel territorialement compétente en application de l'article R. 411-19 dans le délai d'un mois à compter de la date de la réception de la notification au demandeur de la décision contestée (art. R. 411-20).

3. Effets du recours

L'arrêt de la cour d'appel est notifié au demandeur et à l'INPI. Il doit être exécuté dans les deux mois. Il est susceptible d'un pourvoi en cassation.

CHAPITRE II

La procédure d'établissement du rapport de recherche

La procédure d'avis documentaire, introduite par la loi de 1986 a été modifiée par celle de 1990. L'avis documentaire, établi par l'INPI et consistant dans une comparaison entre les antériorités découvertes et les revendications de la demande de brevet, a été remplacé par un « rapport de recherche », consistant dans une liste objective d'antériorités pouvant affecter la nouveauté et l'activité inventive non assortie de commentaires de l'INPI. L'avis documentaire peut être toutefois établi à tout moment à la demande de toute personne intéressée (art. L. 612-23).

SECTION 1
DÉCLENCHEMENT DE LA PROCÉDURE

A Les demandes concernées par la procédure

Seules, les demandes de brevet, à l'exclusion des demandes de certificat d'utilité, sont soumises à la procédure de recherche.

Si la procédure n'a pas été déclenchée dans les délais ci-dessous, la demande de brevet est automatiquement transformée en demande de certificat d'utilité (art. L. 612-15, al. 2).

B Les personnes ayant l'initiative de la procédure

1. Le déposant

Lors du dépôt de la demande, le déposant doit opter soit pour le déclenchement immédiat de la procédure de recherche, soit pour son déclenchement différé à 18 mois du premier dépôt. Dans ce dernier cas, il peut toutefois requérir à tout moment le rapport de recherche, avant l'expiration du délai prévu (art. L. 612-15, al. 1).

2. Les tiers

À partir de la publication de la demande tout tiers peut requérir l'établissement du rapport de recherche (art. L. 612-15, al. 1, *in fine*).

SECTION 2
DÉROULEMENT DE LA PROCÉDURE

Un rapport de recherche préliminaire est le résultat de la recherche documentaire effectuée à la demande de l'INPI par la division de la recherche de l'Office européen des brevets.

Il est établi sur la base des dernières revendications déposées avant la date de déclenchement de la procédure, en tenant compte de la description et, le cas échéant, des dessins (art. R. 612-57). Il cite les documents pouvant affecter la nouveauté ou l'activité inventive de l'invention. Un rapport complémentaire peut être ordonné en cas de modification des revendications (art. R. 612-61). Il est notifié au déposant qui doit, si des antériorités sont citées, déposer de nouvelles revendications ou présenter des observations, sous peine de rejet de la demande.

SECTION 3
DÉNOUEMENT DE LA PROCÉDURE

A Dénouement anticipé de la procédure

Il est mis fin à la procédure de recherche en cas de retrait de la demande de brevet, ou de transformation de celle-ci en demande de certificat d'utilité (art. R. 612-66).

B Dénouement normal de la procédure

1. Établissement du rapport de recherche

Le rapport préliminaire est publié avec la demande de brevet. Dans les trois mois, les tiers et le demandeur peuvent présenter des observations (art. R. 612-63).

À l'expiration des délais d'observation ou de réponse, le rapport est établi sous forme d'une liste des antériorités, au vu du rapport préliminaire, en tenant compte des revendications déposées en dernier lieu, des observations du déposant et des tiers (art. R. 612-67).

2. Effets du rapport de recherche

a) Absence d'effets juridiques

- À l'égard de l'administration : l'INPI est tenu de délivrer le titre quel que soit le contenu du rapport : la demande ne peut être rejetée que dans les conditions de l'art. L. 612-12, 7° (défaut « manifeste de brevetabilité » non suivi d'une modification des revendications).

- À l'égard du juge : saisi d'une action en annulation, le juge est libre d'en apprécier le bien-fondé quel que soit le contenu du rapport de recherche (ou de l'avis documentaire).

b) Présence d'effets documentaires

Le demandeur et les tiers disposent ainsi d'une information sur la validité probable du titre.

CHAPITRE III
La publication de la demande de brevet

Définition : La publication consiste dans la mise à la disposition du public du dossier de la demande de brevet.

§1 Conditions de la publication

La publication concerne toutes les demandes : brevets ou certificats d'utilité, à l'exception de celles qui auraient été retirées ou rejetées avant l'expiration du délai fixé à l'article R. 612-40. Elle concerne aussi les certificats complémentaires de protection en matière de médicaments ou produits phytosanitaires. Sont aussi publiés les actes de procédure subséquents au dépôt.

La publication intervient à l'expiration d'un délai de dix-huit mois à compter du dépôt de la demande française ou de la date de priorité (art. L. 612-21).

Le déposant peut, à tout moment, requérir une publication anticipée.

À partir de la date de mise à la disposition du public mentionnée au Bulletin officiel de la propriété industrielle, toute personne peut prendre connaissance du dossier et en obtenir la reproduction. La diffusion peut se faire grâce à une banque de données ou à la distribution de supports informatiques (art. L. 612-21, al. 1).

Si l'invention concerne un micro-organisme, la publication consiste à permettre au public d'accéder à la souche déposée auprès de l'organisme habilité à la conserver (art. R. 612-42).

§2 Effets de la publication

Pendant trois mois après la date de publication de la demande, les tiers peuvent présenter des observations (art. R. 612-63 et 64). Celles-ci sont notifiées au déposant qui peut, dans un délai de trois mois :

- déposer par écrit ses observations en réponse ;
- déposer une nouvelle rédaction des revendications.

À compter de la date de la publication, le déposant peut engager une action en contrefaçon, sans avoir à notifier au prétendu contrefacteur une copie certifiée de la demande de brevet (art. L. 615-4).

CHAPITRE IV
La délivrance du brevet

§1 Les mesures constitutives de la délivrance

Si la demande est conforme aux prescriptions légales, le titre de propriété industrielle est délivré par décision du directeur général de l'INPI

La délivrance n'a pas lieu si :

- le demandeur n'a pas acquitté la redevance de délivrance et d'impression du fascicule du brevet prévue à l'article R. 612-70. La demande de brevet est alors rejetée (art. R. 612-46) ;
- le demandeur a été déchu de ses droits pour non-paiement des annuités (art. R. 612-72).

§2 Les mesures postérieures à la délivrance

La décision de délivrance est notifiée au demandeur ou à son cessionnaire, qui reçoit un exemplaire certifié conforme du titre.

La délivrance donne au droit du breveté son contenu définitif ; ce droit prend toutefois effet à compter de la date de la demande (art. L. 613-1).

Le titre délivré est présumé valable ; le droit du breveté peut cependant être rétroactivement anéanti à l'issue d'une action en annulation intentée devant l'un des tribunaux de grande instance compétents *(v. infra, p. 47).*

Titre II
Les effets de l'acquisition de la protection

Le brevet (au sens large de titre de propriété industrielle) a pour effet de réserver l'invention au profit de son titulaire. Celui-ci peut, d'autre part, tirer profit de son droit en commercialisant l'invention brevetée.

Sous-titre I
La réservation de l'invention brevetée

CHAPITRE I
Le sujet du droit de brevet

SECTION 1
LE PROPRIÉTAIRE DU BREVET

Le brevet peut appartenir à une personne physique ou une personne morale de droit privé ou de droit public.

Le propriétaire du brevet peut être :

- soit le déposant de la demande de brevet ;
- soit un ayant cause de celui-ci (cessionnaire ; héritier ; autorité publique ayant exproprié le titulaire) ;
- la personne ayant gagné une action en revendication de la propriété du brevet (art. L. 611-8). Cette action est ouverte dans deux cas : lorsque l'invention a été soustraite à l'inventeur et lorsque le brevet a été demandé en violation d'une obligation légale ou conventionnelle.

SECTION 2
LES COPROPRIÉTAIRES DU BREVET

Le droit de brevet peut avoir plusieurs sujets qui sont copropriétaires du titre.

La copropriété peut être d'origine :

- initiale : résultant du dépôt en commun de la demande de brevet ;
- dérivée : résultant de cessions partielles du brevet ;
- résultant d'une indivision forcée (p. ex. : indivision successorale) ;
- résultant d'une décision judiciaire à l'issue d'une action en revendication.

Les articles L. 613-29 à 32 instituent un régime supplétif de la copropriété qui s'applique par dérogation au droit commun de l'indivision (art. 815 et s., 883 et s., 1873-1 à 1873, C. civ.).

§1 Le fonctionnement de la copropriété

1. Décisions unanimes des copropriétaires

Il s'agit de décisions affectant l'existence ou le contenu du droit : modification des revendications ; retrait de la demande ; cession de la totalité du brevet. Seule, la concession d'une licence exclusive exige l'unanimité (art. L. 613-29, d).

2. Décisions individuelles des copropriétaires

a) Décisions efficaces à l'égard d'un seul

L'action en contrefaçon peut être exercée individuellement. Le demandeur doit notifier l'assignation aux autres copropriétaires. Il est sursis à statuer sur l'action jusqu'à justification de cette notification (art. L. 613-29, b).

b) Décisions efficaces à l'égard de tous

- Chaque copropriétaire peut exploiter l'invention à son profit, sauf à indemniser équitablement ceux qui n'exploitent pas personnellement ou n'ont pas concédé de licence d'exploitation.
- Chaque copropriétaire peut concéder une telle licence à son profit, sauf à indemniser les autres comme ci-dessus.

Toutefois, le projet de concession doit être notifié aux autres copropriétaires. Chacun d'eux peut s'opposer à la concession, à la condition d'acquérir la quote-part de celui qui a formulé le projet.

§2 La durée de la copropriété

Chaque copropriétaire peut, à tout moment, céder sa quote-part. Il doit notifier aux autres le projet de cession. Les autres copropriétaires peuvent exercer leur droit de préemption dans les trois mois. À défaut d'accord, le prix est alors fixé par le tribunal de grande instance. Dans le mois suivant la notification du jugement (ou de l'arrêt d'appel), les parties peuvent renoncer à la vente.

Chaque copropriétaire peut, à tout moment, abandonner sa quote-part après avoir notifié son intention aux autres.

CHAPITRE II
L'objet du droit de brevet

SECTION 1
LES PRÉROGATIVES DU BREVETÉ

§1 Le contenu des prérogatives du breveté

A Les actes d'exploitation interdits aux tiers

L'article L. 613-3 énumère ces actes de manière limitative.

1. Interdiction sans exigence d'élément intentionnel

a) Exploitation par un fabricant

Sont considérés comme contrefaisants :

– les actes matériels de fabrication des produits brevetés ;

– les actes matériels d'utilisation des procédés brevetés ;

– les actes suivant la fabrication elle-même (même si celle-ci a été licite) ; p. ex. : mise dans le commerce, utilisation, détention aux fins ci-dessus ; importation (art. L. 615-1, § 3, *a contrario*).

– l'offre, la mise dans le commerce ou l'utilisation ou bien l'importation ou la détention aux fins ci-dessus du produit obtenu directement par le procédé breveté.

Tous ces actes doivent avoir eu lieu en France.

b) Exploitation par un non-fabricant

Est considérée comme contrefaisante : l'introduction sur le territoire français d'objets reproduisant l'invention brevetée.

2. Interdiction avec exigence d'élément intentionnel (art. L. 615-1, § 3 et art. L. 613-4)

Certains actes ne sont contrefaisants que si l'exploitant a agi en connaissance de cause, c'est-à-dire connaissant l'existence du brevet et la violation qu'il réalisait. La jurisprudence est sévère envers l'exploitant professionnel.

Sont concernés les actes suivants :

• offre, mise dans le commerce, utilisation, détention en vue de l'utilisation ou de la mise dans le commerce, lorsque ces actes sont réalisés par un autre que le fabricant du produit breveté ;

• la « fourniture des moyens », c'est-à-dire la livraison ou l'offre de livraison de moyens indispensables à la mise en œuvre de l'invention. Le bénéficiaire de ces actes doit être une personne non habilitée à exploiter le brevet (art. L. 613-4). Sont, toutefois, exemptés de l'interdiction les fournisseurs d'objets très courants.

B Les actes d'exploitation autorisés aux tiers

1. Les actes autorisés en considération de leur moment

a) Les actes précédant la délivrance du brevet

L'article L. 613-1 fixe à la date de dépôt de la demande de brevet le point de départ du droit exclusif du breveté. Toutefois, jusqu'à la délivrance, ce droit est « fragilisé » et son titulaire ne peut pas toujours obtenir la sanction des actes interdits aux tiers.

1. **Introduction de l'action en contrefaçon**

Les actes antérieurs à la délivrance ne sont illicites que s'ils sont postérieurs (art. L. 615-4, al. 1) :

– soit à la publication de la demande ;

– soit à une notification au présumé contrefacteur d'une copie certifiée conforme de la demande.

2. **Issue de l'action en contrefaçon**

Le tribunal saisi d'une action en contrefaçon doit surseoir jusqu'à la délivrance du titre (art. L. 615-4, al. 3).

b) Les actes suivant l'extinction du brevet

1. **L'extinction absolue : l'arrivée du terme**

Le droit exclusif a une durée variable selon la nature du titre :

• le brevet a une durée de vingt ans à compter de la demande ;

• le certificat d'utilité a une durée de six ans à compter de la demande ;

• le certificat complémentaire de protection relatif aux médicaments (art. L. 611-2, 3°) prend effet au terme du brevet auquel il se rattache, pour une durée de sept ans à compter de ce terme, ou de dix-sept ans à compter de l'autorisation de mise sur le marché du médicament ;

• le certificat complémentaire de protection pour les produits phytopharmaceutiques (Règl. n° 1610/96, du 23 juill. 1996), prend effet au terme du brevet de base pour une durée égale à la période écoulée entre la date de dépôt de la demande de brevet et la date de la première autorisation de mise sur le marché dans l'Union européenne.

Le droit exclusif peut s'éteindre avant son terme normal par la renonciation du titulaire, ou la déchéance sanctionnant le non-paiement des annuités.

2. **L'extinction relative : l'épuisement du droit du breveté**

La loi de 1978 (art. L. 613-6, C. propr. intell.) a introduit dans le système français la règle dite de l'« épuisement du droit » : le droit exclusif du breveté ne peut plus être invoqué dès lors que l'objet a été « mis dans le commerce en France par le propriétaire du brevet ou avec son consentement exprès ». Lorsqu'une telle mise dans le commerce a eu lieu dans un État partie à l'accord sur l'Espace économique européen, le breveté français ne peut plus s'opposer à l'introduction en France de l'objet protégé.

2. Les actes autorisés en considération de leur finalité (art. L. 613-5)

1. Actes accomplis dans un cadre privé à des fins non commerciales.

2. Actes accomplis à titre expérimental.

3. Reproduction de l'invention sous forme de préparation officinale de médicaments faite dans les officines de pharmacie et sur ordonnance médicale et actes portant sur ces médicaments.

§2 La sanction des prérogatives du breveté

L'action en contrefaçon permet au breveté d'obtenir la sanction des actes d'exploitation non autorisés par lui. Un concurrent du breveté peut écarter le risque de poursuites en utilisant l'action en déclaration de non-contrefaçon.

A L'action en contrefaçon

1. Déclenchement de l'action en contrefaçon

a) Titulaires du droit d'agir (art. L. 615-2)

1. **Le breveté**

Le droit d'agir appartient principalement au breveté, qui peut ainsi assurer la protection de son droit exclusif sur l'invention.

Le titulaire d'une demande de brevet peut agir après publication ou notification de celle-ci au défendeur.

En cas de copropriété, chacun des copropriétaires peut exercer l'action à son profit, à condition de notifier l'assignation aux autres (art. L. 613-29, b).

Le cessionnaire du brevet ne peut agir en contrefaçon qu'à partir de la date d'inscription de la cession au Registre national des brevets et seulement pour les faits postérieurs à cette date (sauf clause contraire).

2. **Le licencié**

Les licenciés peuvent agir si les conditions suivantes sont réunies :

– caractère exclusif de la licence ;

– absence de clause contraire ;

– mise en demeure infructueuse du breveté ;

– publication du contrat de licence au Registre national des brevets.

Le droit d'agir en contrefaçon est ouvert au titulaire d'une licence de droit, d'une licence d'office, ou d'une licence obligatoire.

Un licencié peut intervenir dans une action engagée par le breveté et inversement, à condition que la licence ait été publiée au Registre national des brevets.

b) Tribunal compétent

1. **Compétence *ratione materiae***

L'action en contrefaçon est de la compétence exclusive des dix tribunaux de grande instance compétents pour connaître des actions civiles intentées en application de l'article L. 615-17 (art. R. 312-2, C. org. jud. et art. R. 411-4 et R. 411-19 à 26, C. propr. intell.).

L'arbitrage est possible en matière de contrefaçon.

2. **Compétence *ratione loci***

Le tribunal territorialement compétent est déterminé par les règles ordinaires de compétence : lieu du domicile du défendeur, ou lieu de la contrefaçon.

L'action en concurrence déloyale connexe à une action en contrefaçon est portée devant le même tribunal (art. L. 615-19, al. 2).

c) Conditions de recevabilité de l'action

1. **Justification de l'opposabilité du droit aux tiers** (art. L. 615-4)

L'action en contrefaçon n'est recevable que pour sanctionner la violation d'un droit exclusif opposable aux tiers. Elle n'est donc pas recevable avant :

- la publication de la demande de brevet, ou, à défaut, la notification au présumé contrefacteur d'une copie certifiée conforme de la demande ; toutefois, jusqu'à la délivrance, le brevet n'est opposable que pour les revendications non étendues ;
- la mise à la disposition du public du micro-organisme objet de la demande de brevet.

2. **Justification du déclenchement de la procédure de recherche documentaire** (art. L. 612-15)

Le demandeur en contrefaçon doit justifier avoir requis un rapport de recherche. Il en est de même si l'action est fondée sur un certificat d'utilité (art. L. 615-6).

d) Délai de prescription de l'action

L'action en contrefaçon se prescrit par trois ans à compter des faits qui en sont la cause (art. L. 615-8).

La prescription court à compter de la réalisation de chaque acte contrefaisant.

2. Déroulement de l'action en contrefaçon

a) Les moyens du demandeur

Le demandeur doit établir l'existence de ressemblances entre l'invention brevetée et l'objet exploité par le défendeur.

1. **Détermination de l'invention protégée**

L'objet du brevet est déterminé par la teneur des revendications. Toutefois, la description et les dessins servent à interpréter les revendications (art. L. 613-2, al. 1).

Si le brevet concerne un procédé, la protection couvre les produits obtenus directement par ce procédé (art. L. 613-2, al. 2). Le tribunal pourra ordonner au défendeur de prouver que le procédé employé diffère de celui du brevet. Faute de cette preuve, le produit identique est présumé obtenu par le procédé breveté (art. L. 615-5-1).

2. **Détermination de l'objet contrefaisant**

L'identification de l'objet contrefaisant peut être faite par tous moyens (art. L. 615-5, al. 1). La loi organise cependant au profit du breveté un moyen de preuve privilégié consistant dans la saisie-contrefaçon (art. L. 615-5 et R. 615-1 à 4). Cette procédure est ouverte au licencié exclusif et au titulaire d'une licence de droit, d'une licence obligatoire ou d'office.

- **Les mesures préalables à la saisie-contrefaçon** : la saisie doit être autorisée par le président du tribunal de grande instance dans le ressort duquel elle sera exécutée.

- **L'exécution de la saisie-contrefaçon** : l'huissier saisissant doit signifier au présumé contrefacteur l'ordonnance autorisant la saisie. Il peut être assisté d'un expert. Puis, il procède à la description des objets suspects suivie de leur saisie réelle (si elle a été autorisée). Il peut être autorisé à constater l'origine, la consistance et l'étendue de la contrefaçon. Il dresse un procès-verbal des opérations.

- **Les conséquences de la saisie-contrefaçon** : à peine de nullité, la saisie doit être suivie de l'assignation en contrefaçon dans les quinze jours.

Une saisie irrégulière peut être annulée ; le saisissant est responsable des dommages causés par une saisie abusive.

3. **Comparaison entre l'invention protégée et l'objet suspect**

La contrefaçon est réalisée dès lors qu'il existe entre les deux objets des ressemblances portant sur les éléments essentiels.

b) Les moyens du défendeur

1. **Contestation de l'existence de la contrefaçon**

- **Contestation de l'élément matériel** : le défendeur pourra établir qu'il n'est pas l'auteur des actes suspects ou que ceux-ci ne reproduisent pas l'objet du brevet.

• **Contestation de l'élément intentionnel** : le défendeur pourra établir qu'il n'a pas agi en connaissance de cause, dans les cas où la loi subordonne la sanction à la présence de cet élément.

• **Contestation de l'élément légal** : le défendeur bénéficie d'un fait justificatif de la contrefaçon lorsqu'il apporte la preuve d'un « droit de possession personnelle antérieure » (art. L. 613-7). Ce droit profite à toute personne de bonne foi qui « possédait » l'invention à la date du dépôt de brevet. Le bénéficiaire peut continuer l'exploitation malgré l'existence du brevet. Ce droit ne peut être transmis qu'avec le fonds de commerce, l'entreprise, ou la partie d'entreprise à laquelle il est attaché.

2. **Contestation de l'efficacité du brevet**

La réplique habituelle à une action en contrefaçon consiste à invoquer la nullité du brevet (l'action en nullité peut, toutefois, être exercée à titre principal).

• **Conditions de l'annulation du brevet** : les motifs d'annulation sont limitativement énumérés par l'article L. 613-25 :

– non brevetabilité de l'invention ;

– insuffisance de description ;

– extension des revendications au-delà du contenu de la demande initiale ;

– extension d'une demande divisionnaire au-delà du contenu de la demande complexe initiale.

• **Effets de l'annulation du brevet** : le brevet annulé est rétroactivement anéanti, soit en totalité, soit en partie. La décision définitive d'annulation est inscrite au registre national des brevets et opposable aux tiers à compter de cette date (les décisions d'annulation prononcées avant le 1er juillet 1979 n'ont d'effets qu'entre les parties).

L'ex-breveté peut être poursuivi (art. L. 615-12) pour s'être indûment prévalu de la qualité de breveté (amende de 50 000 F portée au double en cas de récidive).

3. Dénouement de l'action en contrefaçon

a) L'interdiction provisoire (art. L. 615-3)

1. **Conditions de la demande d'interdiction provisoire :**

– compétence du président du tribunal saisi de l'action en contrefaçon, statuant en référé ;

– l'action en contrefaçon doit avoir été introduite dans un bref délai à compter de la connaissance des faits ;

– l'action en contrefaçon doit présenter un caractère apparemment sérieux.

2. **Effets de la demande d'interdiction provisoire :**

– la continuation des actes argués de contrefaçon peut être interdite sous astreinte ; dans ce cas, le demandeur peut être appelé à fournir des garanties, afin d'assurer l'indemnisation du défendeur si l'action en contrefaçon est rejetée ;

– la continuation de ces actes peut être autorisée, mais en étant subordonnée à la constitution de garanties au profit du demandeur.

b) Le rejet de l'action

Lorsque les actes d'exploitation suspects ne peuvent être qualifiés d'illicites, l'action est rejetée : aucune sanction n'est prononcée contre le défendeur.

Le défendeur peut être responsable en raison d'actes de concurrence déloyale distincts des actes de contrefaçon.

c) Le succès de l'action

1. **Les sanctions civiles**

• **L'interdiction** : le contrefacteur peut être condamné sous astreinte à cesser les actes contrefaisants.

• **La confiscation** : elle consiste à saisir les objets contrefaisants entre les mains du contrefacteur pour les remettre au breveté.

Elle ne peut être ordonnée que si elle est nécessaire pour assurer l'interdiction de continuer la contrefaçon.

La confiscation ne peut porter que sur les objets reconnus contrefaits et sur les moyens de la contrefaçon. Elle peut porter sur l'ensemble lorsque l'objet contrefaisant forme avec celui-ci un « tout matériel » ou un « tout fonctionnel ».

La valeur des objets confisqués doit être déduite de l'indemnité de contrefaçon (art. L. 615-7, al. 2).

• **L'indemnisation** : elle est destinée à réparer le préjudice causé au breveté par la contrefaçon. Son montant est calculé d'après les règles applicables au calcul des dommages et intérêts dans le droit commun de la responsabilité civile. Une indemnité distincte peut être allouée lorsque le contrefacteur a commis des actes de concurrence déloyale (p. ex. : publicité portant sur les objets contrefaisants).

• **La publication** : le juge peut condamner le contrefacteur à publier dans la presse la décision de condamnation.

2. **Les sanctions pénales**

Les sanctions pénales de la contrefaçon de brevet, supprimées par la loi de 1978, ont été rétablies par celle du 26 nov. 1990 (nouvel art. 423-5, C. pén.) et aggravées par celle du 5 février 1994. Désormais, toute atteinte portée sciemment aux droits du breveté tels que définis aux art. L. 613-3 à L. 613-6, est punie d'un emprisonnement de deux ans et d'une amende de 1 000 000 F. L'action pénale est toujours de la compétence du tribunal correctionnel.

En cas de récidive, ou si le délinquant est ou a été lié par contrat avec la partie lésée, ces peines sont portées au double ; peut s'y ajouter la privation du droit d'élection ou d'éligibilité aux élections professionnelles (art. L. 615-14-1).

La responsabilité pénale des personnes morales n'est pas prévue.

B L'action en déclaration de non-contrefaçon (art. L. 615-9)

1. Conditions de l'action

– Exploitation industrielle d'une technique par le demandeur, ou préparatifs sérieux à cet effet réalisés dans un État membre de l'Union européenne.

– Le demandeur doit avoir invité le breveté à prendre parti sur le caractère contrefaisant de cette exploitation.

– Le breveté n'a pas répondu dans les trois mois, ou le demandeur conteste sa réponse.

– Assignation du breveté devant le tribunal de grande instance compétent en matière de brevets pour faire juger que le brevet ne fait pas obstacle à l'exploitation du demandeur.

2. Effets de l'action

Une action en contrefaçon fondée sur les mêmes faits d'exploitation ne peut être ultérieurement intentée : une action en nullité du brevet peut l'être.

SECTION 2

LES CHARGES DU BREVETÉ

§1 L'obligation au paiement des annuités (art. L. 612-19)

A Contenu de l'obligation

1. Les titres concernés

Les annuités sont dues pour chaque brevet d'invention et certificat d'utilité (qu'ils résultent d'une demande initiale, d'une transformation ou d'une division).

2. Les dates d'échéance

La première annuité est due au jour du dépôt de la demande. Les annuités suivantes sont échues le dernier jour du mois anniversaire du dépôt de la demande (art. R. 613-46). La dernière est due au dix-neuvième anniversaire.

3. Le montant des annuités

Le taux des annuités est progressif ; il est fixé par un arrêté du 29 décembre 2000 (de 27 euros pour la première, à 533 euros pour la vingtième).

Une réduction est possible pour les personnes non imposables sur le revenu (art. L. 612-20).

B Sanction de l'obligation

1. Principe

La sanction du non-règlement de la taxe annuelle consiste dans la déchéance du brevet (art. L. 613-22).

a) Conditions de la déchéance

Si l'annuité n'est pas payée à la date normale, le breveté n'est pas automatiquement déchu de ses droits ; il bénéficie d'un délai de grâce de six mois pour acquitter la taxe accompagnée d'une surtaxe et éviter ainsi la déchéance (art. L. 612-19, dernier al. ; art. R. 613-46).

En cas de non-paiement dans le délai de grâce, la déchéance est constatée par une décision du directeur général de l'INPI, ou à la requête du breveté ou d'un tiers (art. L. 613-22 ; art. R. 613-48).

La déchéance est notifiée au breveté et publiée au Registre national des brevets.

b) Effets de la déchéance

La déchéance prend effet à la date de l'échéance de la taxe annuelle impayée (art. L. 613-22, 1°, al. 2).

2. Atténuation

Le breveté déchu peut être restauré dans ses droits s'il justifie d'une excuse légitime du non-paiement de l'annuité (art. L. 613-22, 2°).

a) Conditions de la restauration

1. Le recours en restauration doit être présenté par écrit au directeur général de l'INPI (art. R. 613-52), dans les trois mois suivant la décision de la déchéance.

2. Le breveté doit justifier d'une excuse légitime du non-paiement de l'annuité (p. ex. : faute du mandataire qualifié ; maladie ; défaillance du système informatique).

3. Une décision refusant la restauration est susceptible de recours devant la cour d'appel compétente, dans le délai d'un mois (art. R. 411-20).

b) Effets de la restauration

1. **Date de prise d'effet** : la restauration efface la déchéance du brevet ; celui-ci reprend son existence depuis la date de l'échéance impayée.

2. **Caducité de la restauration** : la restauration est caduque si les redevances impayées ne sont pas acquittées dans un délai de trois mois à compter de l'inscription de la décision au Registre national des brevets (art. R. 613-50, al. 2).

§2 L'obligation d'exploiter l'invention brevetée

1. Contenu de l'obligation (art. L. 613-11)

Le breveté a l'obligation d'exploiter l'invention sur le territoire d'un État membre de l'Union européenne ou partie à l'accord sur l'Espace économique européen (on entend par-là la fabrication d'objets brevetés) dans un délai de trois ans après la délivrance ou de quatre ans après le dépôt de la demande de brevet. Il ne doit pas abandonner l'exploitation pendant plus de trois ans. Il doit, au moins, avoir fait des préparatifs effectifs et sérieux pour exploiter l'invention.

2. Sanction de l'obligation

La sanction du défaut d'exploitation consiste dans l'octroi d'une licence obligatoire (*v. infra, p. 62*), sauf au breveté à justifier d'excuses légitimes.

Sous-titre II
La commercialisation de l'invention brevetée

CHAPITRE I
La commercialisation par voie contractuelle

Généralités — Règles communes à tous les contrats sur brevets

1. Conditions de validité

Les contrats comportant une transmission ou une licence sont constatés par écrit, à peine de nullité (art. L. 613-8, dernier alinéa).

2. Conditions d'opposabilité aux tiers

Les actes transmettant ou modifiant les droits attachés à une demande de brevet ou à un brevet ne sont opposables aux tiers qu'à compter de leur inscription sur le Registre national des brevets. Avant leur inscription, ces actes sont opposables aux tiers qui en avaient connaissance lors de l'acquisition de ces droits (art. L. 613-9).

3. Formalités spécifiques

a) Enregistrement à la recette des impôts

Les licences de brevet sont enregistrées au droit fixe (art. 738-2°, C. gén. imp.). La cession d'un brevet exploité est obligatoirement soumise à l'enregistrement au droit fixe (art. 731, C. gén. imp.).

b) Déclaration des contrats avec l'étranger (art. R. 624-1 à 7 et arrêté du 26 mai 1970)

Doivent être déclarés auprès de l'INPI les contrats d'acquisition ou de cession « de droits de propriété industrielle, et de tous éléments intellectuels relevant de l'aide scientifique et technique sous toutes ses formes ».

La déclaration doit être faite dans le mois suivant la conclusion du contrat ou de l'avenant, lorsque celui-ci est passé entre une personne ayant son domicile ou siège en France et une personne ayant son domicile ou siège à l'étranger.

Chaque année, un relevé des opérations financières doit être fourni, sous la menace de sanctions de l'art. 459, C. douanes, réprimant les contraventions à la réglementation des relations financières avec l'étranger.

SECTION 1
LE CONTRAT DE CESSION DE BREVET

Définition : La cession de brevet est un contrat par lequel le breveté cédant transfère son droit au cessionnaire en contrepartie du versement d'un prix en argent.

Règles applicables : Les contrats de cession sont soumis à l'article L. 613-8, qui se borne à en admettre la possibilité. En l'absence de règles spécifiques, la cession de brevet obéit au régime de la vente (art. 1582 à 1701, C. civ.).

§1 Les conditions de la cession

A Les parties au contrat

Le cédant : le titulaire du droit cédé, pourvu qu'il ait la capacité d'en disposer. Un copropriétaire ne peut céder que sa quote-part ; les autres copropriétaires ont un droit de préemption *(v. supra, p. 40).*

Le cessionnaire : toute personne apte à être titulaire d'un brevet.

B L'objet du contrat

1. L'objet principal du contrat

La cession peut avoir pour objet un brevet en vigueur ou une demande de brevet (ou d'un certificat d'utilité). Elle peut porter sur la totalité ou une partie du droit.

2. L'objet accessoire du contrat

1. Les droits inclus dans la cession (sauf clause contraire) : les certificats d'addition demandés ou délivrés au jour de la cession (ces certificats ne sont plus délivrés à compter de l'entrée en vigueur de la loi du 26 nov. 1990).

2. Les droits exclus de la cession (sauf clause contraire) :

- les brevets de perfectionnement ;
- le droit de priorité ;
- le savoir-faire complétant éventuellement le brevet ;
- le droit moral de l'inventeur ;
- les brevets parallèles dont le cédant est titulaire à l'étranger.

§2 Les effets de la cession

A Transfert du droit de brevet

1. Moment du transfert

Entre les contractants, le droit est transféré lors de la signature de l'acte (sauf clause contraire).

À l'égard des tiers, le transfert est opposable à compter de l'inscription du contrat au Registre national des brevets.

2. Effets du transfert

Le cessionnaire devient le nouveau titulaire du brevet ; il bénéficie des prérogatives et assume les charges correspondantes.

B Création d'obligations

1. Obligations du cédant

a) L'obligation de délivrance

Elle consiste dans la remise matérielle du titre du brevet au cessionnaire et dans l'autorisation d'exploiter. Si nécessaire, le breveté doit assister le cessionnaire.

b) L'obligation de garantie

Elle consiste à protéger le cessionnaire contre les vices cachés du brevet et contre l'éviction.

1. **La garantie des vices cachés du brevet** : les vices cachés sont les défauts non apparents au moment de la cession et qui rendent le brevet impropre à l'usage auquel il est destiné. Il peut s'agir de vices juridiques (nullité du brevet) ou matériels (impossibilité d'exploitation industrielle due à un vice de conception de l'invention).

La garantie ne porte pas sur la rentabilité commerciale du brevet.

L'inexécution de la garantie se traduit par la résolution du contrat de cession ou la diminution du prix assortie éventuellement de dommages-intérêts. Le régime général de cette obligation est calqué sur celui de la vente.

2. **La garantie d'éviction** : l'éviction consiste dans un trouble de jouissance du brevet provenant soit du fait du cédant (p. ex. : exercice d'une action en nullité du brevet contre le cessionnaire), soit du fait de tiers (p. ex. : exercice d'une action en revendication du brevet).

Le cédant doit s'abstenir de tels troubles, ou faire cesser ceux provenant de tiers (à cet égard, il garantit uniquement les troubles juridiques). À défaut, il doit indemniser le cessionnaire évincé.

Les clauses exonératoires ou limitatives de garantie sont valables dans les conditions de droit commun. Les contrats de cession de brevet sont généralement conclus entre professionnels.

2. Obligations du cessionnaire

L'obligation principale du cessionnaire consiste à payer le prix et les frais de la cession.

Le montant et les modalités de paiement du prix sont fixés par accord des parties.

L'existence d'un prix déterminé ou déterminable est une condition de validité de la cession. Le prix peut être forfaitaire (éventuellement indexé en cas de paiement échelonné), ou consister dans des redevances proportionnelles aux résultats de l'exploitation du brevet. Le contrat doit alors prévoir l'assiette, le taux et la périodicité de paiement de la redevance.

SECTION 2

LE CONTRAT DE LICENCE DE BREVET

Définition : la licence de brevet est un contrat par lequel le breveté concède l'exploitation de son droit à un licencié moyennant le versement d'une contrepartie.

Elle doit être distinguée du contrat de communication de savoir-faire, qui porte sur une technique non brevetée et s'apparente à un contrat d'entreprise.

Règles applicables : l'article L. 613-8 pose quelques règles particulières ; pour le reste, la licence est soumise au régime du contrat de louage (art. 1708 et s., C. civ.). La licence est généralement conclue à titre professionnel.

§1 Les conditions du contrat de licence

A Les parties au contrat

1. Identification des parties

a) Le concédant

Le concédant peut être :

– le titulaire du brevet ; lorsque le brevet est en copropriété, la licence exclusive nécessite l'accord de tous les copropriétaires ;

– l'usufruitier du brevet ;

– le licencié, devenant concédant à l'égard du sous-licencié (la sous-licence suppose l'accord du breveté).

Le concédant doit avoir la capacité et les pouvoirs requis pour passer des actes d'administration.

b) Le licencié

Toute personne ayant la capacité de contracter. À son égard, la licence est un contrat conclu *intuitu personae*.

2. Rapprochement des parties

La loi de 1978 (L. 1968, art. 31 *bis*, rénové devenu art. L. 613-10, C. propr. intell.) a instauré un régime dit de la « licence de droit ». Le bénéfice de ce régime est accordé par le directeur général de l'INPI. Il permet au breveté de faire une offre publique de contrat de licence par l'entremise de l'INPI. Le breveté bénéficie alors d'une réduction du taux des taxes annuelles.

La licence ne peut être que non exclusive. Le licencié peut résilier à tout moment le contrat de licence.

B L'objet du contrat

1. Objet principal du contrat

La licence peut porter sur le droit né de la demande de brevet ou le brevet délivré (art. L. 613-8, al. 1). La demande objet d'une licence ne peut être retirée qu'après l'accord écrit du licencié (art. R. 612-38, al. 4) ; il en est de même pour la renonciation à un brevet (art. R. 613-45).

La licence peut être totale ou partielle (p. ex. : seuls certains actes d'exploitation peuvent être autorisés).

2. Objet accessoire du contrat

Les solutions sont les mêmes que pour la cession (*v. supra, p. 53*).

En raison de l'indépendance territoriale des brevets, la licence de brevet français n'emporte pas celle des brevets étrangers parallèles.

C La durée du contrat

1. Date de prise d'effet du contrat

Le contrat de licence prend effet à la date de la signature par les parties du document exigé pour sa validité. Une clause contraire peut retarder ce moment. Il est opposable aux tiers à compter de son inscription au Registre national des brevets.

2. Date d'extinction du contrat

Le contrat s'éteint normalement à l'arrivée du terme fixé par les parties. En l'absence de terme, la licence dure autant que le brevet concédé (ou le titre le plus tardif, en cas de pluralité de brevets).

La licence peut s'éteindre de façon anticipée :

- disparition rétroactive du contrat : en conséquence de la résolution sanctionnant l'inexécution, ou en conséquence de l'annulation sanctionnant l'absence d'une condition de validité (p. ex. : nullité de la licence pour défaut d'objet lorsqu'elle portait sur un brevet nul). La nullité ou la résolution du contrat entraînent, en principe, la restitution des prestations déjà réalisées. Cette restitution peut être limitée en tenant compte de l'avantage que l'exploitation du brevet a procuré ;
- disparition non rétroactive du contrat : la licence s'éteint pour l'avenir en cas de résiliation volontaire ou de caducité, consécutive, par exemple, à la déchéance du brevet concédé.

D Le territoire contractuel

Le droit d'exploitation est concédé pour la totalité du territoire couvert par le brevet, sauf clause limitant expressément la concession à une partie de ce territoire.

Si la licence risque d'affecter le commerce entre États membres de la Communauté européenne, elle doit être notifiée à la Commission des Communautés, sauf si elle est conforme au règlement (CE) n° 240-96 de la Commission du 31 janvier 1996 concernant l'application de l'article 81 § 3 du traité CE à des catégories d'accords de transfert de technologie.

§2 Les effets du contrat de licence

À la différence de la cession, la licence n'a pas d'effet translatif de droits, mais seulement créateur d'obligations.

A Les obligations du concédant

1. L'obligation de délivrance

Le concédant doit permettre au licencié la jouissance de l'invention brevetée et lui fournir les informations nécessaires à cette fin.

2. L'obligation de garantie (art. 1721, C. civ.)

a) Obligation de garantie des vices cachés du brevet

Les vices cachés sont définis comme dans le cas de la cession *(v. supra, p. 54)*. Qu'il soit de bonne ou de mauvaise foi, le concédant doit garantir le licencié pour tout le préjudice subi. Cette obligation peut être exclue ou aménagée conventionnellement.

b) Obligation de garantie d'éviction

1. **Garantie d'éviction du fait personnel**

Le concédant doit s'abstenir de perturber la jouissance paisible du brevet concédé par des troubles matériels (p. ex. : non-paiement des annuités entraînant la déchéance du brevet), ou juridiques (p. ex. : blocage de l'exploitation par un brevet dominant). Cette obligation est d'ordre public.

2. **Garantie d'éviction du fait des tiers**

Lorsqu'il dispose seul du droit d'agir en contrefaçon, le concédant doit garantir le licencié contre les troubles matériels (actes de contrefaçon) provenant de tiers.

Il doit également le garantir contre les troubles juridiques provenant de tiers : (p. ex. : action en contrefaçon exercée contre le licencié, blocage de l'exploitation par un titre dominant). L'exécution de la garantie consiste à faire échec aux prétentions des tiers ou, à défaut, à indemniser le licencié du dommage que lui cause l'éviction. L'obligation de garantie d'éviction du fait des tiers n'est pas d'ordre public : elle peut être aménagée par contrat.

3. Autres obligations du concédant

Parmi les obligations le plus fréquemment rencontrées, figurent celles d'exclusivité et de communication des perfectionnements.

a) Obligation d'exclusivité

Le concédant peut s'engager à ne pas accorder d'autres licences sur le même brevet ; la licence est alors exclusive. Dans le silence du contrat, la licence est non-exclusive (licence simple). L'octroi d'une licence exclusive n'interdit pas au concédant d'exploiter le brevet, sauf clause contraire.

b) Obligation de communication des perfectionnements

Le concédant peut s'engager à communiquer au licencié les perfectionnements apportés à l'invention après la concession de la licence. Dans le silence du contrat, une telle obligation pourrait être rattachée à la garantie d'éviction du fait personnel du concédant.

B Les obligations du licencié

1. L'obligation de paiement

a) Détermination du prix

La licence est un contrat à titre onéreux, où le prix peut consister en une somme forfaitaire ou en une somme variable, à condition que son assiette et les modalités de son calcul soient connues (p. ex. : redevance consistant en un pourcentage des résultats d'exploitation du brevet).

b) Paiement du prix

Les modalités de paiement sont fixées par accord des parties. Le prix peut être payable en une ou plusieurs fois. Ces formules doivent être combinées (p. ex. : un minimum de redevances garanties).

Le concédant ne peut imposer au licencié un prix minimum de revente des objets fabriqués selon le brevet.

L'obligation de paiement ne peut avoir une durée supérieure à celle du brevet, sauf s'agissant d'un « contrat mixte », dont l'objet consiste en un brevet et le savoir-faire accessoire.

2. L'obligation d'exploitation

a) En l'absence de clause

La jurisprudence met à la charge du licencié l'obligation d'exploiter personnellement le brevet, que la licence soit simple ou exclusive. L'obligation doit être exécutée de bonne foi : l'exploitation doit être complète et sans restriction. Seul, un cas de force majeure justifie la non-exploitation (p. ex. : difficultés insurmontables de mise au point de l'invention).

b) En présence de clause

L'obligation d'exploiter n'étant pas d'ordre public, elle peut être écartée ou aménagée conventionnellement.

Certaines limitations de l'exploitation peuvent être suspectes au regard du droit de la concurrence interne ou communautaire ; tel est le cas, notamment pour les obligations suivantes :

- obligation de s'approvisionner exclusivement auprès du concédant ;
- obligation de ne pas exporter les produits fabriqués sous licence ;
- obligation de non-concurrence ;
- obligation de ne pas contester la validité du brevet.

3. Autres obligations du licencié

Diverses obligations peuvent être prévues à la charge du licencié, à condition d'être conformes à l'ordre public et au droit de la concurrence (le licencié peut, p. ex. : s'engager à communiquer au concédant les perfectionnements qu'il apporte à l'invention brevetée).

SECTION 3
L'APPORT DU BREVET EN SOCIÉTÉ

Le brevet est un apport en nature (à la différence du savoir-faire, constituant un apport en industrie), soumis aux règles prévues par le droit des sociétés pour ce type d'apport. La contrepartie de l'apport consiste dans l'attribution à l'apporteur de parts ou actions de la société. L'apport peut être fait soit en propriété, soit en jouissance.

§1 L'apport en propriété

En cas d'apport du brevet en propriété, la société devient titulaire du brevet apporté et exercera les prérogatives attachées au titre. En conséquence, le breveté apporteur perd tous les droits et ne peut reprendre le brevet lors de la dissolution de la société. L'apporteur est tenu des mêmes obligations de garantie qu'un cédant (*v. supra, p. 54*).

§2 L'apport en jouissance

En cas d'apport en jouissance, l'apporteur conserve la propriété du brevet, la société recevant le droit de l'exploiter pour une durée déterminée. À la dissolution du groupement, le breveté reprend son brevet en nature (s'il est encore en vigueur).

L'apporteur est tenu des mêmes obligations de garantie qu'un concédant de licence (*v. supra, p. 57*).

CHAPITRE II
La commercialisation par voie autoritaire

SECTION 1
OPÉRATIONS TRANSFÉRANT LE DROIT DE BREVET

§1 L'expropriation du brevet

Dans l'intérêt de la défense nationale, l'État peut exproprier totalement ou partiellement le titulaire d'une demande de brevet ou d'un brevet (art. L. 613-20).

L'expropriation est réalisée par décret pris sur le rapport du ministre chargé de la propriété industrielle et de celui chargé de la défense nationale.

À défaut d'accord amiable, l'indemnité est fixée par le tribunal de grande instance (statuant en chambre du conseil).

§2 Le nantissement du brevet

Définition : le gage (ou nantissement) est un contrat par lequel le breveté accorde au créancier gagiste un droit réel accessoire sur le brevet, afin de garantir l'exécution d'une dette. Bien que d'origine volontaire, le gage peut conduire à la mise en vente forcée du brevet.

Règles applicables : celles des contrats sur brevets (*supra, p. 52*) et règles générales du gage (art. 2073 et s., C. civ.).

A Conditions du gage

Le gage, contrat réel, est conclu lors de la remise effective du titre entre les mains du créancier gagiste (ou d'un tiers désigné).

Rarement conclu à titre autonome, le gage du brevet se rencontre à l'occasion d'un nantissement d'un fonds de commerce dont le brevet est l'un des éléments. L'acte doit alors être inscrit au greffe du tribunal de commerce dans un délai de quinze jours (L. 17 mars 1909, art. 24). Le certificat d'inscription doit être produit dans les quinze jours à l'INPI aux fins d'inscription au Registre national des brevets.

B Effets du gage

La dette est payée : le contrat de gage devient caduc et le titre est restitué au breveté.

La dette n'est pas payée : le créancier gagiste peut procéder à la saisie du brevet selon les modalités prévues à l'article L. 613-21. La saisie se réalise par acte extrajudiciaire signifié à l'INPI, au breveté et aux autres personnes titulaires de droits sur l'invention brevetée. Le créancier doit, dans les quinze jours, faire valider la saisie par le tribunal de grande instance, qui ordonne la mise en vente forcée du brevet. Le procès-verbal d'adjudication est notifié à l'INPI et inscrit au Registre national des brevets.

SECTION 2

OPÉRATIONS NE TRANSFÉRANT PAS LE DROIT DE BREVET

Les licences autoritaires peuvent être prononcées par l'autorité judiciaire ou administrative pour privilégier certains aspects de l'intérêt général en matière d'exploitation des inventions brevetées.

§1 Les licences d'origine judiciaire

Ces licences sont octroyées à la demande de la personne intéressée (personne de droit public ou privé) par le tribunal de grande instance compétent en application de l'article L. 615-17.

A La licence obligatoire pour non-exploitation (L. 613-11 à L. 613-14)

1. Conditions de la licence

1. Absence d'exploitation, ou de préparatifs sérieux dans un État membre de l'Union européenne ou d'un État partie à l'accord sur l'Espace économique européen dans un délai de trois ans à compter de la délivrance ou de quatre ans à compter du dépôt de la demande, ou abandon de l'exploitation depuis plus de trois ans. Le breveté peut opposer des « excuses légitimes » de la non-exploitation.

L'importation de produits brevetés fabriqués dans un État membre de l'OMC est considérée comme une exploitation de ce brevet (art. L. 613-11, dernier al.).

2. Absence de commercialisation en quantité suffisante pour satisfaire aux besoins du marché français.

3. Échec des tentatives pour obtenir une licence amiable.

4. Aptitude du demandeur à exploiter le brevet de manière sérieuse et effective.

2. Effets de la licence

1. La licence est exclusive ou non exclusive (le licencié peut, cependant, agir en contrefaçon : art. L. 615-2, al. 4). Ses modalités sont fixées par le tribunal.

2. La licence ne peut être transmise qu'avec l'entreprise, partie d'entreprise ou le fonds de commerce (art. L. 613-13).

3. Le tribunal peut mettre fin à la licence à titre de sanction de l'inexécution des obligations du licencié (art. L. 613-14).

B La licence de dépendance (art. L. 613-15)

1. Conditions de la licence

a) Conditions relatives au demandeur

Le demandeur est le titulaire d'un brevet de perfectionnement dont l'exploitation est bloquée par l'existence d'un brevet dominant appartenant à un tiers.

b) Conditions relatives au brevet

Le perfectionnement doit présenter à l'égard du brevet antérieur un progrès technique et un intérêt économique importants.

c) Conditions de procédure

Celles de la licence obligatoire pour défaut d'exploitation (*v. supra, p. 62*).

2. Effets de la licence

Les effets de la licence de dépendance sont fixés de la même manière que ceux de la licence obligatoire pour non-exploitation (*v. supra, p. 62*).

De plus, le titulaire du brevet dominant peut obtenir l'octroi d'une licence sur le brevet de perfectionnement.

§2 Les licences d'origine administrative

A La licence d'office dans l'intérêt de la santé publique
(art. L. 613-15 et L. 613-17 ; art. R. 613-10 à R. 613-25)

1. Conditions de la licence

a) Conditions relatives au brevet

1. **Objet du brevet** : le brevet dont il est demandé licence doit être un brevet délivré pour des médicaments, procédés d'obtention de médicaments, produits nécessaires à l'obtention de ces médicaments, procédés de fabrication de tels produits.

2. **Exploitation du brevet** : le médicament doit être mis à la disposition du public en quantité ou qualité insuffisantes, ou à des prix anormalement élevés.

b) Conditions relatives à la justification de la licence

L'octroi de la licence d'office doit être justifié par l'intérêt de la santé publique.

c) Conditions de procédure

1. **Soumission du brevet au régime de la licence d'office** : sur avis d'une commission et sur la demande du ministre chargé de la Santé publique, le brevet est soumis au régime de la licence d'office par un arrêté du ministre chargé de la propriété industrielle.

2. **Attribution de la licence** : dès publication de l'arrêté, toute personne peut demander au ministre l'octroi de la licence d'office. La licence est accordée après avis de la commission ci-dessus.

2. Effets de la licence

La durée et le champ d'application de la licence sont déterminés par le ministre. Le prix doit être fixé par accord amiable ou, à défaut, par le tribunal de grande instance.

B La licence d'office dans l'intérêt du développement économique (art. L. 613-18 ; art. R. 613-26 à R. 613-33)

1. Conditions de la licence

a) Conditions relatives au brevet

1. **Objet du brevet** : tous les brevets, sauf ceux concernés par la licence dans l'intérêt de la santé publique.

2. **Exploitation du brevet** : le brevet doit être inexploité ou exploité insuffisamment au regard des besoins de l'économie nationale.

b) Conditions relatives à la justification de la licence

Les conditions d'exploitation doivent porter gravement atteinte au développement de l'économie nationale ou à l'intérêt public.

c) Conditions de procédure

1. **Mise en demeure d'exploiter** : adressée par le ministre chargé de la propriété industrielle au titulaire du brevet et non suivie d'effet dans le délai d'un an.

2. **Soumission au régime de la licence d'office** : par décret en Conseil d'État.

3. **Attribution de la licence** : à la demande de toute personne qualifiée, par arrêté du ministre compétent, après notification au breveté et à ses licenciés.

2. Effets de la licence

Les modalités de la licence sont définies par l'arrêté qui l'accorde. Elle est exclusive ou non exclusive. Le prix est fixé à l'amiable ou, à défaut, par le tribunal de grande instance.

C La licence d'office dans l'intérêt de la défense nationale (art. L. 613-19 ; art. R. 613-34 à R. 613-42)

1. Conditions de la licence

a) Conditions relatives au brevet : tout titre (ou demande) de propriété industrielle, quel qu'en soit l'objet.

b) Conditions relatives à la justification de la licence : besoins de la défense nationale.

c) Conditions de procédure : la licence est octroyée par arrêté du ministre chargé de la propriété industrielle, à la demande du ministre chargé de la défense nationale.

2. Effets de la licence

a) Bénéficiaire de la licence : État ou toute personne exploitant pour son compte.

b) Modalités de la licence : les modalités sont fixées par l'arrêté accordant la licence. Le prix est fixé à l'amiable ou, à défaut, par le tribunal de grande instance.

Seconde division
Le régime international des brevets d'invention

CHAPITRE I
Droit international privé français

SECTION 1
CONDITION DES ÉTRANGERS

Les étrangers exclus du bénéfice de la convention de Paris de 1883 ou de la convention OMC, sont assimilés aux Français sous l'une des deux conditions suivantes (art. L. 611-1, § 3) :

- domicile ou établissement en France ;
- réciprocité de protection accordée par l'État étranger aux nationaux français.

SECTION 2
CONFLITS DE LOIS

§1 Détermination de la loi applicable

Le brevet est soumis à la loi de l'État qui l'a délivré : p. ex. : un brevet délivré en France est soumis à la loi française ; un brevet délivré en Russie est soumis à la loi russe, etc.

§2 Domaine de la loi applicable

1. Régime juridique du brevet

a) Indépendance des brevets

La loi applicable au brevet définit seule son régime juridique : conditions d'acquisition du droit ; étendue de ses effets ; nullité et extinction du brevet.

Lorsque plusieurs brevets sont pris sur la même invention, chacun est régi par sa loi propre : les brevets sont indépendants.

Si un premier brevet a été déposé dans un État qui n'est membre ni de la convention de Paris de 1883, ni de l'accord instituant l'OMC, un droit de priorité ne peut être attaché à ce dépôt que sous condition de réciprocité (art. L. 611-12).

b) Territorialité de la loi applicable

La reconnaissance et la protection du droit sont limités au territoire du pays dont la loi est compétente : p. ex. : les actes d'exploitation accomplis à l'étranger ne constituent pas des faits de contrefaçon du brevet français.

2. Les opérations sur brevets

Les contrats internationaux sur brevets sont régis par la loi d'autonomie choisie par les parties ou, à défaut, déterminée par le juge selon la convention de Rome de 1980 sur la loi applicable aux obligations conventionnelles.

La transmission par voie successorale est régie par la loi du lieu du domicile du défunt.

La transmission forcée par l'autorité publique est en principe régie par la loi du brevet.

CHAPITRE II
Droit international conventionnel

SECTION 1
LA CONVENTION DE PARIS DU 20 MARS 1883

Cette convention a créé l'Union pour la protection de la propriété industrielle : association d'États dotée d'organes centraux et permanents. Elle est gérée par l'Organisation mondiale de la propriété intellectuelle à Genève.

L'objet de la convention porte sur les brevets et autres droits de propriété industrielle, ainsi que sur la protection contre la concurrence déloyale.

§1 Condition des étrangers

Pour la protection de la propriété industrielle, l'étranger unioniste jouit, dans chaque État-membre, du même traitement que les nationaux de cet État, sans préjudice des règles spéciales prévues par la convention.

Dans chaque État-membre, l'assimilation concerne :

– les ressortissants des autres États-membres ;

– les personnes ayant leur domicile ou établissement commercial ou industriel effectif et sérieux sur le territoire de l'un des États-membres.

§2 Conflits de lois

A Principe : indépendance des brevets

La convention abolit toutes les règles internes liant l'existence du brevet national à celle d'un brevet étranger (p. ex. : brevets dits « d'importation »).

B Exception : droit de priorité unioniste

Ce droit permet de déposer dans un État-membre une invention déjà déposée dans un autre État.

1. Conditions du droit de priorité

a) Conditions relatives à la demande initiale

La demande initiale doit avoir été déposée dans (ou pour) l'un des États-membres de la convention de Paris. Ce dépôt doit avoir la valeur d'un dépôt national et doit avoir été régulier : est considéré comme tel tout dépôt qui suffit à établir la date à laquelle la demande a été déposée dans le pays en cause.

b) Conditions relatives à la demande réflexe

La demande réflexe bénéficiant du droit de priorité doit être soit une demande identique à la demande initiale, soit une demande divisionnaire. L'identité formelle n'est pas exigée : il suffit que les éléments revendiqués par la demande réflexe soient « révélés de façon précise » par l'ensemble des pièces de la première demande. Elle doit être déposée dans un délai de douze mois du dépôt initial.

Une demande de brevet peut être fondée sur des priorités multiples, à condition qu'il y ait unité d'invention.

2. Effets du droit de priorité unioniste

Par l'effet du droit de priorité, les antériorités apparues après le dépôt initial ne sont pas opposables aux dépôts réflexes. Cette « immunisation » joue pendant douze mois suivant le dépôt initial.

§3 Droit uniforme

1. Règles concernant tous les droits de propriété industrielle

- Institution de services nationaux de propriété industrielle.
- Protection temporaire aux expositions.
- Délai de grâce pour non-paiement des annuités.

2. Règles spéciales aux brevets

- Réglementation des sanctions de l'inexploitation : la déchéance ne peut intervenir qu'à titre subsidiaire.
- Prohibition de déchéances pour introduction.
- Faculté de restauration des brevets déchus.
- Droit de l'inventeur à être mentionné dans le brevet.

SECTION 2
LA CONVENTION DE WASHINGTON DU 13 JUIN 1970 (Traité de coopération en matière de brevets ou PCT : *Patent Cooperation Treaty*)

Cette convention a créé une Union internationale de coopération en matière de brevets, gérée par l'OMPI. L'Union concerne la coopération dans le domaine du dépôt, recherche et examen des demandes de protection des inventions, ainsi que la prestation de services techniques spéciaux. La convention organise le dépôt d'une demande internationale, suivi d'un examen préliminaire international. Elle a été introduite en France par la loi n° 77-682 du 30 juin 1977, complétée par le décret n° 78-1010 du 10 octobre 1978 (devenus respectivement art. L. 614-17 à L. 614-24 et R. 614-21 à R. 614-35, C. propr. intell.).

§1 La demande internationale

Le chapitre I du PCT organise une procédure de dépôt international, suivie d'une recherche documentaire.

La demande internationale de brevet peut être déposée auprès d'un office national « récepteur », ou de l'Office européen des brevets à Munich. Toutefois, les demandes internationales formulées par des personnes ayant leur domicile ou siège en France doivent être déposées auprès de l'INPI lorsque la priorité d'un dépôt antérieur en France n'est pas revendiquée (art. L. 614-18). Cette règle vise à permettre l'examen des demandes par les services de la défense nationale. Elle est sanctionnée pénalement (art. L. 615-15). La demande doit désigner les États où la protection par brevet est souhaitée. Dans ces États, elle a les effets d'une demande nationale. Les États membres à la fois du PCT et de la convention de Munich de 1973 peuvent être désignés pour un brevet européen (pour la France, seul un brevet européen peut être obtenu par la voie PCT : art. L. 614-24). La demande internationale peut revendiquer une priorité (*v. supra, p. 68*) née d'une demande antérieure (nationale, régionale ou internationale).

Toutes les demandes internationales sont soumises à une recherche documentaire, effectuée par une administration chargée de la recherche internationale. Le rapport de recherche est adressé aux administrations nationales des brevets des États désignés par le déposant.

La phase internationale prend alors fin à l'égard des États n'ayant pas ratifié le chapitre II de la convention. La suite de la procédure se déroule devant chacun des Offices nationaux désignés, conformément au droit national.

§2 L'examen préliminaire international

Cette procédure n'a d'effet qu'à l'égard des États ayant ratifié le chapitre II de la convention (la France est liée par le chapitre II).

Elle est déclenchée à l'initiative du déposant.

La demande internationale fait alors l'objet d'un examen préliminaire international visant à formuler une opinion préliminaire sur la nouveauté, l'activité inventive et la possibilité d'application industrielle de l'invention.

Le rapport d'examen est transmis à chaque Office des brevets élu par le déposant. La suite de la procédure se déroule devant cet Office, conformément au droit national. L'Office est libre de décider de la délivrance du brevet pour le pays concerné.

SECTION 3
LA CONVENTION DE MUNICH DU 5 OCTOBRE 1973 SUR LA DÉLIVRANCE DE BREVETS EUROPÉENS

Cette convention crée une procédure unique de délivrance des brevets, devant un Office européen des brevets à Munich. Elle a été introduite en France par la loi n° 77-683 du 30 juin 1977, complétée par le décret n° 78-1101 du 10 octobre 1978 (devenus respectivement art. L. 614-1 à L. 614-16 et art. R. 614-1 à R. 614-20, C. propr. intell.). Elle fut révisée en 1991 en son article 63 (v. Décr. n° 97-802 du 22 août 1997). Une nouvelle révision est en cours.

§1 L'obtention du brevet européen

1. Le dépôt de la demande

La demande de brevet européen est déposée :

– soit devant l'OEB ;

– soit par l'intermédiaire d'un office des brevets national d'un État-membre. Si le déposant a son domicile ou siège en France et ne revendique pas la priorité d'un dépôt antérieur en France, la demande de brevet européen doit être déposée à l'INPI (art. L. 614-2, al. 2), afin de permettre l'examen par les services de la défense nationale (art. L. 614-2). Cette règle est sanctionnée pénalement (art. L. 615-16).

Le droit au brevet européen appartient à l'inventeur ou à son ayant-cause (sauf cas des inventions de salariés qui sont réglés par le droit national applicable à ces réactions de travail).

2. L'examen de la demande

L'OEB examine la conformité de la demande aux règles de brevetabilité prévues par la convention de Munich (ces règles ont été reprises par la loi française du 13 juill. 1978 intégrée au Code).

L'examen conduit soit au rejet de la demande, soit à la délivrance du brevet européen par l'OEB. Un recours contre ces décisions peut être porté devant une chambre de recours de l'OEB, avec appel devant la grande chambre de recours.

§2 Les effets du brevet européen

Le « brevet européen » consiste en un ensemble de brevets délivrés pour chacun des États membres de la convention de Munich désignés dans la demande. Lorsque le texte dans lequel l'OEB a délivré le brevet européen pour la France n'est pas rédigé en français, une traduction doit être fournie à l'INPI dans un délai de trois mois (art. R. 614-8), faute de quoi le brevet est sans effet (art. L. 614-7).

Dans chacun de ces États, le brevet européen obéit aux règles suivantes :

– application du droit conventionnel aux problèmes de la validité et de la portée du droit du breveté ;

– application du droit national aux problèmes du contenu du droit et de sa sanction.

Les litiges relatifs à un brevet européen sont de la compétence des juridictions nationales de chacun des États pour lesquels il a été délivré : ainsi, les tribunaux français jugent les brevets européens pour la France.

● *SECTION 4*

LA CONVENTION DE LUXEMBOURG DU 15 DÉCEMBRE 1975 SUR LE BREVET COMMUNAUTAIRE

Cette convention, qui n'est pas encore en vigueur, a été signée entre les États-membres de la Communauté économique européenne. Elle crée un brevet communautaire autonome destiné à couvrir tout le territoire du marché commun. Les brevets nationaux subsisteront : l'inventeur pourra choisir l'un ou l'autre système de protection. Une proposition de réglement communautaire du 1er août 2000 vise à remplacer la convention de Luxembourg.

A L'obtention du brevet communautaire

Le brevet communautaire sera délivré par l'OEB selon la procédure de la convention de Munich (*v. supra, p. 71*).

B Les effets du brevet communautaire

Le brevet communautaire est un titre unique et autonome, produisant des effets uniformes sur le territoire de la Communauté européenne.

Sa validité est appréciée conformément à la convention de Munich, par une juridiction communautaire à définir.

Le contenu des droits du breveté communautaire est limité par la règle de l'épuisement : le produit commercialisé dans l'un des États-membres par le breveté ou avec son consentement peut circuler librement sur l'ensemble du territoire de la Communauté européenne. La matérialité et la sanction de la contrefaçon seront appréciées selon la loi nationale du lieu du tribunal saisi.

SECTION 5
LA CONVENTION DE MARRAKECH DU 15 AVRIL 1994 CRÉANT L'ORGANISATION MONDIALE DU COMMERCE

L'ADPIC (*v. supra, p. 2*), impose aux membres d'organiser la protection des brevets d'invention selon des normes minimales.

Les principales dispositions de la convention de Paris de 1883 (art. 10 à 12 et art. 19) sont étendues à tous les membres (ADPIC, art. 2. 1).

Les brevets sont traités aux articles 27 à 34. La règle du traitement national et de la nation la plus favorisée s'appliquent.

L'invention brevetable est définie très largement : elle peut relever de tous les domaines technologiques.

Les membres doivent assurer des sanctions judiciaires et douanières efficaces de la contrefaçon.

Seconde sous-partie

Les droits voisins du brevet d'invention

Dans la période récente, le législateur a répondu à l'évolution de la technique en créant des systèmes de protection *sui generis*, mais voisins du droit des brevets. Cette tendance s'est manifestée à propos des obtentions végétales, des logiciels et des topographies de produits semi-conducteurs.

Titre I

La protection des obtentions végétales

Généralités — Les variétés végétales sont exclues de la protection par brevet (*v. supra, titre I, chap. II, sect. 2*), dans la mesure où elles sont soumises à un régime particulier, prévu par la loi n° 70-489 du 11 juin 1970 et les décrets des 7 et 9 septembre 1971, modifiés par un décret du 23 février 1978 (devenus respectivement art. L. 623-1 à L. 623-35 et art. R. 623-1 à R. 623-67, C. propr. intell.). Ces textes organisent la délivrance d'un certificat d'obtention végétale pour les variétés répondant aux conditions légales. Leur protection internationale est assurée par la convention de Paris du 2 décembre 1961, entrée en application en France depuis le 3 octobre 1971.

CHAPITRE I
La protection nationale des obtentions végétales

SECTION 1
LES CONDITIONS D'ACQUISITION DE LA PROTECTION

§1 Les conditions de fond

Le système de protection s'applique à l'ensemble du règne végétal, qu'il s'agisse de variétés obtenues par l'intervention de l'homme ou préexistantes dans la nature.

La variété proposée doit répondre aux conditions de nouveauté, homogénéité et stabilité (art. L. 623-1).

A La nouveauté

La nouveauté s'apprécie par la comparaison de certaines caractéristiques de la variété proposée avec des variétés analogues déjà connues.

1. Les caractéristiques de la variété proposée

Pour être nouvelle, la variété proposée doit se différencier des variétés connues par au moins un caractère précis, important et peu fluctuant. Il peut s'agir soit d'un caractère morphologique ou physiologique, soit d'une combinaison nouvelle de caractères connus.

2. La comparaison avec les variétés connues

- La variété proposée n'est pas considérée comme nouvelle en présence de divulgations antérieures suivantes (art. L. 623-5) :
  - publication antérieure suffisante pour l'exploitation ;
  - description dans une demande française de certificat d'obtention végétale non encore publiée ;
  - description dans une demande étrangère bénéficiant de la priorité unioniste.
- Ne constituent pas, en revanche, des antériorités (art. L. 623-7) les divulgations suivantes :
  - la présentation dans une exposition officielle ;
  - l'abus caractérisé commis par un tiers à l'égard du déposant ;

– les actes d'expérimentation scientifique ;

– l'inscription à un catalogue ou un registre d'un État membre de la convention de Paris de 1961.

B L'homogénéité

La variété nouvelle doit être homogène pour l'ensemble de ses caractéristiques.

C La stabilité

Le caractère nouveau doit être identique à sa définition initiale à la fin de chaque cycle de reproduction.

§2 Les conditions de forme

A Le dépôt de la demande de protection

1. Le lieu du dépôt

La demande est déposée devant le Comité de la protection des obtentions végétales (CPOV), fonctionnant auprès du ministère de l'Agriculture (art. L. 412-1 et R. 623-1).

2. L'auteur du dépôt

Le droit à la protection appartient au premier déposant, personne physique ou morale. S'il n'est pas l'obtenteur de la variété végétale proposée, le nom de celui-ci doit être indiqué (art. R. 623-16).

3. Les modalités du dépôt

Le dépôt consiste dans un dossier comprenant une requête, une description et un exemplaire témoin conservé dans une collection de cultures. Une dénomination doit être attribuée à la variété végétale proposée (art. R. 623-4). La convention de Paris de 1961 prévoit un droit de priorité de douze mois, augmenté de quatre ans pour le dépôt de matériel (art. L. 623-6 et R. 623-8 et 9).

B La délivrance du titre de protection

Le ministre chargé de la défense nationale peut prendre connaissance des demandes de COV (art. L. 623-8). Sous peine de sanctions pénales (art. L. 623-35), la variété végétale ne peut être divulguée ni exploitée tant qu'une autorisation n'a été accordée (art. L. 623-9).

Le Comité de la protection des obtentions végétales examine si la variété proposée satisfait aux conditions de nouveauté, homogénéité et stabilité. Les résultats de l'examen sont consignés dans un rapport qui est notifié au déposant. Dans un délai de deux mois, celui-ci peut présenter ses observations.

Au vu des résultats de l'examen, le Comité délivre le certificat d'obtention végétale ou rejette la demande.

Les décisions du Comité sont susceptibles de recours devant la cour d'appel de Paris, dans le délai d'un mois (art. L. 623-31 et art. R. 412-15 et R. 623-35, C. propr. intell.). La délivrance est publiée au Registre national des certificats d'obtention végétale (art. R. 623-38).

SECTION 2
LES EFFETS DE L'ACQUISITION DE LA PROTECTION

Le certificat d'obtention végétale confère à son titulaire le droit exclusif d'exploiter la variété protégée.

En raison de son caractère patrimonial, ce droit peut être l'objet d'opérations juridiques.

§1 Le droit conféré par le titre

A Le contenu du droit

1. Les prérogatives du titulaire

a) Les actes d'exploitation réservés au titulaire

Le droit exclusif confère au titulaire la faculté de produire, vendre, offrir en vente et importer en France la variété protégée.

Ce droit peut s'étendre au matériel de reproduction ou de multiplication (art. L. 623-4). La portée du droit est cependant variable selon les espèces : par exemple, pour le blé, le droit exclusif ne porte que sur les semences.

b) Les actes d'exploitation autorisés aux tiers

Les tiers peuvent utiliser la variété protégée « comme source de variation initiale en vue d'obtenir une variété nouvelle » (art. L. 623-25, al. 2).

2. Les charges du titulaire

1. Le maintien en vigueur du certificat d'obtention végétale est subordonné au paiement de taxes anuelles. Le non-respect de cette obligation est sanctionné par la déchéance du droit. Le titulaire déchu peut, dans un délai de six mois, présenter un recours en restauration devant le CPOV. La restauration est admise si le titulaire justifie d'une excuse légitime du non-paiement et acquitte les taxes dues (art. L. 623-23, al. 2).

2. L'obtenteur est tenu de conserver en permanence une collection végétative de l'obtention protégée (art. L. 623-15), sous peine d'être déchu de ses droits (art. L. 623-23).

B La durée du droit

Le droit exclusif prend effet à la date de la demande (art. L. 623-7).

Il s'éteint, normalement, après vingt ans : cette durée est de vingt-cinq ans si la constitution de l'espèce exige des délais plus longs (art. L. 623-13).

C La sanction du droit

La contrefaçon d'un certificat d'obtention végétale emporte des sanctions civiles et pénales.

1. Les sanctions civiles de la contrefaçon

a) Le déclenchement de l'action en contrefaçon

L'action civile en contrefaçon est de la compétence de l'un des dix tribunaux de grande instance compétents en matière de propriété industrielle (art. R. 321-2, C. org. jud. et L. 623-31 C. propr. intell.). Elle peut être portée devant la juridiction répressive saisie de l'action pénale. Elle se prescrit par 3 ans (art. L. 623-29).

Elle peut être déclenchée soit par le titulaire du droit, soit par son licencié exclusif ou le licencié d'office (sauf clause contraire), après mise en demeure du titulaire (art. L. 623-25).

b) Le déroulement de l'action en contrefaçon

- **Les moyens du demandeur** : la preuve de l'acte de contrefaçon peut être faite par tous moyens. Une procédure spéciale de saisie-contrefaçon est organisée par la loi (art. L. 623-27). La preuve de la connaissance de cause est exigée, sauf pour le reproducteur ou le multiplicateur.
- **Les moyens du défendeur** : celui-ci peut contester l'existence de l'acte de contrefaçon ou sa connaissance de cause. Il ne peut invoquer un « droit de possession personnelle ». Le droit du titulaire ne lui est opposable qu'après la publication ou la notification (art. L. 623-26).

c) Le dénouement de l'action en contrefaçon

En cas de succès de l'action, le contrefacteur est condamné à une indemnité, à l'interdiction de continuer les actes illicites, à la confiscation et, éventuellement, à la publication du jugement.

2. Les sanctions pénales de la contrefaçon

L'action pénale est de la compétence du tribunal correctionnel : elle se prescrit par trois ans. L'action civile suspend la prescription pénale.

L'élément matériel de l'infraction consiste dans la reproduction ou la vente de la variété protégée. Il doit être constaté par la juridiction civile (art. L. 623-33). L'élément moral est exigé.

Le délit de contrefaçon de COV est puni d'une amende de 15 000 F et, en cas de récidive, d'un emprisonnement de deux à six mois (art. L. 623-32).

Celui qui se prévaut indûment de la qualité de titulaire d'un COV est puni d'une amende de 5 000 F, portée au double en cas de récidive (art. L. 623-34).

§2 La commercialisation des certificats d'obtention végétale

1. Les opérations volontaires

Le certificat d'obtention végétale peut faire l'objet de cession, de licence, de mise en gage, ou d'apport en société. Le régime de ces contrats est calqué sur celui des opérations sur brevet (*v. supra, p. 52 et s.*).

2. Les opérations autoritaires

a) Les actes translatifs de droit

Le titulaire peut être exproprié de son droit dans l'intérêt de la défense nationale (art. L. 623-22).

b) Les actes non translatifs de droit

Une licence d'office peut être accordée par le ministre compétent, soit dans l'intérêt de la défense nationale (art. L. 623-20), soit dans l'intérêt de la santé publique (art. L. 623-17).

CHAPITRE II

La protection internationale des obtentions végétales

SECTION 1

DROIT INTERNATIONAL PRIVÉ

1. Condition des étrangers

Les étrangers ne relevant pas de la convention de Paris de 1961 peuvent acquérir en France un certificat d'obtention végétale sous conditions de réciprocité (art. L. 623-6).

2. Conflits de lois

Les solutions sont les mêmes que pour les brevets d'invention (*v. supra, p. 68*).

SECTION 2

DROIT INTERNATIONAL CONVENTIONNEL

A La convention de Paris du 2 décembre 1961

La protection internationale des obtentions végétales est organisée par la convention de Paris du 2 décembre 1961 (révisée en 1991). Elle s'applique aux variétés végétales qu'elle énumère.

Les États-membres constituent une Union internationale pour la protection des obtentions végétales (UPOV) dont le siège est à l'OMPI à Genève.

1. Condition des étrangers unionistes

Chaque État-membre accorde le traitement national aux personnes ayant leur domicile ou siège dans un autre État-membre.

2. Conflits de lois

Le certificat d'obtention végétale est régi par la loi de l'État où la demande a été déposée. Les titres déposés dans différents pays sont indépendants les uns des autres. Un droit de priorité unioniste de 12 mois est prévu (*v. supra, p. 68*).

3. Droit uniforme

Les États-membres s'engagent à protéger les variétés végétales énumérées par la convention, ainsi que leurs dénominations, conformément aux conditions de fond qu'elle prévoit et après un examen préalable.

La durée de la protection est au minimum de 15 ans.

B La convention de Marrakech du 15 avril 1994 créant l'Organisation mondiale du commerce

L'article 27-3 b) de l'ADPIC (*v. supra, p. 2*), unique texte concernant la protection des obtentions végétales, autorise les membres à exclure de la brevetabilité les végétaux, mais impose d'organiser la protection des variétés végétales par des brevets, par un système *sui generis* ou par une combinaison de ces deux moyens.

Par ailleurs, s'appliquent les dispositions générales et principes fondamentaux de l'ADPIC (art. 1er à 8).

SECTION 3
DROIT COMMUNAUTAIRE EUROPÉEN

Le règlement (CE) n° 2100-94 du Conseil du 27 juillet 1994 institue un régime de protection communautaire des obtentions végétales, administré par un Office communautaire des variétés végétales (situé à Angers). Les États-membres peuvent continuer à délivrer des titres de protection nationaux, mais le cumul est interdit (art. 92).

A Les conditions de la protection

1. Conditions de fond

Le droit au titre appartient à l'obtenteur ou à son ayant-cause.

L'objet de la protection est défini en empruntant largement à la convention de Paris de 1961 (convention UPOV).

2. Conditions de forme

La demande de titre de protection est déposée soit directement auprès de l'Office, soit auprès d'un de ses services ou d'une de ses agences.

L'Office rejette la demande non conforme à l'une des conditions de fond ou de forme, ou si des objections fondées sont présentées par des tiers.

Les décisions de l'Office sont susceptibles de recours devant ses chambres de recours. Les décisions de celles-ci sont susceptibles de pourvoi en cassation devant la Cour de justice des Communautés européennes.

B Les effets de la protection

1. Contenu du droit du titulaire

Le titulaire jouit du droit exclusif d'exploiter la variété végétale protégée (art. 13). Des exceptions et limitations sont prévues aux articles 14 et 15.

La protection prend effet lors de la délivrance du titre par l'Office et expire à la fin de la vingt-cinquième année civile ou, dans le cas des variétés de vignes et d'arbres, à la fin de la trentième année civile.

Les actions en contrefaçon sont portées devant les tribunaux nationaux compétents en application de la convention de Bruxelles de 1968 et de Lugano du 16 septembre 1988.

2. Commercialisation du droit du titulaire

La protection communautaire peut être transférée à une personne habilitée à en être titulaire (art. 23). Elle peut faire l'objet de licences contractuelles totales ou partielles, exclusives ou non exclusives (art. 27).

Des licences obligatoires dans l'intérêt public peuvent être accordées par l'Office soit à la demande d'une ou plusieurs personnes, soit à la demande d'un État membre, de la Commission européenne, ou d'une Organisation communautaire (art. 29).

Titre II
La protection des logiciels

Définition : le logiciel est un ensemble d'instructions exprimées dans un langage naturel ou formel qui, transposées sur un support matériel, peuvent servir à effectuer des opérations logiques pour obtenir un résultat particulier. À la différence du programme, le logiciel comprend la documentation auxiliaire.

Les délits classiques d'escroquerie, abus de confiance peuvent être constitués par une atteinte au support matériel du programme.

Un délit spécifique est prévu par la loi n° 88-19 du 5 janvier 1988, consistant dans le piratage et l'accès frauduleux aux logiciels d'autrui (art. 323-1, al. 1er, nouv. C. pén.).

Les programmes d'ordinateur en tant que tels sont expressément exclus de la protection par brevet (art. L. 611-10, 2°, c). L'exclusion figure également dans la convention de Munich sur la délivrance de brevets européens [art. 52 (2) c et (3)].

En droit français, les logiciels sont traités comme des œuvres de l'esprit protégeables par le droit d'auteur (art. L. 112-2, 13°), c'est aussi la solution de la directive (CE) n° 91/250 du Conseil du 14 mai 1991 introduite en droit français par la loi n° 94-102 du 5 fév. 1994.

CHAPITRE I
Les conditions d'acquisition de la protection

§1 Les conditions de fond

A L'objet de la protection

Pour être protégeable par le droit d'auteur, le logiciel doit constituer une création originale de l'esprit, portant la marque de l'apport individuel du créateur.

Peu importe le mérite et la destination du programme.

Le matériel de conception préparatoire est protégeable.

B Le titulaire de la protection

1. Le créateur du logiciel

Selon les principes généraux, tous les droits sur une œuvre de l'esprit appartiennent à son créateur. En conséquence, une personne morale ne peut être titulaire d'un droit sur le logiciel qu'à la suite d'une cession par son créateur, ou lorsque le programme est une œuvre collective au sens de l'article L. 113-2, al. 3.

2. L'employeur du créateur du logiciel

Selon l'art. L. 113-9, sauf stipulation contraire, les droits patrimoniaux sur les logiciels et leur documentation créés par un ou plusieurs employés dans l'exercice de leurs fonctions sont dévolus à l'employeur. L'auteur conserve son droit moral. Les contestations sont de la compétence du tribunal de grande instance du siège social de l'employeur.

§2 Les conditions de forme

Comme pour toute œuvre artistique ou littéraire, le droit prend naissance à la création, sans qu'aucune formalité ne soit exigée.

La protection des programmes ne nécessite donc aucun dépôt administratif. Pour se ménager la preuve de la date de la création, l'auteur peut, s'il le souhaite, utiliser par exemple l'enveloppe Soleau déposée auprès de l'INPI, ou le dépôt auprès de l'Agence pour la protection des programmes.

CHAPITRE II
Les effets de l'acquisition de la protection

§1 Le droit du titulaire

A Le contenu du droit

1. Prérogatives du titulaire

Le droit d'auteur assure exclusivement la protection de la forme sous laquelle l'œuvre est exprimée (non la propriété du support matériel de l'œuvre, ni celle de l'idée).

a) Droits patrimoniaux

La directive de 1991 a porté le délai de protection à soixante-dix ans après le décès de l'auteur (art. L. 123-1).

Le titulaire du droit d'auteur sur le logiciel possède le droit exclusif de reproduction, de représentation et droits de destination et de distribution.

1. **Le droit de reproduction** (art. L. 122-3 et L. 122-6)

Il comprend le droit d'effectuer et d'autoriser :

- la reproduction permanente ou provisoire, sous toute forme et par tout moyen ;
- la traduction, l'adaptation, l'arrangement ou toute autre modification d'un logiciel et la reproduction du logiciel en résultant.

Par exception, la copie de sauvegarde est licite en un seul exemplaire (art. L. 122-6-1).

La « décompilation » n'est autorisée que selon les strictes conditions de l'article L. 122-6-1, IV (pour réaliser l'interopérabilité).

L'utilisateur légitime du logiciel peut intervenir sur celui-ci, lorsque cela est nécessaire pour l'utilisation du logiciel conformément à sa destination, y compris pour corriger les erreurs (art. L. 126-6-1-I).

2. **Le droit de représentation** (art. L. 122-2)

Il comprend « la communication directe de l'œuvre au public », rare en matière de logiciels (sauf pour les jeux vidéo).

3. **Les droits de destination et de distribution**

Ils consistent dans le droit d'effectuer et d'autoriser « la mise sur le marché à titre onéreux ou gratuit, y compris la location, du ou des exemplaires d'un logiciel par tout procédé » (art. L. 122-6-3°).

Le droit de mise sur le marché s'épuise par la première vente autorisée d'un logiciel dans le territoire d'un État de l'Union européenne ou de l'EEE ; l'épuisement n'affecte pas le droit d'autoriser la location ultérieure d'un exemplaire.

b) Le droit moral

Le droit moral est « perpétuel, inaliénable et imprescriptible » (art. L. 121-1). Il recouvre les droits de divulgation, de repentir ou de retrait, droit à la paternité de l'œuvre, droit au respect de l'œuvre.

Ces prérogatives classiques sont limitées s'agissant du logiciel (art. L. 121-7) :

- l'auteur ne peut s'opposer à la modification du logiciel par son cessionnaire, lorsqu'elle n'est préjudiciable ni à son honneur ni à sa réputation ;
- l'auteur ne peut exercer son droit de repentir ou de retrait.

2. Charges du titulaire

L'auteur du logiciel n'est tenu d'acquitter aucune taxe pour le maintien en vigueur de son droit. Il n'est pas tenu de l'exploiter.

B La sanction du droit

1. L'acte de contrefaçon

L'acte de contrefaçon de logiciel peut consister dans (art. L. 335-2 et L. 335-3) :

– la reproduction (y compris la « traduction ») sous forme d'une fixation sur un support quelconque ;

– l'offre à la vente et la commercialisation ;

– l'importation (sauf à tenir compte de l'épuisement du droit) ;

– l'usage illicite ;

– l'atteinte au droit moral de l'auteur.

De plus, la loi sanctionne les agissements propres à faciliter la contrefaçon (art. L. 122-6-2).

La preuve peut être rapportée par tout moyen ; une procédure spéciale de saisie-contrefaçon de logiciel est prévue (art. L. 332-4).

2. L'action en contrefaçon

a) Compétence

L'action en contrefaçon de logiciel est de la compétence des juridictions de droit commun :

– l'action civile sera portée, selon le cas, devant le tribunal de grande instance ou le tribunal de commerce ;

– l'action pénale exclusivement devant le tribunal correctionnel ;

– les juridictions de l'ordre administratif sont compétentes dans les conditions ordinaires.

b) Dénouement

1. **Rejet de l'action**

Le rejet de l'action en contrefaçon n'exclut pas la condamnation du défendeur pour concurrence déloyale, si de tels actes sont établis.

2. **Succès de l'action**

• **Succès de l'action civile**

Le contrefacteur du logiciel s'expose aux sanctions traditionnelles : interdiction de continuer les actes illicites ; dommages-intérêts ; confiscation (*v. supra, p. 48*).

• **Succès de l'action pénale**

Peine principale : emprisonnement de deux ans et amende de 1 000 000 F (art. L. 335-2) ;

Peines complémentaires facultatives :

– confiscation de tout ou partie des recettes procurées par la contrefaçon, ainsi que des objets contrefaits et du matériel spécialement destiné à la contrefaçon (art. L. 335-6, al. 1er) ;

– fermeture totale ou partielle, définitive ou temporaire, pour une durée maximale de cinq ans, de l'établissement ayant servi à commettre l'infraction (art. L. 335-5, al. 1er) ;

– affichage ou publication du jugement aux frais du condamné (art. L. 335-6, al. 2).

§2 La commercialisation du droit du titulaire

Le droit de l'auteur d'un logiciel peut être l'objet de contrats de cession, de licence ou de nantissement (art. L. 132-34) dans les conditions applicables aux contrats sur les droits de propriété littéraire et artistique (art. L. 131-1 et s.). Toutefois, la règle de la rémunération proportionnelle assise sur les recettes de l'exploitation est écartée : le logiciel peut être cédé pour un prix forfaitaire (art. L. 131-4, 5°).

Le contrat de travail peut avoir pour effet de faire naître le droit d'auteur dans le patrimoine de l'employeur (*v. supra, p. 84*).

Ces contrats doivent être passés par écrit (art. L. 131-2 et 3) et respecter le droit interne et communautaire de la concurrence.

Titre III
La protection des produits semi-conducteurs

CHAPITRE I
La protection nationale des produits semi-conducteurs

Le régime français est conforme à la directive (CE) n° 87/54 du 16 déc. 1986 (L. n° 87-890 du 4 nov. 1987 : art. L. 622-1 et s., C. propr. intell.).

§1 Les conditions d'acquisition de la protection

A Les conditions de fond

1. L'objet de la protection

La « topographie » consiste dans l'ensemble des circuits électroniques incorporés dans une « puce ».

L'objet protégeable consiste dans « la topographie finale ou intermédiaire d'un produit semi-conducteur traduisant un effort intellectuel du créateur… ». Elle ne doit pas être courante (art. L. 622-1).

2. Le bénéficiaire de la protection

Le droit au dépôt appartient au créateur ou à son ayant-cause (art. L. 622-3). Ceux-ci peuvent revendiquer la titularité du dépôt s'il a été effectué en violation de leurs droits. Aucun régime particulier des créations de salariés n'est prévu.

B Les conditions de forme

La protection des topographies de produits semi-conducteurs est subordonnée à leur dépôt auprès de l'INPI (art. L. 622-1) :

- Si la topographie est exploitée, le dépôt doit intervenir dans les deux ans après la première exploitation commerciale.
- Si la topographie n'a jamais été exploitée, le dépôt doit intervenir dans les quinze ans de sa première fixation ou codage.

Le dépôt irrégulier peut être rejeté par le directeur général de l'INPI ; le dépôt régulier est enregistré (art. L. 622-4) dans la section spéciale du Registre national des brevets (art. R. 622-6). L'enregistrement est mentionné au Bulletin officiel de la propriété industrielle (BOPI).

§2 Les effets de l'acquisition de la protection

A La réservation de la topographie

1. Les prérogatives du titulaire (art. L. 622-5)

- La protection a une durée de dix ans à compter du dépôt ou de la première exploitation commerciale si elle est antérieure (art. L. 622-6).
- La protection emporte l'interdiction pour les tiers :
  – de reproduire la topographie ;
  – d'exploiter commercialement ou importer à cette fin une telle reproduction ou tout produit semi-conducteur l'incorporant.
- La protection ne s'étend pas :
  – à la reproduction de la topographie à des fins d'enseignement, d'évaluation ou d'analyse ;
  – à la création, à partir d'une telle analyse ou évaluation, d'une topographie distincte pouvant être protégée ;
  – l'acquéreur de bonne foi d'un produit semi-conducteur peut en poursuivre l'exploitation commerciale, moyennant versement d'une juste indemnité.
- Les règles du contentieux en matière de brevets sont applicables (art. L. 622-7).

2. Les charges du titulaire

La topographie doit être exploitée, faute de quoi l'enregistrement devient caduc, quinze ans après la date où elle a été fixée ou codée pour la première fois (art. L. 622-6, al. 2).

Aucune redevance annuelle n'est due pour la conservation du droit.

B La commercialisation de la topographie

Le régime des contrats sur topographies est défini par renvoi à celui des contrats sur brevets d'invention (art. L. 613-8 et L. 631-9, auxquels renvoie l'art. L. 622-7, al. 1er).

Certaines formes autoritaires d'exploitation sont applicables aux topographies : les art. L. 613-19 (licence d'office pour les besoins de la défense nationale) et L. 615-10 (exploitation de telles créations) s'appliquent. L'art. L. 613-19-1 a ajouté une licence obligatoire ou d'office pour une utilisation à des fins publiques non commerciales ou pour remédier à une pratique déclarée anticoncurrentielle dans une procédure judiciaire ou administrative.

CHAPITRE II

La protection internationale des produits semi-conducteurs

§1 Droit international privé français

A Conditions des étrangers

La protection sur le territoire français bénéficie (art. L. 622-2) :

- aux créateurs ressortissants d'un État membre de l'accord OMC, ou y ayant leur résidence habituelle, un établissement industriel ou commercial ;
- aux personnes ci-dessus qui procèdent, dans un État-membre, pour la première fois au monde, à l'exploitation commerciale d'une topographie non protégée, par laquelle ils ont obtenu de la personne habilitée une autorisation exclusive pour l'ensemble de l'Union européenne ;
- les autres personnes, sous bénéfice de réciprocité.

B Conflits de lois

Droit exclusif créé par l'État, la protection de la topographie est d'application territoriale.

§2 Droit international conventionnel

S'agissant d'un régime *sui generis*, la convention de Paris de 1883 n'est pas applicable.

L'ADPIC (art. 35 à 38) impose à ses membres de protéger les topographies conformément au traité de l'OMPI signé à Washington le 26 mai 1989 (non encore en vigueur).

Seconde partie

La protection des créations ornementales : les dessins et modèles industriels

Généralités

Définition (art. L. 511-3, al. 1er) :

Le dessin industriel est une combinaison de lignes ou de couleurs présentant une configuration originale ; par exemple, dessin d'un tissu, création d'art graphique.

Le modèle industriel est une forme graphique comportant un volume ; par exemple, création de la joaillerie, de l'art du mobilier, carrosserie d'automobile. Il en est de même des créations comportant un effet extérieur « ayant une physionomie propre et nouvelle » ; par exemple, tissage produisant un aspect velouté particulier.

Règles applicables : la protection des dessins et modèles industriels fut organisée par la loi du 14 juillet 1909 modifiée par la loi n° 90-1052 du 26 novembre 1990 (livre V, C. propr. intell.). La directive n° 98/71/CE, du 13 octobre 1998 qui harmonise les droits nationaux des États-membres de l'Union européenne a été introduite en droit français par l'ordonnance n° 2001-670, du 25 juill. 2001 (nouveaux articles L. 511-1 à L. 514-2, CPI). Un dessin ou modèle peut être déposé comme marque. Il n'est pas possible de cumuler la protection avec celle relative aux brevets d'invention (*v. infra, p. 92*). En revanche, en application du principe dit « de l'unité de l'art », un créateur peut bénéficier, cumulativement ou alternativement, de la protection spécifique des dessins et modèles (livre V, C. propr. intell.) et de la protection générale par le droit d'auteur (livres I et III, C. propr. intell.).

Première division

Le régime national des dessins et modèles

Titre I

Les conditions d'acquisition de la protection

La protection des dessins et modèles selon le livre V du Code de la propriété intellectuelle, suppose remplies des conditions de fond relatives à la création à protéger et des conditions de procédure relatives au dépôt de l'objet à protéger.

CHAPITRE I

Les conditions de fond

Pour pouvoir bénéficier de la protection par un droit exclusif d'exploitation, le dessin ou modèle doit présenter les caractères suivants : être ornemental et présenter le caractère nouveau et propre (art. L. 511-2). Il ne doit pas être contraire à l'ordre public ou aux bonnes mœurs (art. L. 511-7).

SECTION 1

LE CARACTÈRE ORNEMENTAL

§1 La forme n'a pas de fonction utilitaire

Pour que la protection spécifique s'applique, il faut et il suffit que la forme revêtue par l'objet ait été adoptée dans un but ornemental et non utilitaire. Peu importe, dès lors, l'usage effectif d'un tel objet ; la protection par brevet est exclue.

§2 La forme a une fonction utilitaire

Ne sont pas protégeables les caractéristiques exclusivement imposées par la fonction technique du produit (art. L. 511-8).

Les pièces d'assemblage ou de raccordement ne sont pas protégées lorsqu'elles sont nécessaires pour l'assemblage et le fonctionnement des produits. Une exception est prévue pour les pièces d'un ensemble modulaire (art. L. 511-8 al. 3).

SECTION 2

LE CARACTÈRE CONCRET

L'exigence du caractère concret découle de l'article L. 511-3, al. 1er, qui définit l'objet protégé par référence à sa configuration distincte ou son effet extérieur.

En conséquence, sont exclues de la protection les idées abstraites ne comportant pas d'application matérielle : la protection est limitée à celle-ci. Par exemple, la protection a été refusée pour l'idée de présenter une bonbonnière sous la forme d'un livre : seule la forme de la boîte effectivement réalisée par l'auteur lui a été réservée.

La protection ne s'étend pas à un genre ou un style, mais à des réalisations spécifiques.

SECTION 3

LE CARACTÈRE NOUVEAU

§1 La définition de la nouveauté

Une forme est nouvelle si, à la date de dépôt de la demande d'enregistrement ou à la date de la priorité, aucune forme identique n'a été divulguée. On ne tient pas compte de différences insignifiantes (art. L. 511-3).

§2 Les critères de la nouveauté

En principe, une nouveauté absolue est exigée : un dessin ou modèle est divulgué s'il a été rendu accessible au public par un moyen quelconque (art. L. 511-6) et à une date précédant le dépôt.

Exceptionnellement, on ne tient pas compte des divulgations intervenues dans les douze mois précédant le dépôt ou la date de priorité dans les cas suivants (art. L. 511-6, al. 3) :

- divulgation par le créateur ou son ayant-cause, ou par un tiers à partir d'informations ou d'actes accomplis par ceux-ci ;
- divulgation consécutive à un abus envers le créateur ou son ayant-cause.

Le délai de douze mois n'est pas applicable si la divulgation est intervenue avant le 1er octobre 2001 (art. L. 511-6, dernier al.).

SECTION 4

LE CARACTÈRE APPARENT

Le caractère apparent est exigé en raison de la fonction ornementale des objets protégés. La forme doit donc être visible et non dissimulée à l'intérieur de l'objet.

Si la forme est incorporée dans un produit complexe, elle doit rester visible lors de son utilisation normale par l'utilisateur final. Ses caractéristiques visibles doivent remplir les conditions de la protection (art. L. 511-5).

SECTION 5

LE CARACTÈRE PROPRE

Cette condition résulte de la directive n° 98/71 CE (nouvel art. L. 511-4, CPI).

Un dessin ou modèle a un caractère propre si « l'impression visuelle d'ensemble qu'elle suscite chez l'observateur averti diffère de celle produite par tout dessin ou modèle divulgué avant la date de priorité revendiquée ».

« Pour l'appréciation du caractère propre, il est tenu compte de la liberté laissée au créateur dans la réalisation du dessin ou modèle ».

CHAPITRE II
Les conditions de forme

La protection en application du livre V du Code de la propriété intellectuelle est subordonnée au dépôt du dessin ou du modèle auprès de l'INPI. Les créations non déposées sont cependant protégées par le droit d'auteur. L'inscription sur des registres spéciaux ou l'utilisation d'enveloppes Soleau (art. R. 511-1 à R. 511-6) fait preuve de la date de la création, mais ne confère aucun droit exclusif.

SECTION 1
LE LIEU DU DÉPÔT

L'inobservation des règles relatives au lieu du dépôt est sanctionnée par la nullité de celui-ci (art. L. 512-1).

Le déposant domicilié à Paris doit effectuer le dépôt au siège de l'Institut national de la propriété industrielle à Paris.

Le déposant domicilié hors de Paris peut effectuer le dépôt au greffe du tribunal de commerce de son domicile ou à l'INPI.

Si le déposant est domicilié à l'étranger, le dépôt doit être fait à l'Institut national de la propriété industrielle à Paris.

SECTION 2
L'AUTEUR DU DÉPÔT

Le droit à la protection appartient au créateur ou à ses ayants cause (art. L. 511-9). La constitution d'un mandataire n'est pas requise, sauf si le déposant n'a ni domicile ni siège en France (art. R. 512-2).

La qualité de créateur n'est pas vérifiée par l'administration. Le premier déposant est présumé jusqu'à preuve contraire être le créateur (art. L. 511-9). Une personne morale peut être considérée comme auteur d'un dessin ou modèle constituant une œuvre collective.

SECTION 3

LES MODALITÉS DU DÉPÔT

1. Le dépôt ordinaire

Celui-ci comporte, à peine d'irrecevabilité, l'identification du déposant et une reproduction du ou des dessins et modèles concernés (art. 512-2 et R. 512-3). Le dépôt doit être accompagné du paiement des redevances en vigueur et des justificatifs d'un droit de priorité éventuel.

Le dépôt est rejeté s'il apparaît à l'examen :

– qu'il n'est pas présenté dans les conditions et formes prescrites ;

– que sa publication peut porter atteinte aux bonnes mœurs ou à l'ordre public.

L'INPI délivre au déposant un certificat de dépôt.

Tout dépôt reconnu conforme est publié au *BOPI*, sauf si le déposant a demandé lors du dépôt l'ajournement de cette publication à trois ans (art. R. 512-10).

2. Le dépôt simplifié

Ce dépôt est possible pour les dessins et modèles relevant des industries qui renouvellent souvent la forme et le décor de leurs produits (art. L. 512-2, al. 4 et art. R. 512-4).

Il permet la protection simultanée de plusieurs créations selon une présentation simplifiée et moyennant une redevance unique.

Il est assorti obligatoirement de l'ajournement de sa publication qui doit être levée six mois avant l'expiration du délai de trois ans, à peine de déchéance.

Dans ce délai, l'enregistrement doit être rendu conforme aux règles générales.

Titre II
Les effets de l'acquisition de la protection

Le dépôt assure à son titulaire un droit exclusif d'utilisation du dessin ou du modèle. En raison de son caractère patrimonial, ce droit peut être l'objet d'opérations contractuelles.

CHAPITRE I
Le droit du titulaire

SECTION 1
LE CONTENU DU DROIT

§ 1 Les prérogatives du titulaire

Le dépôt d'un dessin ou modèle crée une présomption simple de propriété au profit du titulaire. Celui-ci a donc un droit exclusif d'utilisation de l'objet protégé : il est seul à pouvoir reproduire, offrir, mettre en vente ou utiliser ces objets sur le territoire français (art. L. 513-4).

La protection ne s'étend pas au dessin ou modèle qui produit sur l'observateur averti « une impression visuelle d'ensemble différente » (CPI, art. L. 513-5).

La durée de ce droit est de cinq ans à compter du dépôt ; elle peut être renouvelée jusqu'à un maximum de vingt-cinq ans (art. L. 513-1 et R. 513-1). Si la prorogation n'est pas demandée, les objets déposés sont restitués au déposant et son droit devient caduc.

§ 2 Les charges du titulaire

Le titulaire n'est pas tenu d'exploiter, ni de verser des redevances annuelles de maintien en vigueur de son droit. Une redevance est, toutefois, perçue lors de la prorogation du dépôt.

SECTION 2

LA SANCTION DU DROIT

Les atteintes au droit du titulaire sont sanctionnées par l'action civile et pénale en contrefaçon de dessins ou modèles.

Si l'objet est couvert par le droit d'auteur, le titulaire peut également mettre en œuvre les sanctions prévues par les livres I et III C. propr. intell.

§1 Déclenchement de l'action en contrefaçon

A Qui peut déclencher l'action en contrefaçon ?

L'action peut être déclenchée à l'initiative du titulaire du droit ou de son ayant cause. Le licencié, même exclusif, ne peut agir en contrefaçon.

B Quand peut être déclenchée l'action en contrefaçon ?

1. Point de départ du droit d'agir

Le droit d'agir en contrefaçon existe à compter du dépôt, et seulement pour les faits postérieurs à celui-ci (art. L. 521-2, al. 1er).

Les faits antérieurs à la publicité du dépôt ne sont, cependant, illicites, que si la mauvaise foi de leur auteur est démontrée.

Aucune action n'est recevable avant la publication du dépôt (art. L. 521-2, al. 3).

2. Point d'extinction du droit d'agir

Les actions civiles et pénales se prescrivent par trois ans à compter des faits litigieux. Un acte ne peut, bien entendu, être qualifié de contrefaisant que s'il est intervenu pendant la durée de protection du dessin ou modèle (au maximum 25 ans après le dépôt ; *v. supra, p. 97*).

C Où peut être déclenchée l'action en contrefaçon

1. La compétence *ratione materiae*

L'action pénale en contrefaçon est de la compétence du tribunal correctionnel.

L'action civile peut être, au choix du demandeur, jointe à l'action pénale ou exercée séparément devant le tribunal de grande instance ou le tribunal de commerce (selon qu'elle est de nature civile ou commerciale).

2. La compétence *ratione loci*

L'action (civile ou pénale) peut être portée, au choix du demandeur devant :

- le tribunal du domicile du défendeur ;
- le tribunal du lieu où le dommage a été subi.

§2 Déroulement de l'action en contrefaçon

L'action se déroule selon la procédure de droit commun de la juridiction saisie.

A Les moyens du demandeur

1. Preuve de l'élément matériel de la contrefaçon

a) L'objet de la preuve

Le demandeur doit prouver l'existence d'un acte portant atteinte à son droit exclusif.

Il peut s'agir d'actes de reproduction du dessin ou modèle, vente, mise en vente, recel ou introduction en France, accomplis sans le consentement du titulaire du monopole. Le risque de confusion n'est pas exigé.

La contrefaçon s'entend non seulement de la copie servile, mais aussi de toute reproduction d'un élément caractéristique de l'objet protégé. La contrefaçon est réalisée dès lors que des ressemblances pertinentes existent entre les deux objets, même s'ils présentent des différences secondaires.

b) Les moyens de preuve

La contrefaçon peut être prouvée par tous moyens : écrits, témoignages, présomptions…

Une procédure spécifique de saisie-contrefaçon est prévue (art. L. 521-1).

Si la création est protégée par le droit d'auteur, la saisie-contrefaçon de l'article L. 332-1 peut être pratiquée.

2. Preuve de l'élément moral de la contrefaçon

a) Le délit pénal de contrefaçon

Le délit consiste dans l'atteinte portée sciemment au droit du demandeur (art. L. 521-4). Selon la jurisprudence, l'existence de l'élément matériel de l'infraction crée une présomption de mauvaise foi que le prévenu peut renverser par la preuve contraire.

b) Le délit civil de contrefaçon

La preuve de la mauvaise foi du défendeur n'est pas exigée.

B Les moyens du défendeur

1. Les moyens de défense concernant l'élément matériel

a) Preuve de l'absence d'atteinte au droit

Il n'y a pas de contrefaçon si l'objet exploité ne reproduit pas les caractéristiques protégées du dessin ou modèle.

b) Preuve de l'inexistence du droit atteint

La contrefaçon n'est pas réalisée si le droit prétendument atteint était inefficace, en raison de la nullité, extinction, ou épuisement. L'action en nullité est un moyen classique de défense à l'action en contrefaçon. Le prétendu contrefacteur doit démontrer l'inobservation d'une condition de fond ou de forme imposée pour la validité du dépôt selon la liste de l'art. L. 512-4.

2. Les moyens de défense concernant l'élément moral

S'il démontre sa bonne foi, c'est-à-dire son ignorance de l'atteinte à un droit exclusif, le défendeur échappe aux sanctions pénales, mais encourt la responsabilité civile dès lors que l'élément matériel de la contrefaçon a été établi. Pour y échapper, il doit prouver qu'il n'a commis aucune faute d'imprudence ou de négligence.

3. Les moyens de défense concernant l'élément légal

Selon le nouvel art. L. 513-6, ne sont pas contrefaisants les actes accomplis à titre privé et à des fins commerciales ou expérimentales ; la reproduction aux fins d'illustration ou d'enseignement. L'article L. 513-7 y ajoute la reproduction à bord de navires ou d'aéronefs et l'importation de pièces détachées pour la réparation de ceux-ci.

§3 Dénouement de l'action en contrefaçon

A L'échec de l'action en contrefaçon

Si l'échec résulte de l'absence de l'élément matériel, aucune sanction ne peut être prononcée. Le prétendu contrefacteur peut, éventuellement, réclamer au demandeur des dommages-intérêts pour procédure abusive.

Si l'échec résulte de l'absence de l'élément moral, les sanctions pénales sont exclues ; des dommages-intérêts peuvent cependant être prononcés (*v. infra*).

B Le succès de l'action en contrefaçon

1. Le succès de l'action pénale

1. Les sanctions pénales de la contrefaçon d'un dessin ou modèle ont été aggravées par la loi du 5 février 1994 (art. L. 521-4) :

- peine d'amende de 1 000 000 F et une peine d'emprisonnement de deux ans ;
- en cas de récidive, ou si le délinquant est ou a été lié par convention avec le demandeur, les peines sont doublées (art. L. 521-6) ;

2. Les personnes morales peuvent être responsables (art. L. 521-5) dans les conditions de l'art. 121-2, C. pén. :

- dès la constatation des infractions, les officiers de police judiciaire peuvent procéder à la saisie des objets illicites et des matériels installés en vue de la contrefaçon (art. L. 521-3-1) ;
- le titulaire peut, par écrit, demander à l'administration des douanes de retenir les marchandises arguées de contrefaçon (art. L. 521-7) ;
- le tribunal peut ordonner la fermeture totale ou partielle, définitive ou temporaire, pour une durée maximale de cinq ans, de l'établissement ayant servi à commettre la contrefaçon (art. L. 521-4, al. 2) ; les droits des salariés sont protégés.

2. Le succès de l'action civile

L'indemnité doit réparer le préjudice causé au titulaire du droit par les faits de contrefaçon.

La confiscation des objets contrefaisants est facultative.

La publication de la décision de condamnation peut être ordonnée aux frais du contrefacteur.

CHAPITRE II
La commercialisation des dessins et modèles

Le droit exclusif sur les dessins et modèles peut être commercialisé par voie contractuelle ; la loi ne prévoit pas de commercialisation par voie autoritaire.

SECTION 1
LE CONTRAT DE CESSION

La loi ne règle pas le régime de la cession des dessins et modèles déposés ; celui-ci est donc fixé par référence aux règles de la vente (art. 1602 à 1649, C. civ.) et de la cession des œuvres littéraires et artistiques (art. L. 122-7 et s. et L. 131-2 et s.) si la création est protégée par le droit d'auteur.

§1 Les conditions du contrat

En principe, le droit exclusif né du dépôt peut être l'objet unique de la cession. Toutefois, la règle de l'unité de l'art (*v. supra, p. 91*) commande de céder simultanément le droit d'auteur sur la création protégée.

A Les conditions de fond

1. Les parties au contrat

a) Le cédant

Le cédant doit être titulaire du droit de dessin ou modèle cédé et avoir la capacité de passer des actes de disposition.

Si la cession porte sur une œuvre de collaboration objet d'une indivision, l'accord de tous les cotitulaires est requis.

b) Le cessionnaire

Il peut s'agir de toute personne capable de devenir titulaire du droit cédé.

2. L'objet du contrat

Seul, le droit patrimonial d'exploitation peut être objet de la cession ; le droit moral de l'auteur est incessible.

La cession peut être totale ou partielle. Elle doit porter sur un droit valable.

B Les conditions de forme

1. Les conditions de validité

Le contrat de cession de droit d'auteur doit être passé par écrit (art. L. 131-2) à peine de nullité. En particulier, le contrat de travail n'opère pas de cession implicite au profit de l'employeur.

2. Les conditions d'opposabilité aux tiers

a) Cession à titre principal

L'opposabilité aux tiers suppose l'inscription de la cession sur le Registre national des dessins et modèles (art. L. 512-4).

b) Cession à titre accessoire

La cession réalisée à l'occasion d'une cession ou d'un nantissement de fonds de commerce doit être l'objet d'une double publicité :

– inscription au greffe du tribunal de commerce du lieu de situation du fonds ;

– inscription à l'INPI dans la quinzaine suivante.

§2 Les effets du contrat

A Effet translatif de droit

La cession du droit patrimonial est effective entre les parties dès que sont remplies les conditions de validité et, à l'égard des tiers, dès qu'est réalisée la publicité éventuellement nécessaire.

B Effet créateur d'obligations

1. Les obligations du cédant

a) L'obligation de délivrance

Elle s'exécute par la remise au cessionnaire du certificat de dépôt du dessin ou modèle et par l'autorisation d'exploiter le droit cédé.

b) L'obligation de garantie

Elle comporte la garantie des vices cachés du droit cédé (p. ex. : sa nullité) et la garantie d'éviction du fait personnel du cédant et du fait des tiers (*v. supra, dans la cession de brevet, p. 54 et s.*).

2. Les obligations du cessionnaire

Le prix de cession du droit exclusif sur un dessin ou modèle enregistré est fixé librement par les parties.

Le prix de cession de droit d'auteur doit en principe être proportionnel aux recettes d'exploitation (art. L. 131-4).

SECTION 2

LE CONTRAT DE LICENCE

Pas davantage que la cession, la licence n'est envisagée par la loi ; la jurisprudence en admet la validité. Son régime est réglé par référence à celui du contrat de louage (art. 1702 à 1741, C. civ.) et de la licence de brevet (*v. supra, première partie, première division*). Le contrat doit être conforme aux règles françaises et communautaires du droit de la concurrence. Son opposabilité aux tiers suppose son inscription sur le registre national des dessins et modèles (art. L. 512-4).

SECTION 3

L'APPORT EN SOCIÉTÉ

La loi n'envisage pas cette opération. Le droit de dessin et modèle peut être l'objet d'un apport en société selon le régime indiqué à propos des brevets d'invention (*v. supra, p. 59*).

Seconde division

Le régime international des dessins et modèles

CHAPITRE I

Droit international privé

§1 Condition des étrangers

Les étrangers ne pouvant se prévaloir d'aucune convention internationale peuvent déposer en France des dessins ou modèles sous l'une des conditions suivantes (art. L. 511-4) :

- avoir en France leur domicile ou un établissement industriel ou commercial ;
- être ressortissants d'un État assurant la réciprocité diplomatique ou législative aux dessins et modèles français.

Ces conditions doivent être remplies soit par le créateur, soit par son ayant cause déposant en France.

§2 Conflits de lois

Les dessins et modèles sont régis par la loi de l'État où le dépôt a été effectué. Cette loi régit les conditions d'existence et d'exercice du droit. Elle est d'application territoriale : les droits obtenus dans différents États sont indépendants les uns des autres.

CHAPITRE II
Droit international conventionnel

SECTION 1
LA CONVENTION DE PARIS DU 23 MARS 1883

La Convention d'Union de Paris prévoit des règles spécifiques en matière de dessins et modèles et fait obligation aux États-membres de protéger ces créations.

§1 Condition des étrangers

A Régime de principe (art. 2, al. 1)

1. Conditions

Le régime de principe s'applique sous l'une des conditions suivantes :

- nationalité de l'un des États contractants ;
- domicile ou établissement industriel ou commercial sur le territoire d'un de ces États.

2. Effets

L'étranger remplissant l'une des conditions ci-dessus bénéficie, dans chacun des États contractants, du traitement national en ce qui concerne le dépôt et l'exploitation des dessins et modèles. Il ne peut lui être appliqué aucun traitement discriminatoire.

B Régime d'exception (art. 2, al. 3)

Les États contractants peuvent imposer des règles spéciales, relatives à la procédure judiciaire et administrative et à la compétence, ainsi qu'à l'élection de domicile ou la constitution d'un mandataire.

§2 Conflits de loi

La convention consacre le principe de l'indépendance des droits et l'application de la loi du lieu du dépôt.

§3 Droit uniforme

Le « traitement unioniste » organisé par la convention comporte deux séries de règles : des dispositions communes applicables à tous les États contractants ; des dispositions particulières, applicables à certains États contractants.

A Règles communes à tous les États

1. Règles relatives aux conditions de la protection

1. Absence d'obligation d'imposer la mention de l'existence du dépôt sur l'objet protégé.

2. Organisation d'un droit de priorité unioniste. Dans un délai de six mois à compter du premier dépôt dans l'un des États-membres, le même objet peut être déposé dans les autres États-membres, sans que puisse lui être opposée l'antériorité résultant du dépôt initial.

3. Immunité temporaire pour les dessins et modèles figurant dans une exposition internationale.

2. Règles relatives aux effets de la protection

1. La déchéance du droit ne peut sanctionner le défaut d'exploitation ni l'introduction d'objets conformes à ceux qui sont protégés.

2. Un délai de grâce est prévu pour le paiement de taxes nationales.

B Règles particulières à certains États

Ces règles résultent de l'arrangement de La Haye (signé le 6 nov. 1925 et révisé en 1960 et 1999), organisant un enregistrement international des dessins et modèles.

1. Conditions du dépôt international

Le dépôt est effectué auprès de l'OMPI à Genève : il dispense le titulaire d'avoir à procéder à des dépôts nationaux dans les États signataires de l'Arrangement.

2. Effets du dépôt international

Le déposant est considéré, jusqu'à preuve contraire, comme propriétaire de l'œuvre. Mais le dépôt n'entraîne pas l'application d'un régime unique dans tous les États intéressés ; les droits nationaux s'appliquent aux créations ayant fait l'objet d'un dépôt international.

SECTION 2

LES CONVENTIONS INTERNATIONALES RELATIVES AU DROIT D'AUTEUR

En tant qu'œuvres d'art, les dessins et modèles relèvent des conventions internationales relatives au droit d'auteur : convention de Berne de 1886 et convention universelle de Genève de 1952.

§1 La convention de Berne de 1886

La convention fait obligation aux États-membres de protéger toutes les œuvres littéraires et artistiques et comporte une liste non exhaustive de ces œuvres. S'agissant d'œuvres des arts appliqués et des dessins et modèles industriels, la convention dispose qu'elles doivent toujours être protégées, soit par le droit d'auteur, soit par une législation spéciale. Les États-membres définissent le champ de la protection et ses conditions.

Peuvent bénéficier de la protection les auteurs ressortissant d'un État-membre ou ceux dont l'œuvre a été publiée pour la première fois dans l'un de ces pays, ou simultanément dans un pays étranger à la convention et un pays membre.

L'étendue des droits conférés est déterminée par le principe du traitement national et par les normes de protection minimale prévues par la convention.

§2 La convention de Genève de 1952

Cette convention est administrée par l'Unesco. Elle n'est pas applicable dans les rapports entre les États liés par la convention de Berne s'agissant des œuvres ayant leur origine dans l'un de ces États.

Elle repose sur le principe de l'assimilation de l'unioniste au national. Les règles relatives à la protection sont moins nombreuses et moins contraignantes que celles de la convention de Berne.

SECTION 3

CONVENTION DE MARRAKECH DU 15 AVRIL 1994 CRÉANT L'ORGANISATION MONDIALE DU COMMERCE

L'ADPIC (art. 25) impose aux membres de protéger les dessins et modèles industriels créés de manière indépendante et qui sont nouveaux ou originaux. La protection peut être exclue pour les formes dictées essentiellement par des considérations techniques ou fonctionnelles. Les formalités de l'acquisition de la protection ne sont pas précisées.

Le titulaire pourra empêcher les tiers de fabriquer, vendre ou importer des copies totales ou substantielles de l'objet protégé. La durée de la protection devra être au minimum égale à dix ans.

Des exceptions limitées à la protection pourront être prévues.

Livre second

La protection des signes distinctifs

Généralités

Définition : les signes distinctifs sont des formes ou des dénominations destinées à individualiser des produits, services, ou établissements commerciaux vis-à-vis de la clientèle.

Règles applicables : les signes distinctifs des produits et services conformes à certaines conditions peuvent être l'objet d'un droit exclusif d'utilisation. Les signes distinctifs des établissements commerciaux (nom commercial, enseigne), ne sont protégés que contre la concurrence déloyale. Pour cette raison, ils ne constituent pas des droits de propriété industrielle et ne seront pas étudiés dans cet ouvrage.

Les signes distinctifs des produits ou services sont destinés à les différencier les uns des autres aux yeux de la clientèle. Cette différenciation s'opère tantôt par l'utilisation d'un signe sensible destiné à indiquer la provenance industrielle ou commerciale : il s'agit des marques de fabrique, de commerce ou de service ; tantôt par l'utilisation d'une dénomination géographique destinée à indiquer la provenance géographique : il s'agit des appellations d'origine et indications de provenance.

Première partie

Les marques de fabrique, de commerce ou de service

Définition : la marque est un signe sensible (mot, image, graphisme) servant à distinguer les produits ou services d'une personne physique ou morale.

Régime juridique : la protection des marques a été instituée par la loi du 23 juin 1857, abrogée à partir du 1er août 1965 par la loi du 31 décembre 1964, modifiée par les lois du 23 juin 1965, du 30 juin 1975 et du 10 janvier 1978 et leurs décrets d'application du 27 juillet 1965 et du 23 septembre 1976. Cette loi cessa de s'appliquer à compter du 28 décembre 1991, date d'entrée en vigueur de la loi n° 91-7 du 4 janvier 1991 relative aux marques de fabrique, de commerce ou de service (art. L. 711-1 à L. 716-16, C. propr. intell.), qui transpose la directive 89/104 du 21 déc. 1988.

Titre I

Le régime national des marques

Sous-titre I

Les conditions d'acquisition de la protection

CHAPITRE I
Les conditions de fond

Pour être valable, une marque doit présenter le caractère licite et distinctif ; pour pouvoir être librement utilisée par son titulaire, elle doit, en outre, être disponible, c'est-à-dire non appropriée par un tiers.

SECTION 1
LE CARACTÈRE LICITE DE LA MARQUE

§1 Les signes dont le choix est autorisé

La loi (art. L. 711-1) donne une liste exemplative de signes pouvant constituer une marque : les signes dénominatifs, les signes sonores et les signes figuratifs. La jurisprudence a précisé le contenu de ces hypothèses :

A Les signes dénominatifs

Les dénominations (ou marques verbales) constituent 80 % des marques : elle sont perceptibles à la fois par la vue (elles s'écrivent) et par l'ouïe (elles se prononcent). Toute dénomination quelconque peut, en principe, être utilisée comme marque.

1. Les termes courants

Le terme choisi n'a pas à être original ni nouveau, dès lors qu'il caractérise suffisamment l'objet auquel il est appliqué (culotte Petit-Bateau, savon Le Chat). La marque peut consister dans une dénomination composée de plusieurs termes (Fermeture Eclair).

2. Les termes de fantaisie

Il peut s'agir de termes connus ou inventés (Végétaline, Bichoco), ayant ou non une signification ; isolés ou composés (Ami de Cœur) ; formant des slogans ou devises (Omo lave plus blanc) ; termes français ou étrangers (« Breakfast » pour désigner des biscuits).

3. Les lettres, chiffres et monogrammes

Ils peuvent être choisis comme marque, dans la mesure où ils ont un pouvoir d'identification : lettres SVP pour désigner les services ; n° 5 pour désigner un parfum : 33 Export pour désigner une bière, IBM pour désigner une société par les initiales de sa dénomination sociale.

4. Les noms patronymique

Un nom peut être déposé tel quel, qu'il s'agisse du nom patronymique du titulaire de la marque (Lanson pour désigner un vin de Champagne), du nom d'autrui (Killy pour désigner des articles de sport), d'un pseudonyme (Anne de Solène pour désigner du linge), ou d'un prénom (Bettina, pour des articles textiles).

Dans un tel cas, il faut s'assurer que le nom choisi n'a pas déjà été approprié par autrui (*v. infra, p. 117 et s.*).

5. Les noms géographiques.

La loi française n'interdit pas l'utilisation de noms géographiques comme marques (interdiction fréquente dans les systèmes étrangers). Une telle marque ne doit pas créer de confusion avec une appellation d'origine ou une indication de provenance (*v. infra, p. 114 et s.*) ; par exemple : le nom de Chicago peut valablement désigner des vêtements ; Mont-Blanc désigner du lait en poudre.

B Les signes sonores

Les signes auditifs (sons, phrases musicales) peuvent constituer une marque (p. ex. : l'indicatif d'une émission radio), dès lors qu'ils sont susceptibles de représentation graphique (portée musicale).

C Les signes figuratifs

Les marques figuratives (ou emblématiques) sont des signes non écrits : formes planes ou tridimensionnelles.

1. Les signes unidimensionnels

Il peut s'agir de formes planes diverses, figuratives (coquille de Shell, effigie de Napoléon), ou non (point rouge d'Elf). Elles peuvent être apposées sur l'objet sous la forme d'étiquettes, vignettes, timbres, empreintes, cachets, lisières ou liserés. La loi de 1991 a ajouté des exemples modernes : hologrammes, logos, images de synthèse.

Les couleurs peuvent constituer une marque. Elles peuvent se présenter comme des combinaisons ou dispositions particulières (p. ex. : bandes parallèles de deux teintes juxtaposées), ou une couleur isolée, mais dans une forme ou position déterminée (bande rouge du champagne Cordon Rouge), ou sous une nuance spéciale (couleur jaune ocre pour désigner des produits photographiques). Mais la couleur unie ne peut être déposée en tant que telle comme marque.

2. Les signes tridimensionnels

Un produit ou service peut être signalé par une forme plastique.

a) Forme extérieure à l'objet marqué

La marque peut être constituée par une forme plastique particulière, indépendante du produit ou service qu'elle signale (le tigre d'Esso ; Bibendum de Michelin). Elle peut aussi consister dans l'emballage du produit ou son décor (forme de la bouteille de liqueur de Cointreau).

b) Forme inhérente à l'objet marqué

L'art. L. 711-1, c autorise le dépôt de la forme caractéristique d'un produit (p. ex. : forme particulière d'un biscuit ou d'un bonbon) ou caractérisant un service. Ne peut cependant être protégée à titre de marque une forme nouvelle et originale, qui confère au produit sa « valeur substantielle » (p. ex. : forme d'une robe ou d'un article de verrerie) : la forme doit alors être protégée en tant que modèle, ou par le droit d'auteur.

§2 Les signes dont le choix est interdit

A Les interdictions générales

De manière générale, sont nulles les marques contraires à l'ordre public et aux bonnes mœurs ou dont l'utilisation est légalement interdite et celles qui « comportent des indications de nature à tromper le public » (art. L. 711-3, b et c).

1. Les signes contraires à l'ordre public ou aux bonnes mœurs

L'appréciation de ce caractère ne porte pas sur le signe lui-même, ni l'objet qu'il désigne, mais sur son utilisation ; par exemple, a été annulée la marque « École de conduite française », présentée sous les couleurs nationales ; en revanche, a été jugée valable la marque Opium, désignant un parfum.

La marque est indépendante de l'objet qu'elle désigne : sa validité ne dépend pas de la licéité dudit objet.

2. Les signes trompeurs (ou « déceptifs »)

a) Définition

Est déceptive la marque portant des indications propres à tromper le public sur la nature, les qualités ou l'origine du produit ou service. La marque est donc déceptive dès qu'elle comporte un risque de tromperie ; ce risque peut exister seulement pour certains objets marqués ; il s'apprécie à l'égard du consommateur moyen.

b) Applications

Ont été jugées trompeuses :

- les marques faisant croire à une fausse origine géographique du produit : par exemple, Evian-fruité pour désigner une boisson ne comportant pas d'eau minérale d'Evian ;
- les marques faisant croire à une fausse composition du produit ou de ses qualités fondamentales : par exemple : Lavablaine, désignant des tissus de coton ; Supermint, désignant des produits ne comportant pas de menthe.

c) Sanctions

1. **Sanction administrative**

L'INPI peut refuser l'enregistrement d'une marque trompeuse (art. L. 712-7).

2. **Sanction civile**

Une marque trompeuse enregistrée peut être annulée à l'issue d'une procédure judiciaire intentée par tout intéressé.

B Les interdictions spéciales

Divers textes prohibent l'emploi, à titre de marque, de certains signes déterminés :

– les emblèmes des États membres de l'Union de Paris et ceux des organisations internationales intergouvernementales (Conv. de Paris de 1883, art. 6 *ter*) ;

– les noms géographiques identifiant des vins ou spiritueux pour désigner des vins ou spiritueux qui n'ont pas cette origine (ADPIC, art. 23-2) ;

– l'emblème de la Croix-Rouge et les dénominations Croix-Rouge et Croix de Genève (Conv. de Genève de 1906) ;

– l'emblème et la devise olympiques (L. 29 oct. 1975) ;

– les décorations françaises et étrangères (Circ. 23 juin 1979) ;

– la dénomination variétale d'une obtention végétale (CPI, art. L. 623-15) ;

– les signes désignant un produit ou producteur du tabac (art. L. 623-15, al. 6) ;

– les termes étrangers ne peuvent être employés comme marque par des personnes morales de droit public ou de droit privé chargées d'une mission de service public, dès lors qu'existe un terme français équivalent (L. n° 94-665 du 4 août 1994 relative à l'emploi de la langue française).

SECTION 2

LE CARACTÈRE DISTINCTIF DE LA MARQUE

Définition : le caractère distinctif de la marque est son aptitude à distinguer les objets auxquels elle s'applique. La marque est distinctive lorsqu'elle est indépendante de la désignation ordinaire de l'objet. Le caractère distinctif ne se confond ni avec la nouveauté, ni avec l'originalité : un signe connu peut être distinctif à l'égard d'un objet donné. Le caractère distinctif d'un signe s'apprécie à l'égard des produits ou services désignés.

§1 Les critères du caractère distinctif

Un signe n'est pas distinctif s'il constitue la désignation ordinaire de l'objet ou de ses qualités essentielles.

A Le signe doit différer de la désignation ordinaire de l'objet

Un signe constitue la désignation ordinaire de l'objet lorsqu'il est nécessaire, générique ou usuel (art. L. 711-2, al. 2, a).

1. Les signes nécessaires ou génériques

Un signe est nécessaire ou générique lorsque son emploi est imposé par la nature ou la fonction de l'objet qu'il désigne.

a) Les signes dénominatifs

La marque ne peut consister dans la dénomination habituelle de l'objet ou du genre auquel il appartient : par exemple, un aliment dénommé *fromage* ne peut être désigné par les marques Fromage, ni Crème de gruyère.

Des problèmes particuliers se posent pour :

1. **Les néologismes** : ceux-ci consistent dans un mot inventé n'ayant pas de signification, ou dans la déformation d'un mot ordinaire. Le néologisme est une marque distinctive, à condition de se distinguer suffisamment du mot d'origine (p. ex. : le mot Triscuit est une marque distinctive de produits alimentaires ; le mot Otomatic n'est pas distinctif d'appareils mécaniques).

2. **Les termes étrangers** : ils sont assimilés aux néologismes et ne peuvent être distinctifs si :

– le mot étranger est couramment employé en France (p. ex. : management) ;

– le mot étranger est compris dans sa traduction française (p. ex. : Supermint, pour désigner des produits à base de menthe).

3. **Les dénominations composées :** un terme nécessaire ou générique peut devenir distinctif par association avec un autre mot (p. ex. : Miel Epil pour désigner un produit dépilatoire).

4. **Le nom d'un produit breveté :** le nom de fantaisie par lequel un produit est désigné dans un brevet peut être déposé comme marque de ce produit, sauf s'il est présenté comme l'appellation nécessaire de ce produit.

b) Les signes figuratifs (art. L. 711-2, al. 2, c)

La marque n'est pas distinctive lorsqu'elle consiste dans la forme même de l'objet ou son emballage, si celle-ci est imposée par la nature ou la fonction de l'objet (p. ex. : la marque consistant dans la division d'un chocolat en barres) ou lui confère sa valeur substantielle (p. ex. : un accessoire de mode). Mais la forme est une marque distinctive lorsqu'elle est indépendante de l'objet qu'elle désigne (p. ex. : la forme ovoïde de la bouteille de Perrier).

2. Les signes usuels

Le signe est usuel lorsqu'il est généralement et couramment utilisé par le public pour désigner l'objet (p. ex. : n'est pas distinctive la marque Americano, devenue d'usage courant pour désigner certains vermouths).

L'existence d'une marque antérieure ne rend pas nécessairement le signe usuel pour désigner un objet différent.

B Le signe doit différer de la description de l'objet

Le signe n'est pas distinctif mais descriptif lorsqu'il désigne une caractéristique du produit ou du service (art. L. 711-2, al. 2, b), telle que l'espèce, la qualité, la destination, la valeur, la provenance géographique, l'époque de production, la nature ou les qualités de l'objet ou du service auquel il s'applique. La fonction distinctive de la marque est incompatible avec son caractère descriptif ; sa fonction publicitaire impose, cependant, une évocation de l'objet. En conséquence, la marque n'est nulle que si elle est :

• exclusivement descriptive (p. ex. : Gaz) ; elle peut être valable, associée à d'autres éléments (p. ex. : Camping Gaz) ;

• directement descriptive (p. ex. : Banquette-lit) ; mais la marque est valable si elle décrit l'objet de manière détournée (p. ex. : Play-Boy, pour désigner des vêtements d'homme) ;

• essentiellement descriptive, c'est-à-dire si elle décrit la qualité essentielle du produit (p. ex. : Gaine-anti-cellulite) ; mais la marque est valable si elle ne correspond à aucune qualité, ni composante du produit (p. ex. : « À l'olivier », pour désigner du savon).

§2 La date d'appréciation du caractère distinctif

A Principe

Le caractère distinctif s'apprécie lors de l'appropriation de la marque. Son absence est sanctionnée par le refus d'enregistrement (art. L. 712-7, b) ou par l'annulation de la marque enregistrée (art. L. 714-3, al. 1).

La marque initialement distinctive ne perd pas ce caractère si elle devient notoire (p. ex. : Bikini, pour désigner un maillot de bain), à condition que le titulaire ait continué à affirmer son droit exclusif sur le signe (art. L. 714-6, a).

B Exceptions

Un signe non distinctif peut le devenir par l'usage (art. L. 711-2, dernier alinéa), c'est-à-dire par le fait qu'il se soit imposé dans le commerce comme marque, malgré son caractère descriptif (p. ex. : Chèque-repas ; Epargne-valeur).

Cette « prescription acquisitive » ne peut jouer que si le signe est susceptible de devenir une marque valable ; c'est-à-dire s'il n'est ni interdit, ni indisponible, ni entièrement nécessaire (p. ex. : le signe « Sans caféine », pour désigner des cafés décaféinés, ne peut devenir distinctif par l'usage, en raison de son caractère irremplaçable).

Elle ne peut jouer pour des signes constitués exclusivement par la forme nécessaire du produit (art. L. 711-2, c).

SECTION 3
LE CARACTÈRE DISPONIBLE DE LA MARQUE

Le signe choisi comme marque doit être disponible, c'est-à-dire de ne pas avoir été antérieurement approprié par autrui, soit au titre du droit de la concurrence, soit au titre du droit d'auteur, soit au titre des droits de la personnalité (art. L. 711-4). Le dépôt d'une marque est habituellement précédé par une recherche d'antériorités, c'est-à-dire de signes déjà appropriés.

§1 Signes rendus indisponibles par le droit de la concurrence

A L'appropriation antérieure comme marque (art. L. 711-4, a)

En général, un signe est rendu indisponible lorsqu'il a déjà été approprié comme marque dans le même secteur d'activité et pour le même territoire. Exceptionnellement, les signes devenus des marques notoires sont soustraits à ces conditions.

1. Cas général

a) Existence d'une appropriation antérieure

L'appropriation antérieure à titre de marque peut résulter :

- d'un usage (sous la loi de 1857) ;
- d'un dépôt (depuis la loi de 1964).

L'indisponibilité porte sur le signe lui-même et ses imitations. Le signe cesse d'être indisponible si l'usage ou le dépôt ne sont pas conservés par leur titulaire.

b) Domaine de l'appropriation antérieure

La marque obéit au principe de la spécialité : un signe approprié à titre de marque n'est indisponible que pour désigner les produits ou services figurant dans l'acte de dépôt (ou dans l'usage antérieur sous la loi de 1857). Il peut donc être déposé comme marque de produits ou services différents (p. ex. : la même marque peut désigner des chocolats et des fromages).

c) Territoire de l'appropriation antérieure

La marque obéit au principe de la territorialité : un signe approprié en France à titre de marque est indisponible seulement sur le territoire français ; approprié à l'étranger, il n'est pas indisponible en France.

2. Cas particulier des marques notoires

a) Définition

Une marque est notoire (ou de haute renommée, ou mondiale), lorsqu'elle est largement connue du grand public (p. ex. : IBM ; Elle ; Coca Cola). Ces marques sont prévues par l'art. 6 *bis* de la convention de Paris de 1883 et l'art. 16-2 de l'ADPIC

La notoriété est prouvée par l'ancienneté de la marque, l'étendue de sa diffusion commerciale et territoriale, les efforts publicitaires dont elle a fait l'objet. La notoriété s'apprécie dans le pays où elle doit produire ses effets.

b) Régime

1. **Domaine de l'appropriation** (art. L. 713-5)

Les marques notoires sont soumises au principe de la spécialité, mais sont protégées plus largement que les marques ordinaires, en raison du danger d'exploitation parasitaire. La notoriété peut rendre le signe indisponible même dans un domaine commercial différent (p. ex. : la marque Watermann, notoire peut désigner des stylos, ne peut désigner des lames de rasoir). Une délimitation du domaine est parfois ordonnée en justice (p. ex. : Mazda, désignant des lampes, peut désigner des voitures, en précisant Mazda Automobiles).

2. **Territoire de l'appropriation**

Les marques notoires échappent au principe de la territorialité. Une marque notoire en France est indisponible même sans dépôt. Le titulaire d'une marque notoire peut agir en annulation d'une marque risquant de créer une confusion, dans un délai de 5 ans à compter du dépôt de celle-ci, à moins que le second déposant n'ait été de mauvaise foi (art. L. 714-4 et art. 6 *bis* de la Convention de Paris de 1883).

B L'appropriation antérieure comme nom commercial ou enseigne (art. L. 711-4, c)

1. Nom commercial antérieur

La dénomination constituant un nom commercial antérieur est indisponible en France. Son titulaire peut donc faire annuler le dépôt postérieur à titre de marque, si un risque de confusion existe (p. ex. : a été annulée la marque Maurice Fernand Masson, en raison de l'existence d'un nom commercial antérieur : Masson et Cie).

2. Enseigne antérieure

En raison de son faible rayonnement géographique, une enseigne n'est indisponible à titre de marque que si elle a une notoriété sur tout le territoire national.

C L'appropriation antérieure comme appellation d'origine (art. L. 711-4, d)

Le nom géographique constituant une appellation d'origine est l'objet d'une appropriation collective au profit de tous les producteurs de l'aire concernée. Il est donc indisponible comme marque pour désigner les produits du même secteur économique. Le caractère collectif de l'appropriation s'oppose au dépôt du signe à titre de marque individuelle par l'un des producteurs.

D Appropriation antérieure comme dessin ou modèle protégé (art. L. 711-4, f)

Cette disposition a été introduite par la loi de 1991, pour mettre fin aux discussions antérieures. Inversement, le dépôt d'un signe comme dessin ou modèle peut constituer la contrefaçon d'une marque antérieure.

§2 Les signes rendus indisponibles par le droit d'auteur (art. L. 711-4, e)

Le signe constituant une création littéraire et artistique, valablement appropriée par le droit d'auteur, est indisponible à titre de marque pour tous les produits et services (p. ex. : le titre de roman *Cheribibi* ne peut devenir une marque de pain d'épices).

Le titulaire du droit d'auteur peut autoriser l'utilisation du signe comme marque, par un contrat de cession remplissant les conditions prévues par la loi.

§3 Les signes rendus indisponibles par les droits de la personnalité

Certains signes peuvent constituer des attributs de la personnalité : nom patronymique, pseudonymes, armoiries, image de la personne. Ces signes ne sont pas l'objet d'un droit de propriété et ne sont donc pas indisponibles en eux-mêmes ; leur utilisation à titre de marque n'est interdite que si elle porte atteinte à la personnalité de leur titulaire (art. L. 711-4, g).

L'atteinte aux droits de la personnalité suppose que le titulaire soit visé par l'emploi du signe et qu'il en éprouve un dommage. Tel sera le cas si la marque emprunte un nom noble ou célèbre, ou crée un risque de confusion entre le titulaire du droit de la personnalité et le déposant de la marque. Dans le cas contraire, la marque est valable (p. ex. : le titulaire du nom patronymique Ala ne peut faire annuler la marque Ala désignant des produits détergents).

L'usage à titre de marque d'un signe protégé comme droit de la personnalité peut être autorisé par son titulaire.

La dénomination ou raison sociale d'une personne morale ou d'une collectivité territoriale est protégée dans des conditions analogues à celle des droits de la personnalité, mais un risque de confusion est exigé (art. L. 711-4, h).

Le prénom n'est pas un attribut de la personne et n'est donc pas, en principe, indisponible.

CHAPITRE II
Les conditions de forme

Généralités – Deux sources du droit sur la marque sont concevables : l'usage du signe, ou son dépôt enregistré. Dans un système mixte, le dépôt est déclaratif : le droit naît du premier usage, mais n'est opposable aux tiers qu'à condition d'avoir été enregistré. La loi de 1857 privilégiait l'usage ; celle de 1964 a imposé le dépôt, également exigé par la loi au 4 janvier 1991 (art. L. 712-1, C. propr. intell.).

Le rôle acquisitif du droit est désormais exercé, en principe, par le dépôt ; exceptionnellement, l'acquisition peut intervenir sans dépôt.

SECTION 1
PRINCIPE : ACQUISITION DU DROIT PAR LE DÉPÔT

Définition : le dépôt est l'acte par lequel une personne déclare être en possession d'un signe distinctif dont elle réclame l'appropriation à titre de marque. L'appropriation suppose l'enregistrement du dépôt par l'INPI.

§1 Déclenchement de la procédure d'enregistrement

La procédure d'enregistrement est déclenchée par le dépôt d'une demande auprès de l'INPI

A L'auteur du dépôt

Toute personne peut être l'auteur du dépôt d'un signe à titre de marque (art. L. 711-1, al. 1er) : personne physique ou morale, ayant ou non exploité le signe, apte ou non à l'exploiter (p. ex. : société holding).

Il peut s'agir d'un déposant unique ou d'une pluralité de déposants devenant copropriétaires de la marque.

Si l'enregistrement a été demandé en fraude des droits d'un tiers ou en violation d'une obligation légale ou conventionnelle, la personne habilitée peut revendiquer sa propriété. L'action en revendication se prescrit par cinq ans, sauf si le déposant était de mauvaise foi (art. L. 712-6).

Les syndicats peuvent déposer leurs marques et labels dans les conditions des articles L. 413-1 et L. 413-2 du Code du travail (art. L. 712-13, C. propr. intell.). Ces marques ou labels certifient l'origine et les conditions de fabrication.

B Le lieu du dépôt

Le dépôt se fait, au choix du déposant (art. R. 712-1) :

– soit devant le siège de l'INPI (les déposants n'ayant ni domicile, ni établissement en France doivent opter pour cette solution) ; soit devant l'une de ses succursales de province ;

– soit devant le greffe du tribunal de commerce du domicile du déposant (le dossier est transmis à l'INPI dans les cinq jours).

Le dépôt peut résulter de l'envoi d'un pli recommandé avec avis de réception ou d'un message électronique.

C Les modalités du dépôt

1. Contenu des modalités du dépôt

Le dossier du dépôt doit comporter (art. R. 712-3) :

a) Les documents principaux

– La demande d'enregistrement : celle-ci doit identifier le demandeur ; comporter un modèle de la marque ; une énumération des produits ou services désignés par la marque ; une énumération des classes correspondantes.

– Les justifications du paiement des redevances.

b) Les documents complémentaires

Le déposant doit fournir, le cas échéant :

– la justification du droit de priorité ;

– l'identification du dépôt antérieur dont le renouvellement est demandé ;

– le pouvoir du mandataire et l'élection de domicile, pour les déposants domiciliés à l'étranger.

Un même dépôt ne peut porter que sur une seule marque.

2. Sanction des modalités du dépôt (art. R. 712-5 à R. 712-7)

Le dépôt qui ne comporte pas au moins un exemplaire de la demande d'enregistrement et la justification du paiement des taxes est irrecevable. Il est restitué au déposant.

Le dossier régulier donne lieu à la rédaction d'un procès-verbal indiquant la date et l'heure du dépôt. L'un des exemplaires de la demande est remis au déposant.

§2 Déroulement de la procédure d'enregistrement

L'INPI examine la régularité de la demande au regard des conditions de forme et de certaines conditions de fond prescrites par la loi. La loi de 1991 a introduit une phase d'observations des tiers et une procédure d'opposition.

A L'examen des conditions de forme

1. L'objet de l'examen

L'examen porte sur la régularité matérielle du dépôt, c'est-à-dire l'observation de toutes les prescriptions légales ou réglementaires relatives à sa présentation.

2. La sanction de l'examen

L'existence d'un vice de forme est sanctionnée par le rejet du dépôt (art. L. 712-7, al. 1er, a).

L'irrégularité est notifiée au déposant qui dispose d'un délai pour la corriger.

L'enregistrement efface les vices de forme : le dépôt ne pourra être annulé de ce chef (art. L. 714-3 *a contrario*).

B L'examen des conditions de fond

1. L'objet de l'examen

L'INPI examine les conditions suivantes (art. L. 712-7) :

- caractère autorisé du signe déposé ;
- caractère licite et conforme aux bonnes mœurs ;
- caractère distinctif.

L'INPI ne procède pas à la recherche d'antériorités.

2. La sanction de l'examen

L'existence d'un vice de fond est sanctionnée par le rejet du dépôt (art. L. 712-7). Le rejet peut être partiel.

L'irrégularité est notifiée au déposant qui peut présenter ses observations dans le délai imparti par l'INPI.

À défaut de correction ou d'observations, l'INPI communique au déposant la décision de rejet.

C Publication et observations des tiers (art. L. 712-3)

Tout dépôt recevable est publié au *BOPI* ; pendant le délai de deux mois suivant la publication, toute personne intéressée peut formuler des observations auprès du directeur général de l'INPI. Ces observations sont transmises au déposant, mais ne peuvent être une cause de rejet de la demande d'enregistrement.

D Procédure d'opposition (art. L. 712-4)

Cette procédure a été introduite en droit français par la loi de 1991.

1. Déclenchement de la procédure d'opposition

L'opposition peut être formulée dans le délai de deux mois à compter de la publication de la demande d'enregistrement, auprès du directeur général de l'INPI. La faculté de formuler une opposition est ouverte aux personnes suivantes :

– le propriétaire d'une marque déposée ou enregistrée antérieurement ou bénéficiant d'une date de priorité antérieure ;

– le propriétaire d'une marque antérieure notoirement connue ;

– le bénéficiaire d'un droit exclusif d'exploitation (sauf clause contraire du contrat).

L'énumération des personnes concernées implique une prise de position sur les motifs de l'opposition : celle-ci ne peut être fondée que sur l'existence d'un droit de marque antérieur.

Nonobstant l'existence d'une opposition, le déposant peut demander que sa marque soit enregistrée, si cet enregistrement est indispensable à la protection de la marque à l'étranger. Si l'opposition est ultérieurement admise, l'enregistrement est rapporté en tout ou partie (art. L. 712-8).

2. Déroulement de la procédure d'opposition

La procédure est contradictoire (art. L. 712-5) ; elle se déroule selon les dispositions des articles R. 712-14 à R. 712-19.

3. Dénouement de la procédure d'opposition

Si l'opposition est reconnue justifiée, la demande d'enregistrement est rejetée (art. L. 712-7, al. 1er, c).

L'opposition est réputée infondée s'il n'est pas statué dans un délai de huit mois suivant la publication de la demande d'enregistrement (art. L. 712-4, al. 3 référant à l'art. L. 712-3). Toutefois, ce délai peut être suspendu :

– lorsque l'opposition est fondée sur une demande d'enregistrement de marque ;

– lorsqu'une action en nullité, déchéance ou revendication a été engagée ;

– sur demande conjointe des parties (suspension pour six mois au maximum).

§3 Dénouement de la procédure d'enregistrement

A Le rejet de la demande d'enregistrement

La demande d'enregistrement est rejetée par décision motivée du directeur général de l'INPI dans les cas prévus à l'art. L. 712-7 :

- si elle ne satisfait pas aux conditions de forme prévues par l'art. 712-2 ; le demandeur qui n'a pas respecté les délais de l'art. L. 712-2 ou L. 712-9 peut cependant être relevé des déchéances qu'il a pu encourir, s'il justifie d'une excuse légitime (art. 712-10) ;
- si le signe ne peut être adopté comme marque par application des art. L. 711-1 et L. 711-2 (le signe ne répond pas à la définition de la marque ou n'est pas distinctif) et L. 711-3 (le signe est exclu par la convention de Paris, l'ADPIC, est trompeur ou contraire à l'ordre public ou aux bonnes mœurs).

Le rejet peut être partiel si ses motifs n'affectent la demande qu'en partie.

La décision de rejet est susceptible de recours devant la cour d'appel territorialement compétente en application de l'art. R. 411-19.

B L'admission de la demande d'enregistrement

L'enregistrement est décidé par le directeur de l'INPI lorsque l'examen a conclu à la régularité du dépôt, ou à la suite d'une décision judiciaire annulant la décision de rejet (art. R. 712-23).

L'enregistrement consiste dans une inscription au registre national des marques. Sa date est celle du dépôt.

L'enregistrement est publié au *Bulletin officiel de la propriété industrielle (BOPI)*. La date de la publication rend le dépôt opposable aux tiers.

Un certificat d'enregistrement est délivré au déposant.

SECTION 2

EXCEPTION : ACQUISITION DU DROIT SANS DÉPÔT

§1 Les droits acquis sous la loi de 1857

A Les droits résultant d'un dépôt

Les droits de marque résultant de dépôts effectués sous la loi de 1857 ont été conservés sans formalités particulières après la date d'entrée en vigueur de la loi de 1964.

L'effet de ces dépôts anciens rétroagit à la date du premier usage antérieur de la marque.

B Les droits résultant d'un usage

Les droits de marque nés d'un usage commencé sous la loi de 1857 ont été maintenus sous la loi de 1964, à condition que l'usager ait déposé ces signes dans un délai de trois ans à compter de l'entrée en vigueur de la loi (soit avant le 4 nov. 1968). Le dépôt hors de ce délai est considéré comme premier dépôt : les droits résultant de l'usage sont perdus.

L'effet du dépôt rétroagit à la date du premier usage de la marque, à condition d'avoir été accompagné d'une déclaration d'usage antérieur. À défaut de dépôt, l'usager perd les avantages résultant de l'usage.

§2 Les droits acquis par la notoriété

Une marque notoire (*v. supra, p. 118*) même non déposée, peut antérioriser le dépôt, par un tiers, du même signe ou d'un signe similaire. L'action en annulation du dépôt pour ce motif se prescrit par 5 ans (sauf cas de dépôt frauduleux) (art. L. 714-4, reprenant l'art. 6 *bis* de la convention d'union de Paris).

Sous-titre II
Les effets de l'acquisition de la protection

CHAPITRE I
Le droit du titulaire de la marque

SECTION 1
LA DURÉE DU DROIT

§1 La date de prise d'effet du droit

A Les droits acquis sous la loi de 1857

1. Les droits résultant d'un dépôt

a) Le dépôt précédé d'un usage de la marque : le droit prend effet à la date du premier usage du signe à titre de marque.

b) Le dépôt non précédé d'un usage de la marque : le droit prend effet à la date du dépôt.

2. Les droits résultant d'un usage

Ces droits prennent effet à la date du premier usage de la marque, à condition d'avoir fait l'objet d'un dépôt dans un délai de 3 ans après l'entrée en vigueur de la loi du 31 décembre 1964 (*v. supra, p. 126*). Cette obligation est sanctionnée par la déchéance des droits nés de l'usage non confirmé par le dépôt requis.

B Les droits acquis sous la loi de 1964 ou de 1991

1. Avant la loi du 30 juin 1975

Le droit était opposable aux tiers à compter de la date du dépôt (L. 1964, art. 8), sans attendre la publication de celui-ci.

2. Après la loi du 30 juin 1975

Le droit prend naissance lors du dépôt (art. L. 712-1, al. 2), mais n'est opposable aux tiers qu'à compter de la publication de la demande d'enregistrement. Exceptionnellement, le dépôt est opposable aux tiers (présumé contrefacteur) à qui il a été notifié par le déposant (art. L. 716-2, al. 2).

§2 La date d'extinction du droit

A Absence de date d'extinction normale

Le droit de marque produit ses effets pendant dix ans à compter de la date du dépôt (art. L. 712-1, al. 2).

Le droit peut être maintenu en vigueur indéfiniment, par le renouvellement des dépôts successifs.

Le dépôt en renouvellement doit intervenir avant l'expiration du dépôt précédent. En cas de dépassement du délai motivé par une excuse légitime, le déposant peut demander à être relevé des déchéances qu'il a pu encourir (art. L. 712-10).

Le renouvellement ne peut comporter ni modification du signe, ni extension de la liste des produits ou services désignés.

Il n'est soumis ni à la procédure d'examen, ni à celle d'opposition (art. L. 712-9, al. 2).

B Présence de dates d'extinction anormales

1. Extinction par la volonté du titulaire

À tout moment, le titulaire de la marque peut renoncer à son droit (art. L. 714-2).

La renonciation peut être totale ou partielle. Elle ne se présume pas et ne peut résulter que d'une demande écrite de radiation du dépôt adressée au directeur général de l'INPI ou d'un acte manifestant de manière non équivoque la volonté d'éteindre le droit (art. R. 714-1).

2. Extinction hors de la volonté du titulaire

Le titulaire de la marque peut être déchu de son droit soit par une décision judiciaire, soit automatiquement.

a) La déchéance judiciaire (art. L. 714-5)

1. **Déclenchement de l'action en déchéance**

La déchéance du droit sur la marque peut être prononcée par une décision du tribunal de grande instance du domicile du défendeur, à la demande de toute personne intéressée (p. ex. titulaire d'un signe distinctif semblable, ou distributeur de produits ou services concurrents).

En raison de la perpétuité du droit sur la marque, l'action en déchéance ne se prescrit pas. Elle peut être formée par voie principale ou reconventionnelle.

2. **Déroulement de l'action en déchéance**

Le demandeur n'a pas à prouver l'inexploitation de la marque du défendeur : « La preuve de l'exploitation incombe au propriétaire de la marque dont la déchéance est demandée » (art. L. 714-5, al. 5). Outre l'exploitation « sérieuse », le défendeur peut établir de « justes motifs » de la non-exploitation (art. L. 714-5, al. 1) :

- Le défendeur prouve l'exploitation : l'exploitation s'entend d'un « usage sérieux, pour les produits et services visés dans l'enregistrement, pendant une période ininterrompue de cinq ans ».

La loi assimile à un usage sérieux les faits suivants :

– l'usage fait avec le consentement du propriétaire de la marque ou, pour les marques collectives, dans les conditions du règlement ;

– l'usage de la marque sous une forme modifiée n'en altérant pas le caractère distinctif ;

– l'apposition de la marque sur des produits ou leur conditionnement, exclusivement en vue de l'exportation.

L'usage sérieux de la marque commencé ou repris postérieurement à la période de cinq ans ne fait pas obstacle à la déchéance s'il a été seulement entrepris depuis trois mois après que le propriétaire a eu connaissance de l'éventualité de la demande de déchéance (art. L. 714-5, al. 4).

- Le défendeur prouve un juste motif de l'inexploitation : la jurisprudence retient les obstacles extérieurs à la personne du défendeur (p. ex. : des difficultés d'exploitation du produit ou le refus du visa pharmaceutique pour le médicament désigné) ; il n'est pas exigé que l'obstacle présente les caractères de la force majeure.

3. **Dénouement de l'action en déchéance**

En cas de rejet de l'action, la marque est maintenue.

En cas de succès de l'action, le titulaire déchu perd son droit sur la marque à compter de l'expiration du délai de cinq ans de la non-exploitation (art. L. 714-5, dern. al.). La marque est radiée du registre national des marques ; toute personne peut alors utiliser le signe. La déchéance peut être partielle (art. L. 714-5, al. 3).

b) La déchéance automatique

Le propriétaire de la marque est automatiquement déchu de son droit lorsqu'il a laissé dégénérer la marque, ou toléré certains faits de contrefaçon.

1. **Déchéance pour dégénérescence de la marque** (art. L. 714-6)

Encourt la déchéance de son droit le propriétaire d'une marque devenue de son fait :

– la désignation usuelle dans le commerce du produit ou du service (perte du caractère distinctif) ;

– propre à induire en erreur, notamment sur la nature, la qualité ou la provenance géographique du produit ou du service.

2. **Forclusion par tolérance de la contrefaçon** (art. L. 716-5, al. 4)

Le titulaire perd son droit d'agir en contrefaçon lorsqu'il a toléré pendant cinq ans l'usage d'une marque postérieure enregistrée de bonne foi.

L'irrecevabilité de l'action en contrefaçon est limitée aux seuls produits ou services pour lesquels l'usage a été toléré.

SECTION 2
LE CONTENU DU DROIT

La loi traite des attributs et des limites du droit du titulaire de la marque.

§1 Les attributs du droit

La loi définit le droit sur la marque à la fois d'une manière positive et d'une manière négative.

A Définition positive du droit (art. L. 713-1)

« L'enregistrement de la marque confère à son titulaire un droit de propriété sur cette marque pour les produits et services qu'il a désignés », c'est le principe de spécialité de la marque. Le droit sur la marque est un droit mobilier incorporel, à caractère réel : en conséquence, le titulaire peut s'opposer à toute atteinte à son droit, qui constitue une contrefaçon engageant la responsabilité civile de son auteur (art. L. 716-1).

B Définition négative du droit

La loi donne une liste limitative de comportements constituant une atteinte au droit sur la marque :

1. Atteintes n'impliquant pas un risque de confusion avec la marque (art. L. 713-2)

• la reproduction, l'usage, ou l'apposition d'une marque, ainsi que l'usage d'une marque reproduite, pour des produits ou services identiques à ceux désignés dans l'enregistrement ;

- la suppression ou la modification d'une marque régulièrement apposée.

2. Atteintes impliquant un risque de confusion avec la marque (art. L. 713-3)

- la reproduction, l'usage, ou l'apposition d'une marque, ainsi que l'usage d'une marque reproduite pour des produits ou services similaires à ceux désignés dans l'enregistrement ;
- l'imitation d'une marque et l'usage d'une marque imitée, pour des produits ou services identiques ou similaires à ceux désignés dans l'enregistrement.

Les marques notoires bénéficient d'une protection étendue : l'emploi d'une telle marque pour des produits ou services – même différents de ceux désignés dans l'enregistrement – engage la responsabilité de son auteur « s'il est de nature à porter préjudice au propriétaire de la marque ou si cet emploi constitue une exploitation injustifiée de cette dernière » (art. L. 713-5).

§2 Les limites du droit

Dans certains cas, les tiers peuvent exploiter une marque sans autorisation de son propriétaire.

1. Utilisation par des titulaires de droits antérieurs

Lorsque, antérieurement à l'enregistrement d'une marque, un tiers utilisait le même signe ou un signe similaire comme : dénominatin sociale, nom commercial, enseigne, ou nom patronymique, il peut continuer à le faire (art. L. 713-6). Toutefois, le titulaire de la marque peut demander l'interdiction ou la limitation de pareille utilisation si elle porte atteinte à ses droits (art. L. 713-6 dernier al.).

2. Utilisation pour désigner des accessoires ou pièces détachées

Le titulaire de la marque ne peut s'opposer à son utilisation comme référence nécessaire pour indiquer la destination d'un produit ou d'un service, notamment comme accessoire ou pièce détachée, à condition qu'il n'y ait pas de confusion sur leur origine (art. L. 713-6, al. 1er, b).

3. Utilisation dans la publicité comparative

Le titulaire de la marque ne peut s'opposer à ce qu'un annonceur compare ses produits ou services à ceux d'un concurrent en les désignant par leur marque, dans les conditions des art. L. 121-8 à L. 121-11 C. consom.

En l'absence de ces conditions, l'annonceur commet une contrefaçon de marque.

4. Utilisation postérieure à l'épuisement du droit

Le titulaire de la marque ne peut en interdire l'usage pour des produits mis dans le commerce de l'Union européenne ou de l'EEE par lui-même ou avec son consentement (art. L. 713-4, al. 1).

Il peut, toutefois, exercer son droit en invoquant des motifs légitimes, tels que la modification de sa marque par l'importateur (art. L. 713-4, al. 2).

SECTION 3

LA SANCTION DU DROIT

L'action en contrefaçon permet au propriétaire de la marque de faire prononcer des sanctions civiles et pénales des atteintes à son droit.

§1 Déclenchement de l'action en contrefaçon

A Qui peut déclencher l'action ?

1. Le demandeur à l'action

a) Le titulaire du droit

L'exercice de l'action en contrefaçon est réservé au titulaire du droit sur la marque. En cas de copropriété, chaque copropriétaire peut agir seul, car ils se représentent mutuellement.

Le cessionnaire de la marque peut agir à condition que l'acte de cession ait été inscrit au Registre national des marques et pour les faits postérieurs à l'inscription.

Cette condition s'applique également au licencié exclusif ; il peut agir en contrefaçon si le contrat ne le lui interdit pas et seulement si, le titulaire mis en demeure d'avoir à le faire, n'exerce pas l'action (art. L. 716-5, al. 1er).

Toute partie à un contrat de licence peut intervenir dans une action en contrefaçon exercée par l'autre partie, pour obtenir réparation de son préjudice personnel.

b) Le ministère public

Le ministère public peut déclencher l'action pénale en contrefaçon, même en absence de plainte du titulaire de la marque.

2. Le défendeur à l'action

Le défendeur est toute personne utilisant la marque sans autorisation de son propriétaire. Il peut s'agir, notamment, du licencié exploitant hors des limites de la licence (art. L. 714-1, al. 3).

L'action pénale est dirigée contre l'auteur du délit et ses complices ; s'agissant d'une personne morale, l'action est dirigée contre les responsables personnellement fautifs (directeurs, administrateurs, etc.). Les personnes morales peuvent être directement responsables dans les conditions de l'article 121-2 C. pén. (art. L. 716-11-2).

B Quand peut être déclenchée l'action ?

1. Date de départ du droit d'agir

L'action en contrefaçon peut être intentée à compter de la date de la publication de la demande d'enregistrement de la marque et seulement pour les faits postérieurs à cette date (art. L. 716-2, al. 1).

Exceptionnellement, le titulaire d'un dépôt non encore enregistré peut agir après avoir notifié au présumé contrefacteur une copie certifiée de son dépôt. Dans ce cas, le tribunal saisi surseoit à statuer jusqu'à publication de l'enregistrement (art. L. 716-2, al. 2).

2. Date d'extinction du droit d'agir

L'action civile et pénale se prescrit par trois ans à compter de chaque acte illicite (art. L. 716-5, al. 3).

C Où peut être déclenchée l'action ?

1. Compétence *ratione materiae*

a) La contrefaçon est un délit pénal

1. **Compétence pour juger l'action pénale** : exclusivement le tribunal correctionnel.

2. **Compétence pour juger l'action civile** : au choix du demandeur, celle-ci peut être soit jointe à l'action pénale, soit portée devant les tribunaux civils normalement compétents. L'arbitrage est possible dans les conditions des art. 2059 et 2060 C. civ. (art. L. 716-4).

b) La contrefaçon est un délit civil

Seul, le tribunal de grande instance est compétent (art. L. 716-3).

2. Compétence *ratione loci*

a) Compétence pénale : le tribunal correctionnel du domicile ou de la résidence du prévenu, ou celui du lieu de commission du délit.

b) Compétence civile : tribunal de grande instance compétent selon les règles ordinaires de procédure.

§2 Déroulement de l'action en contrefaçon

A Les moyens du demandeur

1. L'objet de la preuve

a) Les faits source de responsabilité pénale

1. **La contrefaçon directe** (art. L. 716-9)

Sont punissables les faits suivants, même accomplis sans connaissance de cause :

• reproduction, imitation, utilisation, apposition, suppression ou modification d'une marque en violation des droits conférés par son enregistrement et des interdictions qui en découlent (*v. supra, p. 130*) ;

• l'importation, sous tous régimes douaniers, ou l'exportation de marchandises présentées sous une marque contrefaite.

2. **La contrefaçon indirecte** (art. L. 716-10)

Sont punissables les faits suivants, lorsqu'ils sont accomplis sciemment :

– détention sans motifs légitimes des produits revêtus d'une marque contrefaite ;

– vente, mise en vente, fourniture ou offre de fourniture des produits ou services sous une marque contrefaite ;

– livraison d'un produit ou fourniture d'un service autre que celui qui aura été demandé sous une marque enregistrée (substitution de produit).

b) Les faits source de responsabilité civile

L'atteinte au droit de propriété sur la marque constitue une contrefaçon, délit ou quasi-délit, engageant la responsabilité de son auteur (art. L. 716-1). Les articles L. 713-2 et L. 713-3 prévoient une liste limitative d'interdictions dont la violation constitue une atteinte au droit sur la marque (*v. supra, p. 130*).

2. Les moyens de preuve

a) Les moyens de preuve généraux

Les éléments matériels des infractions prévues par la loi peuvent être prouvés par les moyens de preuve propres à la procédure pénale (saisies, perquisitions, etc.).

La réalité des fautes civiles peut être établie par tous moyens admis par la procédure civile (écrits, témoignages, présomptions, etc.).

b) Le moyen de preuve spécial : la saisie-contrefaçon

Le propriétaire de la marque a la faculté de faire procéder à une saisie-contrefaçon des objets suspects (art. L. 716-7). Cette procédure est calquée sur celle relative aux brevets d'invention (*v. supra, p. 46*).

B Les moyens du défendeur

Pour échapper à la condamnation, le défendeur peut tenter de contester soit l'existence du droit sur la marque, soit l'existence de l'atteinte à la marque.

1. Contestation du droit sur la marque

a) Déchéance de la marque

Selon la jurisprudence, l'action en déchéance peut constituer un moyen de défense à l'action en contrefaçon. Le défendeur peut obtenir le même résultat en invoquant la forclusion par tolérance de la contrefaçon (*v. supra, p. 130*).

La demande en nullité de la marque constitue le moyen de défense classique à l'action en contrefaçon.

b) Nullité de la marque

1. **Conditions de la nullité** (art. L. 714-3)

- **Causes de nullité** : est déclaré nul l'enregistrement qui n'est pas conforme aux conditions de fond prévues aux art. L. 711-1 à L. 711-4 : le signe n'est pas distinctif ; il est illicite ; son emploi comme marque est interdit ou susceptible de créer une confusion avec une marque notoire. Selon la jurisprudence, sont aussi nuls les dépôts frauduleux.

- **Prescription de l'action** : la nullité peut être demandée par voie d'action ou d'exception, tant que la marque est en vigueur.

La nullité prévue à l'art. L. 714-4 (risque de confusion avec une marque notoire) doit être demandée dans un délai de cinq ans du dépôt critiqué. Si celui-ci était fait de mauvaise foi, aucun délai n'est applicable.

- **Titulaire de l'action** : la nullité de la marque peut être demandée par toute personne intéressée. Le ministère public peut agir d'office en nullité d'une marque non conforme aux dispositions des art. L. 711-1 à L. 711-4.

Exceptionnellement, la nullité d'une marque non disponible ne peut être demandée que par le titulaire du droit antérieur ; son action est irrecevable s'il a toléré pendant cinq ans l'usage de la marque déposée de bonne foi (art. L. 714-3, al. 3).

Seul, le propriétaire d'une marque notoire peut agir en nullité d'une marque postérieure créant un risque de confusion (art. L. 714-4).

2. **Effets de la nullité**

- **Disparition du droit sur la marque** : la marque annulée est censée n'avoir jamais existé (en totalité ou en partie). La décision d'annulation est inscrite au Registre national des marques. Elle a un effet absolu (art. L. 714-3, al. 4).

• **Subsistance des recours ordinaires** : le titulaire d'une marque annulée peut continuer à l'utiliser à un autre titre (p. ex. : comme enseigne). Il peut agir en concurrence déloyale contre les utilisateurs fautifs.

2. Contestation de l'atteinte à la marque

a) Absence d'élément matériel de l'atteinte

S'agissant d'écarter la responsabilité pénale, le défendeur devra prouver l'absence de l'élément matériel du délit qui lui est reproché (p. ex. : l'absence de risque de confusion entre la marque protégée et la marque imitante).

S'agissant d'écarter la responsabilité civile, le défendeur devra prouver l'absence de caractère fautif du comportement reproché, ou l'absence de lien de causalité entre ce comportement et le dommage.

b) Absence d'élément moral de l'atteinte

Cette preuve n'est utile que dans les cas où l'infraction pénale comporte l'exigence d'intention frauduleuse (*v. supra, p. 134*). Elle est sans effet sur la responsabilité civile, celle-ci pouvant être engagée par une faute même non intentionnelle.

§3 Dénouement de l'action en contrefaçon

A Mesures provisoires

Ces mesures consistent dans l'interdiction provisoire de continuer l'usage des marques arguées de contrefaçon (art. L. 716-6). Les conditions et les effets de l'action en interdiction provisoire en matière de marques sont identiques à celles en matière de contrefaçon de brevets (*v. supra, p. 47*).

B Rejet de l'action

1. Marque valable

a) L'action pénale a été rejetée

1. **Pour absence d'élément matériel du délit** : l'action civile en contrefaçon est également rejetée (« le criminel tient le civil en état »).

2. **Pour absence d'élément moral du délit** : l'action civile peut être admise, car une faute non intentionnelle suffit pour engager la responsabilité civile.

b) L'action civile a été rejetée

Si l'action en contrefaçon a été exercée de manière abusive, le défendeur peut engager la responsabilité du demandeur.

c) Marque nulle

Lorsque l'action en contrefaçon est rejetée en raison de la nullité de la marque, le demandeur peut agir en concurrence déloyale contre le défendeur, si celui-ci a utilisé le signe de manière fautive (p. ex. dans la publicité). L'action en concurrence déloyale est irrecevable pour défaut d'intérêt légitime si la marque a été annulée comme déceptive ou illicite.

C Succès de l'action

1. Sanctions pénales de la contrefaçon

a) Peines principales

Les faits de contrefaçon sont punis d'un emprisonnement de deux ans et d'une amende de 1 000 000 F. En cas de récidive, ou si le délinquant est ou fut lié par contrat avec la victime, les peines encourues sont portées au double (art. L. 716-12).

b) Peines accessoires

En cas de condamnation pour infraction aux art. L. 716-9 et L. 716-10, le tribunal peut ordonner la confiscation et la destruction des produits illicitement marqués, ainsi que la confiscation des instruments ayant servi à commettre le délit (art. L. 716-14).

- Dès la constatation des infractions prévues aux articles L. 716-9 et L. 716-10, les officiers de police judiciaire peuvent procéder à la saisie des produits illicites et des matériels installés en vue de la contrefaçon (art. L. 716-8-1).
- Le tribunal peut ordonner la fermeture totale ou partielle, définitive ou temporaire, pour cinq ans au maximum, de l'établissement ayant servi à commettre l'infraction (art. L. 716-11).
- Les personnes morales peuvent être responsables pénalement selon les conditions de l'article 121-2 du Code pénal (art. L. 716-11-2).

Dans tous les cas, le contrefacteur peut être condamné à assurer l'affichage du jugement et sa publication intégrale ou par extraits (art. L. 716-13).

Selon l'art. 115-33 C. consomm., le propriétaire d'une marque peut s'opposer à la diffusion de textes publicitaires utilisant cette marque de manière à tromper le consommateur, ou l'utilisant de mauvaise foi.

2. Sanctions civiles de la contrefaçon

La juridiction saisie peut prononcer, cumulativement ou non : l'interdiction ; l'indemnisation ; la publication.

a) L'interdiction

1. **L'étendue de l'interdiction** : l'interdiction a pour but de faire cesser les atteintes au droit sur la marque. Elle concerne les actes de reproduction et d'usage du signe contrefaisant, mais ne concerne pas la commercialisation des produits ou services revêtus de ce signe ; ceux-ci peuvent continuer à être fournis sous une désignation différente. L'interdiction dure autant que le droit sur la marque.

2. **Les moyens de l'interdiction** : l'efficacité de l'interdiction peut être assurée par l'astreinte ; par la radiation de la marque contrefaisante ; par la confiscation ou la destruction des objets qui en sont revêtus, ainsi que par la confiscation des instruments ayant servi à réaliser la contrefaçon.

b) L'indemnisation

1. **L'objet de l'indemnisation** : elle a pour but de réparer le préjudice subi par le titulaire de la marque (ou son licencié) du fait de la contrefaçon.

2. **L'étendue de l'indemnisation** : l'étendue de l'indemnisation est déterminée conformément aux règles générales de la responsabilité civile : elle doit couvrir tout le préjudice direct et certain subi par la victime de la contrefaçon. Ce préjudice consiste notamment : dans l'atteinte à la marque elle-même ; dans les bénéfices perdus du fait de la contrefaçon ; dans la dépréciation de la marque par suite de sa contrefaçon ; dans les frais et peines du procès en contrefaçon.

c) La publication

La juridiction prononçant la condamnation d'un contrefacteur peut ordonner la publication de sa décision (en totalité ou en partie) aux frais du défendeur.

3. Sanctions douanières de la contrefaçon

Appliquant le règlement n° 3842/86 du Conseil des Communautés européennes du 1er décembre 1986, fixant des mesures en vue d'interdire la mise en libre pratique des marchandises de contrefaçon, l'art. L. 716-8 prévoit que l'administration des douanes peut, sur demande écrite du propriétaire de la marque ou de son licencié exclusif, retenir les marchandises qu'il prétend revêtues d'une marque contrefaisante.

La mesure de retenue est levée de plein droit à défaut pour le requérant de justifier, dans les dix jours :

- soit de mesures conservatoires décidées par le président du tribunal de grande instance ;
- soit de l'introduction d'une action en contrefaçon (civile ou pénale) et de la constitution de garanties.

CHAPITRE II
La commercialisation du droit sur la marque

Généralités – Le droit sur la marque représente une valeur dans le patrimoine de son titulaire : il peut donc être l'objet de contrats à titre onéreux ou gratuit. Les opérations à titre gratuit obéissent aux règles applicables aux libéralités. Les opérations à titre onéreux sont soumises aux règles générales des contrats et à quelques règles spécifiques. Il est possible qu'exceptionnellement, le transfert du droit sur la marque s'opère par voie autoritaire, contre la volonté de son titulaire.

1. **Règles communes à tous les contrats sur les marques**

• **Formalités requises pour la validité des contrats** : le transfert de propriété ou le nantissement d'une marque doivent être passés par écrit, à peine de nullité (art. L. 714-1, al. 4).

• **Formalités requises pour l'opposabilité des contrats** : les contrats relatifs au droit sur une marque doivent être inscrits au Registre national des marques (art. L. 714-7). Aucun délai n'est fixé pour opérer cette inscription, qui est faite à l'initiative des parties intéressées.

2. **Règles spécifiques aux contrats avec l'étranger** (art. R. 624-1)

Tous les contrats d'acquisition ou de cession de droits de propriété industrielle doivent être déclarés auprès de l'INPI. La déclaration doit être faite dans le mois suivant la conclusion du contrat, lorsque celui-ci est passé entre une personne ayant son domicile ou siège en France et une personne ayant son domicile ou siège à l'étranger (*v. supra, p. 52*).

SECTION 1
LA COMMERCIALISATION PAR VOIE CONTRACTUELLE

§1 Le contrat de cession de marque

Définition : Le contrat de cession de marque est une convention par laquelle une personne, appelée cédant, transfère le droit sur la marque au profit d'une autre personne, appelée cessionnaire, moyennant versement d'une contrepartie en argent.

NB : Le transfert du droit sur la marque peut se réaliser par d'autres opérations à titre onéreux, où la contrepartie ne consiste pas dans une somme d'argent (p. ex. par un contrat d'échange, ou un apport en société). Il peut, également, se réaliser à titre gratuit (par donation ou testament).

L'art. L. 714-1, al. 1er énonce que « Les droits attachés à une marque sont transmissibles en totalité ou en partie, indépendamment de l'entreprise qui les exploite ou les fait exploiter ». La loi comporte peu de règles spécifiques à la cession de marque : celle-ci obéit au régime de la vente (art. 1502 à 1685, C. civ.).

A Les conditions du contrat

1. Les conditions de fond

a) Les parties au contrat

1. **Le cédant** : seul, le titulaire du droit sur la marque peut contracter en qualité de cédant. En cas de copropriété, l'accord de tous les copropriétaires est requis. Le cédant doit avoir la capacité et les pouvoirs de passer des actes de disposition.

2. **Le cessionnaire** : toute personne juridique ayant la capacité d'acquérir à titre onéreux. La cession d'une marque internationale doit être faite au profit d'un ressortissant de l'un des États signataires de l'arrangement de Madrid (*v. infra, Régime international, p. 155*). Toutefois, la partie française de la marque peut être cédée à un non-ressortissant.

b) L'objet du contrat

1. **L'existence de l'objet** : la cession doit porter sur une marque en vigueur et valable. Le droit sur la marque existe dès le dépôt : il peut être cédé dès cette date. La cession d'une marque nulle peut être annulée pour absence d'objet.

2. **L'étendue de l'objet** : la cession est totale, lorsqu'elle porte sur tous les attributs du droit sur la marque et tous les objets désignés dans le dépôt. Elle est partielle lorsqu'elle porte sur certains attributs du droit (l'usufruit ou la nue-propriété), ou certains objets désignés dans le dépôt.

La cession d'une marque déposée en France n'entraîne pas celle des marques déposées à l'étranger (et vice-versa). Elle ne porte pas de plein droit sur la priorité unioniste.

La cession d'un fonds de commerce emporte cession des marques attachées à son exploitation (sauf clause contraire).

c) Le territoire contractuel

La cession d'une marque déposée en France porte nécessairement sur *tout* le territoire français (art. L. 714-1, al. 1er).

Un même contrat de cession peut porter sur plusieurs marques déposées dans des États différents. Chacunes d'elles est soumise au droit de l'État de son enregistrement. Les obligations des parties peuvent, en revanche, être soumises à la loi d'autonomie choisie par elles.

S'agissant de cessions de marques « parallèles », déposées dans plusieurs États membres de la Communauté européenne, elles ne doivent pas avoir pour effet de « recloisonner » le Marché commun. En pareil cas, elles pourraient être sanctionnées au titre du droit de la concurrence communautaire (art. 81 § 1 du traité CE), sauf à être exemptées en vertu de l'art. 81 § 3.

2. Les conditions de forme

a) Conditions de validité

La cession d'une marque déposée en France doit être passée par écrit (art. L. 714-1, al. 4).

b) Conditions d'opposabilité

L'opposabilité aux tiers d'un contrat de cession de marque est subordonnée à son inscription au Registre national des marques (art. L. 714-7).

Les contrats de cession ou de nantissement d'un fonds de commerce comportant des marques doivent aussi être inscrits au greffe du tribunal de commerce, où le fonds est exploité. Cette inscription conditionne la conservation du privilège du vendeur ou du créancier gagiste portant sur les marques (nouv. C. com., art. L. 141-5). Elle doit être faite dans les 15 jours suivant l'inscription du privilège.

B Les effets du contrat

1. L'effet translatif de droit

a) Moment du transfert

Entre les parties, le transfert du droit sur la marque prend effet dès la signature de l'acte écrit exigé pour la validité du contrat (sauf clause contraire). À compter de cette date, le cessionnaire devient titulaire des prérogatives et charges attachées à la marque.

À l'égard des tiers, la cession est opposable à compter de la date de son inscription au Registre national des marques.

b) Étendue du transfert

L'étendue du transfert est fixée par accord des parties : le transfert peut porter sur la totalité ou une partie du droit sur la marque.

2. L'effet créateur d'obligations

a) Les obligations du cédant

1. **L'obligation de délivrance** (art. 1604 et s., C. civ.). Le cédant doit délivrer la marque au cessionnaire, c'est-à-dire en autoriser l'usage et se prêter à l'inscription du contrat au Registre national des marques.

2. **L'obligation de garantie** (art. 1625 et s., C. civ.)

- **La garantie des vices cachés** porte sur la validité de la marque cédée.
- **La garantie d'éviction** porte sur les troubles de jouissance provenant du fait du cédant (p. ex. : exploitation concurrente de la marque), ou du fait des tiers, élevant une prétention juridique affectant le droit cédé (p. ex. : exerçant une action en revendication de la marque contre le cessionnaire).

b) Les obligations du cessionnaire

La principale obligation du cessionnaire consiste dans le paiement du prix. Celui-ci doit être déterminé ou déterminable. Il peut consister dans une somme forfaitaire ou proportionnelle aux résultats de l'exploitation de la marque cédée. Les deux formules peuvent être associées.

§2 Le contrat de licence de marque

Définition : La licence de marque est une convention par laquelle une personne, appelée concédant, autorise l'exploitation d'une marque à une autre personne, appelée licencié, moyennant versement d'une contrepartie.

Ce contrat peut être rapproché de l'« accord de coexistence » (ou « règlement d'usage »), par lequel les titulaires de marques susceptibles d'entrer en conflit, délimitent leur usage respectif. L'art. L. 714-1, al. 3, qualifie cet accord comme une licence non exclusive.

Règles applicables : L'article L. 714-1, al. 2, autorise la conclusion de contrats de licence de marque, mais ne prévoit pas de règles spécifiques. Ce contrat est soumis au régime général du louage de choses (art. 1708 et s., C. civ.).

A Les conditions du contrat

1. Les conditions de fond

a) Les parties au contrat

1. **Le concédant** ; il peut s'agir :

– du titulaire du droit de propriété sur la marque. En cas de copropriété, l'accord de tous les cotitulaires est exigé ;

– de l'usufruitier de la marque ;

– du licencié, devenant concédant à l'égard d'un sous-licencié (la sous-licence suppose l'accord du concédant principal) ;

Le concédant doit avoir la capacité et les pouvoirs de passer des actes d'administration.

2. **Le concessionnaire** : toute personne ayant la capacité de contracter.

b) L'objet du contrat

La licence doit porter sur une marque existante et valable. Elle peut porter sur une marque enregistrée ou déposée (dans ce dernier cas, le titulaire ne peut renoncer au dépôt sans l'accord du licencié). La licence d'une marque nulle est annulable pour absence d'objet.

La licence peut être **totale** : le licencié est autorisé à utiliser la marque pour désigner tous les objets énumérés dans le dépôt, sans restriction quant aux modalités d'utilisation.

La licence peut être **partielle** : le licencié est autorisé à utiliser la marque pour désigner certains objets seulement, ou à utiliser une partie d'une marque complexe. Le licencié qui enfreint les limites de sa licence est contrefacteur (art. L. 714-1, al. 3).

c) La durée du contrat

1. **Date de prise d'effet du contrat** : entre les parties, les effets du contrat se produisent dès la conclusion (sauf clause contraire). À l'égard des tiers, le contrat est opposable dès son inscription au Registre national des marques.

2. **Date d'extinction du contrat** :

- **Les causes normales d'extinction :**

– l'arrivée du terme prévu ;

– la résiliation unilatérale d'une licence à durée indéterminée.

- **Les causes anticipées d'extinction** :

– l'annulation ou la résolution du contrat : elles entraînent, en principe, la restitution des prestations versées. L'étendue de la restitution peut être limitée compte tenu de l'avantage effectif procuré par l'exploitation de la marque ;

– la caducité du contrat, consécutive à la déchéance de la marque pour non-exploitation (hypothèse rare, le licencié ayant l'obligation d'exploiter ; *v. infra, p. 145*).

d) Le territoire contractuel

1. **En absence de clause** : la licence autorise l'exploitation de la marque sur tout le territoire français. La licence d'une marque française n'emporte pas automatiquement celle des marques étrangères correspondantes.

2. **En présence de clause** : l'autorisation d'exploiter peut être limitée à une partie du territoire. La licence peut interdire l'exportation des produits

marqués vers les pays hors de la Communauté européenne. L'interdiction d'exporter dans la Communauté n'est pas valable.

2. Les conditions de forme

Le contrat doit être publié au Registre national des marques pour être opposable aux tiers.

B Les effets du contrat

La licence n'a aucun effet translatif du droit sur la marque ; celui-ci demeure dans le patrimoine du concédant. Le contrat a seulement un effet créateur d'obligations.

1. Les obligations du concédant

a) L'obligation de délivrance

Le concédant doit permettre l'utilisation de la marque par le licencié et se prêter aux formalités d'inscription du contrat au Registre national des marques.

b) L'obligation de garantie

1. **La garantie des vices cachés**

Cette garantie porte sur la validité de la marque concédée. Elle est due que le concédant soit de bonne ou mauvaise foi. Les clauses exclusives ou limitatives de la garantie ne sont valables que si elles bénéficient à un concédant de bonne foi.

Les clauses de non-contestation, interdisant au licencié de contester la validité de la marque, sont valables en droit interne, nulles en droit communautaire.

2. **La garantie d'éviction**

Le concédant doit assurer au licencié la jouissance paisible de la marque.

- **La garantie du fait personnel du concédant** : celui-ci doit s'abstenir de perturber personnellement la jouissance du droit concédé (p. ex. : en ne renouvellant pas le dépôt de la marque à l'échéance du dépôt précédant). Cette garantie est d'ordre public.

- **La garantie du fait des tiers :**

– le concédant garantit le licencié contre les **troubles matériels** du fait des tiers : il doit, ainsi, faire cesser les actes de contrefaçon causant un préjudice au licencié ;

– le concédant garantit le licencié contre les **troubles juridiques** du fait des tiers : il doit, ainsi, défendre le licencié dans une action en contrefaçon dirigée contre lui par un tiers.

c) Les autres obligations du concédant

Toute obligation quelconque peut être prévue, à condition d'être conforme à l'ordre public, aux bonnes mœurs et au droit de la concurrence interne et communautaire.

Les obligations les plus fréquentes sont :

– obligation d'exclusivité : le concédant s'engage à ne pas accorder d'autres licences de la même marque à des tiers sur le même territoire. Selon la jurisprudence, cette clause interdit, en principe, l'exploitation de la marque par le concédant lui-même ;

– obligation de prêter l'assistance technique : clause figurant dans les contrats ayant un objet plus vaste (p. ex. : franchisage) ;

– obligation de déposer la marque à l'étranger.

2. Les obligations du licencié

a) L'obligation de paiement

Les modalités de paiement sont fixées par l'accord des parties. Le prix peut être forfaitaire ou proportionnel aux résultats de l'exploitation des produits marqués (*v. supra, p. 58, L'obligation de paiement dans la licence de brevet*).

b) L'obligation d'exploitation

1. **En l'absence de clause** : la jurisprudence met à la charge du licencié l'obligation d'exploiter la marque, que la licence soit simple ou exclusive. L'obligation doit être exécutée de bonne foi : l'exploitation doit être complète et sans restriction. Seul, un cas de force majeure justifie l'inexploitation.

2. **En présence de clause** : l'obligation d'exploiter n'est pas d'ordre public : elle peut être exclue ou aménagée conventionnellement. Certaines limitations sont suspectes au regard du droit de la concurrence (*v. supra, Licence de brevet, p. 59*).

c) Les autres obligations du licencié

Sous réserve du respect de l'ordre public et des bonnes mœurs, toute obligation peut être prévue à la charge du licencié. Les plus fréquentes sont :

– l'obligation d'apposer la marque sur les produits fabriqués ou distribués ;

– l'obligation de maintenir la réputation de la marque ;

– l'obligation de s'approvisionner auprès du concédant (cette obligation n'est valable que si elle est nécessaire à la sauvegarde de la qualité des produits) ;

– l'obligation de ne pas exporter (elle n'est valable qu'en ce qui concerne les États hors de la Communauté européenne).

§3 L'apport de la marque en société

La marque est un apport en nature, soumis aux règles prévues par le droit des sociétés pour ce type d'apport. La contrepartie de l'apport consiste dans l'attribution à l'apporteur de parts ou actions de la société.

1. L'apport en propriété

La société devient titulaire du droit sur la marque apportée. L'apporteur perd donc ce droit et ne peut plus, en conséquence, reprendre la marque lors de la dissolution de la société.

2. L'apport en jouissance

L'apporteur conserve la propriété de la marque, la société recevant le droit de l'exploiter. À la dissolution, l'apporteur reprend sa marque en nature.

SECTION 2

LA COMMERCIALISATION PAR VOIE AUTORITAIRE

Diverses opérations autoritaires peuvent avoir pour effet le transfert du droit de propriété sur la marque. La loi ne prévoit pas, en revanche, de licences autoritaires.

§1 L'expropriation de la marque

La loi ne prévoit pas de régime spécial d'expropriation des marques : celle-ci peut intervenir dans les conditions du droit commun.

Les expropriations opérées à l'étranger n'ont d'effet en France que si elles sont conformes à l'ordre public français (ce qui suppose, notamment, une indemnisation de l'exproprié).

§2 La mise en gage de la marque (nantissement)

La marque peut être l'objet d'un contrat de gage (nantissement) conduisant éventuellement à la vente forcée (art. L. 714-1, al. 2). La loi ne contenant pas de règles spécifiques, ce contrat obéit au droit commun du gage (art. 2073, C. civ.). Pour être opposable aux tiers, il doit être inscrit au Registre national des marques (*v. supra, p. 61*, Régime du gage sur brevets d'invention).

CHAPITRE III
Les marques collectives

La loi distingue entre les marques collectives et les marques collectives de certification.

La marque est dite collective lorsqu'elle peut être exploitée par toute personne respectant un règlement d'usage établi par son titulaire lors de l'enregistrement (art. L. 715-1, al. 1er).

La marque collective de certification est appliquée au produit ou au service qui présente notamment, quant à sa nature, ses propriétés ou ses qualités, des caractères précisés dans son règlement (art. L. 715-1, al. 2). Elle a donc une fonction de garantie dans l'intérêt général.

SECTION 1
RÉGIME JURIDIQUE DES MARQUES COLLECTIVES

Les marques collectives obéissent, en ce qui concerne les conditions de leur enregistrement et de leur exploitation, au régime de droit commun des marques (art. L. 715-2, al. 1er).

SECTION 2
RÉGIME JURIDIQUE DES MARQUES COLLECTIVES DE CERTIFICATION

Les marques collectives de certification obéissent à des règles spécifiques, prévues aux articles L. 715-2 et L. 715-3. Pour le surplus, elles sont soumises au droit commun des marques.

§1 Les conditions d'acquisition de la protection

A Les conditions de fond

1. Le titulaire (art. L. 715-2, 1°)

Une marque collective de certification ne peut être déposée que par une personne morale qui n'est ni fabricant, ni importateur, ni vendeur des produits ou services désignés.

Les organismes certificateurs de produits ou services déposent comme marques collectives de certification, le signe distinctif qui, le cas échéant, accompagne ou matérialise la certification (art. L. 115-28, al. 5, C. consom.).

2. Les conditions de validité (art. L. 715-3)

Outre les conditions générales, s'applique une cause spécifique de nullité : une marque collective de certification peut être annulée lorsqu'elle ne répond pas à l'une des règles posées par les art. L. 715-1 et L. 715-2.

B Les conditions de forme

Lors du dépôt d'une marque collective de certification, un règlement doit être fourni, spécifiant les conditions auxquelles est soumise l'utilisation de la marque (p. ex. : précisant les qualités des objets désignés).

La demande d'enregistrement est rejetée si elle n'est pas conforme aux conditions fixées par la législation applicable à la certification résultant des art. L. 115-2, et s., C. consom.

§2 Les effets de l'acquisition de la protection

A Le droit du titulaire

1. Le contenu du droit

L'usage de la marque collective de certification est ouvert à toutes les personnes qui fournissent des produits ou services répondant aux conditions spécifiées par le règlement d'usage (art. L. 715-2, 3°).

2. La durée du droit

Le droit sur la marque collective de certification a la durée de droit commun (dix ans renouvelable indéfiniment). Toutefois, lorsqu'une telle marque a été utilisée et qu'elle cesse d'être protégée, elle ne peut être ni déposée ni utilisée à un titre quelconque pendant dix ans (art. L. 715-2, 6°). Le titulaire peut être relevé de cette déchéance selon l'art. L. 712-10.

La violation de cette interdiction est sanctionnée par les peines de la contrefaçon.

3. La sanction du droit (art. L. 716-11)

La responsabilité civile est engagée dans les conditions ordinaires.

Sera puni des peines sanctionnant la contrefaçon de marque :

- quiconque aura sciemment fait usage d'une marque collective de certification dans des conditions autres que celles prévues dans son règlement d'usage ;

- quiconque aura sciemment vendu ou mis en vente un produit revêtu d'une marque collective de certification irrégulièrement employée ;
- quiconque, dans un délai de dix ans à compter de l'expiration d'une marque de certification, aura sciemment fait usage de la même marque ou d'une marque imitée.

Ces dispositions s'appliquent, selon l'art. L. 716-1, dernier al., aux marques syndicales prévues par le chapitre III du titre 1er du livre IV du Code du travail.

B La commercialisation du droit du titulaire

La marque collective de certification peut être uniquement l'objet de contrats de licence sous le contrôle du groupement titulaire. Elle ne peut être ni cédée, ni mise en gage, ni être l'objet de mesures d'exécution forcée. En cas de dissolution de la personne morale titulaire, une telle marque peut être transmise à une autre personne morale dans des conditions fixées par décret (art. L. 715-2, 4°).

Titre II
Le régime international des marques

CHAPITRE I
Droit international privé

SECTION 1
CONDITION DES ÉTRANGERS

Il s'agit d'étrangers ne bénéficiant ni de la convention d'union de Paris, ni de l'accord ADPIC

La protection des marques par des étrangers domiciliés ou établis en France obéit au même régime que celle accordée aux Français. La marque déposée en France par un étranger peut désigner des produits fabriqués en France ou à l'étranger (à condition qu'elle ne crée pas de confusion quant à l'origine du produit).

Les étrangers non domiciliés ni établis en France peuvent protéger des marques sous les deux conditions suivantes (art. L. 712-11) :

- que les marques françaises bénéficient de la réciprocité de protection dans l'État où le déposant est domicilié ou établi ;
- que la marque ait été « régulièrement déposée ou enregistrée dans le pays du domicile ou établissement ». La marque déposée en France doit donc respecter cumulativement les conditions de la protection françaises et celles de l'État d'origine. Après le dépôt, elle obéit à la loi française.

SECTION 2
CONFLITS DE LOIS

A La loi applicable au régime des marques

Le droit sur la marque est régi par la loi de l'État où elle a été enregistrée. Cette loi définit les conditions de validité, l'étendue et la durée de la protection. Elle est d'application territoriale : les marques déposées dans plusieurs pays sont indépendantes les unes des autres.

L'article L. 712-12 étend le droit de priorité prévu par la Convention de Paris de 1883 (art. 4) à toute marque régulièrement déposée dans un pays étranger lié par convention avec la France (tel est le cas des membres de l'OMC). Les dépôts dans d'autres pays créent un droit de priorité, à condition que celui-ci accorde la réciprocité aux marques françaises.

B La loi applicable aux contrats internationaux sur les marques

1. La loi applicable aux problèmes contractuels

La validité du contrat et les obligations des parties sont régies par la loi d'autonomie.

2. La loi applicable aux problèmes des marques

La validité et l'étendue de la protection de la marque sont régies par la loi du lieu de son dépôt. Cette loi peut donc être différente de la loi applicable aux problèmes contractuels.

CHAPITRE II
Droit international conventionnel

Seules, les conventions multilatérales seront envisagées.

SECTION 1
LA CONVENTION DE PARIS DU 20 MARS 1883

§1 Le régime général de la convention

A Les règles relatives au droit international privé

1. La condition des étrangers unionistes

a) Principe de l'assimilation au national (art. 2)

Dans chaque État de l'Union de Paris, les ressortissants unionistes jouissent du bénéfice des lois nationales sur les marques dans les mêmes conditions que les nationaux de cet État. Ils bénéficient, en outre, des règles unionistes. L'étranger unioniste n'a pas à justifier d'un domicile ou établissement dans l'État où la protection est demandée, ni du dépôt de la marque dans le pays d'origine. Il doit, cependant, élire domicile en France et déposer directement devant le siège de l'INPI à Paris (art. L. 712-2, al. 2).

b) Mise en œuvre du principe d'assimilation au national

Lorsqu'une marque a été déposée dans l'un des États de l'Union de Paris, elle peut être déposée dans les autres États sous bénéfice de la priorité unioniste.

1. **Conditions du droit de priorité unioniste**

- **Conditions relatives au dépôt initial** : la marque doit avoir été déposée dans un État de l'Union ; il doit s'agir du premier dépôt de ce signe sur le territoire unioniste. Ce dépôt doit avoir été régulier, c'est-à-dire conforme à la législation interne ou aux conventions internationales liant l'État où il est effectué. La priorité unioniste ne bénéficie pas aux marques de service.

- **Conditions relatives aux dépôts réflexes** : ils doivent intervenir dans les six mois suivant le dépôt initial et porter sur le même signe désignant les mêmes objets. La priorité doit être revendiquée lors du dépôt (en France, la priorité peut être justifiée dans les trois mois suivant le dépôt, moyennant paiement d'une redevance, art. R. 712-4).

2. **Effets du droit de priorité unioniste**

Les actes d'usage ou de dépôt accomplis pendant le délai de priorité ne sont pas des antériorités opposables au bénéficiaire au droit.

2. Les conflits de lois

a) Principe : indépendance des marques

La validité et l'étendue de la protection sont définies par la loi de l'État unioniste du dépôt. Celui-ci ne peut être refusé ou invalidé au motif que la marque n'aurait pas été déposée ou renouvelée dans le pays d'origine (art. 6, 2°). Le renouvellement dans l'un des pays n'entraîne pas l'obligation de renouveler la marque dans les autres États de l'Union de Paris (art. 6 *quinquies*).

b) Exception : protection de la marque « telle quelle » (art. 6 *quinquies*)

La marque déposée dans le pays d'origine peut être dans les autres États unionistes, protégée « telle quelle », c'est-à-dire sous la forme du signe qui la compose.

1. **Conditions de la protection** : la protection de la marque « telle quelle » ne peut être refusée, même si le signe n'est pas protégeable dans l'État où la protection est réclamée. La protection peut être refusée dans les cas suivants [art. 6-A (1)] :

– marque dépourvue de caractère distinctif ;

– marque contraire à l'ordre public ou la moralité ;

– marque de nature à tromper le public ;

– marque dont l'usage peut constituer un acte de concurrence déloyale.

2. **Effets de la protection** : la durée de la protection de la marque « telle quelle » est dépendante de celle de la marque d'origine.

B Les règles d'harmonisation du droit des marques

1. Harmonisation des conditions de la protection

a) Signes dont la protection est exclue

1. **Signes illicites** (art. 6 *ter*-A-1) : ne peuvent être protégés à titre de marques de fabrique ou de commerce, les signes suivants : armoiries, drapeaux et autres emblèmes des États de l'Union et des organisations internationales intergouvernementales, ainsi que les signes et poinçons officiels de contrôle et de garantie.

2. **Signes contrefaisants** (art. 6 *bis*) : peuvent être annulés, les dépôts comme marque de fabrique ou de commerce, l'imitation ou la traduction d'une marque notoire, susceptibles de créer une confusion avec celle-ci.

L'action en nullité se prescrit par 5 ans : ce délai ne joue pas en cas de dépôt frauduleux.

3. **Dépôts frauduleux** (art. 6 *septies*) : peut être annulé le dépôt frauduleux fait par le représentant ou l'agent du titulaire d'une marque en son propre nom.

b) Signes dont la protection est imposée

Les États de l'Union de Paris doivent respecter les principes suivants :

– la protection ne peut être refusée en raison de la nature du produit sur lequel est apposée la marque (art. 7) ;

– les marques de service doivent être protégées, mais les États ne sont pas tenus d'organiser leur enregistrement (art. 6 *septies*) ;

– doivent être protégées les marques collectives (art. 7 *bis*) ;

– une protection temporaire des marques aux expositions officielles doit être organisée (art. 11).

2. Harmonisation des effets de la protection

a) Règles concernant les prérogatives du titulaire de la marque

1. **Exploitation par des copropriétaires** : l'emploi simultané d'une marque par des copropriétaires n'empêche pas l'enregistrement ni ne diminue la protection, à condition que cet enregistrement ne risque pas d'induire en erreur ou être contraire à l'intérêt public.

2. **Sanction de la contrefaçon** (art. 9 et 10 *ter*) : un produit portant illicitement une marque de fabrique ou de commerce sera saisi à l'importation dans les États de l'Union où cette marque a droit à la protection légale.

b) Règles concernant les charges du titulaire de la marque

1.**Sanction de la non-exploitation** : de telles sanctions peuvent être prévues par les États-membres, mais la déchéance ne peut être prononcée qu'après un délai de grâce équitable et en absence de justes causes d'inexploitation.

2. **Sanction de la modification de la marque** : les adaptations n'altérant pas le caractère distinctif de la marque n'entraînent ni une invalidation ni une diminution de la protection (art. 5-*c*).

§2 Les arrangements particuliers au sein de la convention de Paris

Des systèmes d'enregistrement international des marques sont organisés par les arrangements de Madrid et de Vienne, conclus dans le cadre de la convention d'union de Paris. L'arrangement de Nice de 1957 concerne la classification internationale des marques. L'arrangement de Vienne de 1973 concerne la classification des éléments figuratifs des marques.

A L'arrangement de Madrid du 4 avril 1891

Les États adhérents à cet arrangement constituent une union particulière au sein de l'Union de Paris, dans le but d'organiser et de gérer un système d'enregistrement international des marques. Ce système bénéficie aux ressortissants (et assimilés) des États-membres.

1. Les conditions de l'enregistrement international

a) Existence d'un dépôt originaire

Le signe dont l'enregistrement international est demandé doit avoir été régulièrement déposé à titre de marque dans l'État d'origine du demandeur (État de la nationalité, domicile ou établissement du bénéficiaire).

b) Procédure d'enregistrement international

La demande d'enregistrement international est présentée au Bureau international de l'OMPI à Genève : elle doit identifier le dépôt initial et justifier du paiement des taxes. L'OMPI examine la régularité formelle de la demande, enregistre la marque et notifie l'enregistrement aux administrations des États désignés par le demandeur. L'enregistrement est publié au registre international des marques.

2. Les effets de l'enregistrement international

Dans chacun des États désignés, l'enregistrement international a la valeur d'un dépôt national et bénéficie de la priorité unioniste.

L'administration recevant notification de l'enregistrement international examine le dépôt conformément à la loi interne et décide de son enregistrement ou rejet. Celui-ci doit être communiqué au Bureau international de l'OMPI avec ses motifs.

La demande internationale peut être transformée en demandes nationales ou régionales.

Le dépôt enregistré produit ses effets pendant 20 ans ; il peut être renouvelé. Il devient indépendant du dépôt originaire après 5 ans.

La marque internationale ne peut être cédée à une personne ne bénéficiant pas de l'arrangement de Madrid. La Cour de cassation décide toutefois que la partie française de la marque internationale peut être cédée à un non-unioniste.

B Le protocole de Madrid de 1989

Un protocole de 1989 relatif à l'arrangement de Madrid (en vigueur au 1er déc. 1995) s'applique dans les relations entre anciens et nouveaux membres et dans les relations entre nouveaux membres. Il ne constitue pas une révision de l'arrangement de Madrid.

La demande d'enregistrement international est adressée à l'OMPI sur la base d'un dépôt national préalable. Le Bureau international enregistre la marque et notifie l'enregistrement aux États désignés par le demandeur. La suite de la procédure est nationale. La protection a une durée de 10 ans renouvelable.

En cas d'annulation de la marque d'origine, l'enregistrement international peut être transformé en demandes nationales.

SECTION 2
LA CONVENTION DE MARRAKECH DU 15 AVRIL 1994 CRÉANT L'ORGANISATION MONDIALE DU COMMERCE

L'ADPIC (*v. supra, p. 2*) inclus dans la convention de Marrakech impose aux membres le respect des principes fondamentaux du traitement national (art. 3) et de la clause de la nation la plus favorisée (art. 4).

Les principales dispositions de la convention de Paris de 1883 (ses art. 1 à 12 et l'art. 19) sont étendus à tous les membres de l'OMC (ADPIC, art. 2-1).

La section 2 de la partie II (art. 15 à 21) est relative aux marques, dont la protection est imposée aux membres.

La marque doit être protégée quelle que soit la nature des biens ou services qu'elle désigne (art. 14-4°).

L'enregistrement peut être subordonné à l'usage de la marque (art. 15-3°).

La protection des marques notoires au sens de l'art. 6 *bis* de la convention d'Union de Paris est étendue aux marques de service et au-delà du cercle des produits similaires (art. 16-2° et 3°).

L'octroi de licences obligatoires est exclu (art. 21).

SECTION 3
LA MARQUE COMMUNAUTAIRE

(règlement CE n° 40-94 du 20 déc. 1993 du Conseil)

Le système de la marque communautaire est en vigueur depuis le 1er janvier 1996. Il est administré par l'Office de l'harmonisation dans le marché intérieur (« Office »), situé à Alicante, en Espagne.

Les marques nationales subsistent et pourront coexister avec la marque communautaire.

§1 Les conditions d'acquisition de la protection

A Les conditions de fond

1. Les titulaires de la protection

Toute personne ressortissante, domiciliée ou établie dans l'Union européenne ou dans un État partie à la convention de Marrakech de 1994, créant l'OMC

2. Les signes protégés

La définition de la marque est conforme à la directive du 21 décembre 1988 sur le rapprochement du droit des marques (*v. supra, droit français, p. 110 et s.*).

Toutefois, ces conditions de validité doivent être remplies sur tout le territoire de l'Union européenne (p. ex. : il faut que le signe soit distinctif au regard de toutes les langues officielles des États-membres).

B Les conditions de forme

1. Le dépôt de la demande d'enregistrement

La demande d'enregistrement d'une marque communautaire peut être déposée :

- soit devant l'Office ;
- soit auprès d'une administration nationale compétente, qui la transmet à l'Office.

La présentation formelle est régie par le règlement d'exécution du Règlement n° 40/94.

La demande à laquelle une date a été accordée, a la valeur d'un dépôt national dans tous les États-membres.

2. L'examen de la demande d'enregistrement

Un rapport de recherche communautaire est établi par l'Office, mentionnant les marques communautaires ou les demandes susceptibles d'être opposées à l'enregistrement. Ce rapport peut être complété par des rapports nationaux.

La demande est publiée au registre des marques communautaires.

3. La procédure d'opposition des tiers

Dans un délai de trois mois de la publication de la demande, les tiers peuvent formuler des oppositions à l'enregistrement.

4. Les recours

Les décisions administratives de l'Office sont susceptibles de recours devant les chambres de recours au sein de l'Office lui-même. Un pourvoi en cassation est possible devant la Cour de justice des Communautés européennes.

Les recours en nullité des marques communautaires peuvent être intentés :

- à titre principal devant l'Office ;
- à titre de demande reconventionnelle lors d'un procès en contrefaçon : devant les juridictions nationales compétentes.

La nullité – totale ou partielle – produit effet pour tout le territoire de l'Union européenne.

Le titulaire d'une marque annulée peut se prévaloir de l'ancienneté de la marque nationale identique.

§2 Les effets de l'acquisition de la protection

A Contenu du droit

Le titulaire a un droit exclusif sur la marque communautaire sur tout le territoire de l'Union européenne. Elle ne peut être cédée ou transmise que pour l'ensemble de ce territoire.

Le droit s'épuise par la première mise dans le commerce autorisée par le titulaire.

La durée du droit est de dix ans à compter du dépôt de la demande, indéfiniment renouvelable.

Le titulaire est déchu de son droit pour les mêmes causes que celles admises par le droit français, conformes à la directive d'harmonisation (*v. supra, p. 128*).

B Sanction du droit

Les actions visant à obtenir la sanction du droit sont de la compétence exclusive des tribunaux des marques communautaires (désignés par chaque État-membre en nombre limité. La France ne les a pas désignés).

La compétence territoriale internationale est déterminée d'après la Convention de Bruxelles du 27 septembre 1968, en combinaison avec l'article 93 du règlement.

Le tribunal saisi est en principe compétent pour statuer sur les atteintes commises dans n'importe quel État-membre. Toutefois, si l'action est portée devant le tribunal du lieu de la contrefaçon, sa compétence est limitée aux faits commis dans cet État (art. 94-2).

Il n'existe pas de cour d'appel commune ; les recours sont ceux du droit interne.

Selon le règlement, le tribunal doit ordonner la cessation des actes illicites ou qui menacent de l'être (art. 98-1). Il peut prononcer d'autres sanctions, selon sa loi nationale.

Seconde partie

Les appellations d'origine et indications de provenance

Définition : il s'agit de signes distinctifs constitués par des dénominations géographiques désignant les produits par référence à leur origine.

Titre I

Le régime national de protection

CHAPITRE I

Les appellations d'origine

Définition : l'appellation d'origine est un signe distinctif constitué par le nom d'un lieu dont les produits ont des caractères ou qualités, dus aux facteurs naturels et humains.

Régime applicable : le régime général a sa source dans les lois du 1er avril 1905 sur les fraudes et du 6 mai 1919, plusieurs fois modifiée. Divers régimes spéciaux s'appliquent à certaines catégories de produits (vins, fromages, noix…). La plupart des textes ont été intégrés dans le Code de la consommation (art. L. 115-1 à L. 115-23-4), auquel le Code de la propriété intellectuelle se borne à renvoyer (art. L. 721-1). Ces textes ont été modifiés par la loi n° 94-2 du 3 janvier 1994 et par celle n° 98-565 du 8 juillet 1998.

Le Code rural (Livre VI nouveau) comporte aussi des dispositions pertinentes.

SECTION 1

LES CONDITIONS D'ACQUISITION DE LA PROTECTION

§1 Les appellations d'origine simples

A Les conditions de fond

Peuvent bénéficier d'une appellation d'origine, les produits extraits ou fabriqués dans une aire géographique limitée et présentant des qualités et caractéristiques spécifiques conformes à la tradition locale. Il peut s'agir de produits industriels ou manufacturés.

B Les conditions de forme

Une personne qui estime avoir droit d'utiliser une appellation peut le faire, mais s'expose au risque d'une action en contrefaçon ou interdiction.

1. La procédure judiciaire

Devant le tribunal de grande instance, cette procédure peut prendre la forme de l'une des deux actions suivantes :

a) L'action en contestation

Cette action peut être intentée par tout intéressé contre celui qui utilise indûment une appellation d'origine (art. L. 115-8 à L. 115-15, C. consom). Une mention de l'assignation doit être insérée dans un journal d'annonces légales. Cette procédure ne s'applique pas aux produits bénéficiant d'un régime légal spécifique (p. ex. : fromages, vins délimités de qualité supérieure ou d'appellation contrôlée).

Le tribunal vérifie si les conditions de fond de la protection sont remplies. En cas de réponse négative, l'utilisation de l'appellation est interdite, non seulement au défendeur, mais encore à tous producteurs, fabricants et récoltants de la région considérée.

La décision délimite la zone géographique de protection.

b) L'action en interdiction

Elle est exercée par tout intéressé contre ceux qui apposent sur leurs produits des indications susceptibles d'entraîner une confusion sur l'origine de ces produits.

2. La procédure administrative

Après enquête publique, un décret en Conseil d'État peut délimiter l'aire géographique et les qualités et caractéristiques des produits pouvant bénéficier de l'appellation d'origine (art. L. 115-2 à L. 115-4 C. consom.).

La publication du décret s'oppose, pour l'avenir, à la délimitation judiciaire de l'aire géographique concernée.

§2 Les appellations d'origine protégées

Constitue une appellation d'origine protégée (AOP), celle qui est inscrite au registre tenu par la Commission des communautés européennes (art. L. 115-26-1, C. consom.).

SECTION 2
LES EFFETS DE L'ACQUISITION DE LA PROTECTION

§1 Le contenu de la protection

La protection des appellations d'origine confère aux bénéficiaires le droit d'interdire l'utilisation des appellations fausses ou susceptibles d'induire le consommateur en erreur. L'appellation est soumise au principe de la spécialité : le même vocable ou signe peut désigner des objets différents. L'appellation ne peut être choisie comme marque pour désigner les mêmes produits (art. L. 711-4, d). Des appellations prestigieuses peuvent être protégées même hors de leur domaine spécifique (p. ex. : a été annulée la marque « Champagne » déposée pour un parfum).

§2 La durée de la protection

Les appellations d'origine n'ont pas de durée définie ; elles restent en vigueur tant que le produit présente ses caractéristiques spécifiques. Elles ne s'éteignent pas par le non-usage. L'appellation peut tomber dans le domaine public si son usage devient la « dénomination unique et nécessaire du produit ».

§3 La sanction de la protection

A Les sanctions pénales

1. Les faits punissables

Sont punissables, s'ils ont été accomplis sciemment :

- le fait d'apposer ou faire apparaître, par addition, retranchement, ou altération quelconque, sur les produits naturels ou fabriqués, mis en vente ou destinés à l'être, une appellation d'origine inexacte ;

- le fait de vendre, mettre en vente ou en circulation des produits portant une appellation d'origine inexacte (art. L. 115-16, al. 1 et 3, C. consom.).

Le risque de confusion n'est pas exigé.

2. Les peines applicables

Les peines sont celles du délit de tromperie (art. L. 213-1, C. consom.) :

– emprisonnement de deux ans ;

– amende de 250 000 F.

B Les sanctions civiles

L'action en responsabilité civile peut être exercée dans les conditions de droit commun par chacun des producteurs bénéficiant de la protection.

Tout syndicat ou association ayant pour objet la défense des droits en cause peut se constituer partie civile devant la juridiction répressive (art. L. 115-17, C. consom.).

CHAPITRE II
Les indications de provenance

Définition : l'indication de provenance est l'indication du lieu où le produit a été obtenu ; elle ne se réfère pas à la qualité de ce produit.

SECTION 1
LES CONDITIONS D'ACQUISITION DE LA PROTECTION

Le nom d'un lieu quelconque peut constituer une indication de provenance des produits qui y sont créés.

L'indication de provenance peut être utilisée par tout producteur ou fabricant ayant un établissement effectif dans le lieu indiqué : le droit à l'indication de provenance est collectif et imprescriptible. Son acquisition ne suppose aucune procédure particulière. Elle peut s'appliquer à un produit quelconque.

Les indications géographiques protégées (IGP) sont celles enregistrées auprès de la Commission européenne *(v. infra, p. 168)*.

SECTION 2
LES EFFETS DE L'ACQUISITION DE LA PROTECTION

L'utilisation d'indications de provenance inexactes donne lieu à des sanctions pénales et civiles.

§1 Les sanctions pénales

- L'Art. L. 217-6 et L. 217-7, C. consom., punit l'apposition de mentions ou l'emploi d'un moyen écrit ou oral susceptibles de faire croire à une origine autre que la véritable.

- L'Art. L. 121-1 et L. 121-6, C. consom., réprimant la publicité mensongère qui peut consister, notamment, en des indications, allégations ou présentations fausses ou susceptibles d'induire en erreur.
- La convention d'union de Paris du 23 mars 1883 permet de saisir à l'importation le produit portant une fausse indication de provenance.

§2 Les sanctions civiles

L'indication d'une fausse provenance peut constituer une faute, source de responsabilité civile.

Titre II
Le régime international de protection

CHAPITRE I
La convention d'union de Paris du 23 mars 1883

Cette convention prévoit une protection limitée des appellations d'origine et indications de provenance (art. 10 et 10 *bis*). Chaque État-membre s'engage à réprimer les utilisations frauduleuses et les actes de concurrence déloyale portant sur les appellations d'origine protégées par les autres États-membres.

L'arrangement de Madrid de 1891 (révisé à Lisbonne en 1958 et complété à Stockholm en 1967) concerne la répression des indications de provenance fausses ou fallacieuses.

La France a, en outre, conclu de nombreuses conventions bilatérales en la matière.

CHAPITRE II

L'arrangement de Lisbonne du 31 octobre 1958

Cet arrangement, conclu dans le cadre de la convention de Paris de 1883, constitue une union particulière d'États pour la protection des appellations d'origine et leur enregistrement international (il a été révisé à Stockholm en 1967 et est entré en vigueur en France le 12 août 1975).

Les États-membres s'engagent à protéger, sur leurs territoires, les appellations d'origine des produits des autres États-membres, reconnues et protégées dans le pays d'origine et enregistrées auprès de l'OMPI à Genève.

La demande en est faite auprès de l'OMPI par l'un des États-membres, au nom des personnes titulaires de la protection nationale.

L'appellation enregistrée est protégée dans chacun des États-membres, aussi longtemps que dure la protection dans le pays d'origine.

CHAPITRE III

La convention de Marrakech du 15 avril 1994 créant l'Organisation mondiale du commerce

L'ADPIC (*v. supra, p. 2*) comporte des dispositions détaillées concernant la protection des indications géographiques (art. 22 à 24). Leur définition est empruntée à l'arrangement de Lisbonne.

Les membres s'engagent à empêcher :

– l'utilisation de tout moyen qui indique ou suggère une origine géographique trompeuse ;

– toute utilisation qui constitue un acte de concurrence déloyale au sens de l'art. 10 *bis* de la Convention de Paris ;

– l'enregistrement d'une marque contenant une indication géographique pour des produits qui ne sont pas originaires du lieu indiqué, si elle peut induire le public en erreur quant au véritable lieu d'origine.

Une protection renforcée joue pour les dénominations des vins et des spiritueux (transposée dans le Code de la propriété intellectuelle par la loi n° 96-1106 du 18 déc. 1996 : art. L. 711-3, C. propr. intell.).

Enfin, les membres conviennent d'engager des négociations en vue d'accroître la protection des indications géographiques spécifiques.

CHAPITRE IV
Le régime communautaire de protection

A Les dénominations géographiques dans le secteur vitivinicole

En raison des disparités nationales, la Commission européenne a renoncé à définir une appellation d'origine communautaire dans ce secteur.

Une série de règlements portant organisation commune du marché vitivinicole régissent la présentation et désignation de ces produits.

B Les dénominations géographiques dans les autres secteurs agricoles

Deux règlements communautaires du 14 juillet 1992 visent respectivement la protection des appellations d'origine et des indications de provenance des produits agricoles et des denrées alimentaires (règlement CEE n° 2081/92 du Conseil) et les attestations de spécificité de ces produits (règlement CEE n° 2082/92 du Conseil).

La protection communautaire est subordonnée à une formalité d'enregistrement auprès de la Commission européenne.

La demande d'enregistrement, présentée par un groupement et assortie d'un cahier des charges, est adressée à l'administration nationale compétente (en France, il s'agit de la Commission nationale des labels et certifications des produits agricoles et alimentaires, auprès de l'INAO). Celle-ci peut soit rejeter la demande, soit la transmettre à la Commission européenne.

L'enregistrement est publié dans un registre communautaire.

La dénomination ou l'attestation de spécificité sont protégées sur tout le territoire communautaire. La protection nationale prend fin.

Index alphabétique

A

B

C

D

E

Table des matières

IMPRESSION, BROCHAGE
IMPRIMERIE CHIRAT
42540 ST-JUST-LA-PENDUE
NOVEMBRE 2001
DÉPÔT LÉGAL 2001 N° 3848

704360 (1) OSB - T 60g NC

IMPRIMÉ EN FRANCE

CW01642669

The Gift

ROMANTIC SUSPENSE

Debbie Chase

This is a work of fiction. Names, characters, places, and incidents are products of the author's imagination or are used fictitiously and are not to be construed as real. Any resemblance to actual events, locations, organizations, or persons, living or dead, is entirely coincidental.

WCP
WORLD CASTLE PUBLISHING

World Castle Publishing, LLC
Pensacola, Florida
Copyright © Debbie Chase 2023
Paperback ISBN: 9781960076854
eBook ISBN: 9781960076861
First Edition World Castle Publishing, LLC, June 19, 2023
http://www.worldcastlepublishing.com
Licensing Notes
All rights reserved. No part of this book may be used or reproduced in any manner whatsoever without written permission, except in the case of brief quotations embodied in articles and reviews.
Cover: Karen Fuller
Editor: Karen Fuller

Chapter One

Emsworth, Hampshire - Summer 1976

"You've got the gift," I remember my grandmother telling me a long time ago, when I was just a girl, and when I looked at her with a frown on my face, she laid a warm hand on my shoulder and, bending slightly, whispered into my ear, "The sight…just like me...and your mother too."

I had dreams, strange dreams, which sometimes miraculously came true. I had what I perceived as messages from dead relatives, strange things like the flickering of lights and loud banging on doors, only to find nobody was there. Once, a harsh voice told me "no" when I almost stepped out in front of a speeding car. I was skeptical about my gift until I had the dream, the important dream where my gift was truly revealed.

"Do you still think it was only a dream?" my grandmother asked as I gazed at her face, her skin soft and powdery, framed by curly white hair, a slick of lipstick, and then further down to her small frame, clad as always in one of her very much in vogue crimplene trouser suits.

I shivered as once again I recalled the oozing slurry seeping down the hill like a thick black snake to engulf the building beyond, which I knew somehow in my heart was a school. A blue sky arched overhead, and the sun glimmered a bright yellow. I heard panicked screams. That was in 1966, just a day or two before the Aberfan disaster. I relived my dream on our little black and white television set, the news announcer's face was grim, and my grandmother perched on the settee beside me. My mum, a handkerchief to her face, sniffing loudly as tears rolled down her cheeks.

I was only sixteen with a blinkered outlook and remember turning to my grandmother, my heart beating furiously, and saying, "It's not a gift…it's a curse! I couldn't warn them about this, could I?" I pointed at the television.

"Well, you must use it to help then," she said sternly. "If you do good things with it, then it *will* be a gift." I'd kept those words with me my whole life so far.

A strong male voice cut into my thoughts, "Uh, Mrs. Lane?" and this time, it wasn't one of the voices in my head. I felt as if I'd been dragged from a dream. I hadn't thought of that incident for a long time.

I looked up to see a tall man stooping over me. He wore

thick black-framed glasses and had sparse sandy hair and a hooked nose. "Ms.," I told him, "Ms. Lane, Donna Lane." I held out my hand and, reluctantly it seemed, he took it and, fingers barely touching, gave a limp shake. Holding his tie in place against his chest with one hand, he sank onto the hard plastic chair opposite mine. He wore dark trousers with a white shirt tucked in, the sleeves rolled up, showing freckled forearms. A jug of water and two glasses stood on the table between us.

"Detective Inspector Ian Ford." He indicated the badge pinned to his shirt whilst putting a pad and pencil in front of him and a great square walkie-talkie to his side, its red and green lights flashing like traffic lights. "How can I help you?"

A sudden spurt of nerves rushed through me. This was the first time here, in Emsworth's constabulary, even though my surroundings were very similar to those in Paris. The same white painted walls, a small window high up, this one splattered with seagull droppings, and the usual clanking paint peeling radiator wide enough to be used as a table, redundant at the moment, cold to the touch and a fan hummed just behind me for the day outside was hot and humid. The beginning of months of burning heat, or so we'd been told by our knowledgeable weather forecasters.

Detective Inspector Ford gazed at me intently as I hesitated. I'd helped the police before with my "gift," albeit amidst raised eyebrows and smirks until I proved them wrong, proved myself and my talent, but, pushing all that aside, I took a deep breath and said, "I think I may be able to help you with your investigations into the case of the missing girl, Esme Palmer."

He sat forward, his forearms on the table. He seemed eager, expectant, yet furrowed his brow, and pursed his lips, before saying, with a sigh, "Oh…I see. What do you know?" as if many people had offered help and he'd been disappointed. I could hear the faint cawing of gulls and imagined them strutting the sands like little old men, or flying, their wings outspread, great white shapes against the hard blue of the sky.

"I can see her somewhere deep in the ground beneath a trap door…you know," I made a rising motion with my hand curled into a fist. "Sort of like a bunker…I smell earth, something foisty and damp, cold even."

He leaned further forward, excited, "You've seen her?"

"Well, no, I had a dream and…."

He held up his hand palm forward, "No, please, Ms. …." He glanced down at his notes, a fleeting look that perhaps he thought I wouldn't notice. He'd forgotten my name already.

"Lane," I said forcefully, "Donna Lane. I…."

"Please…."

We spoke at the same time, our words clashing together, like somebody mixing bread dough and adding too much salt or too little flour, until politely I held back, and he spoke, "Ms. Lane, we go on facts here, not dreams, not visitations from Great Aunt Maud or Uncle Henry...." He gazed at me through his thick glasses, his hazel eyes shadowed and tired as he smoothed away impatiently with the tips of his fingers, the sweat that ran in tiny rivers down his face.

How rude, I thought before saying aloud, "I've helped the police before, the Prefecture de Police in Paris. I led them to a missing girl, Marie Nowell. I helped to save her life through a dream, a gut feeling, something tangible that I could see and feel."

We stared adamantly at each other for a split second, "And," I added, "I haven't got a Great Aunt Maud or even an Uncle Henry!"

He smiled ruefully and shook his head, "We have a guy here. Calls himself a Criminal Phycologist. He draws up a profile of the abductor or the killer. We go on that, and most times, it doesn't let us down. We don't go on dreams. I'm sorry, Ms. Lane, thank you for coming in, but...."

He made to stand up as I said even more forcefully, "It's not just dreams. It's messages. I'm a physic, or a medium, a clairvoyant...these things work. People like me are becoming more accepted. I know I can help you. Just hear me out...please." I found myself standing, my palms flat on the table. I'd raised my voice, almost to a shout, the muscles taut in my neck, but I had to make myself heard in this world of dominant men. Heck, I was surprised that this room was so sparse. Surely the walls should have been decorated with pictures of "Page 3 girls."

He sat back down and reached for the walkie-talkie. "Okay, I'll get Baz in," and when I looked at him enquiringly, "The Criminal Phycologist…."

Before I could say anything, he spoke quickly, "Hi… Laurie? Get Baz will you?" There was a short silence, and our eyes met again, his shadow through the glasses, telling me nothing. "Okay…tell him I need him now if possible… interview room one. Oh…and tell him it's concerning Esme Palmer."

Why? I thought, *Why is he getting the Criminal Psychologist in? Huh, to make me look stupid, no doubt.*

There was a tense silence as the Inspector scribbled on his notepad. The fan whirred, yet the room grew hotter, the air dense as treacle poured onto a sponge pudding. Sweat trickled down my back, and I longed for a cool breeze and maybe a cool drink. Just as I thought that, the Inspector poured us both water from the jug and passed me a glass. I drank it gratefully. It tasted like nectar, a nectar of the Gods, and the best I'd had in my life. The Inspector sat back on the chair now, relaxed, legs stretched out in front, his hands laced behind his head. The door suddenly screeched open, and a man walked in.

"Ah," said the Inspector, sitting up straight, "Thanks for coming so quickly, Baz…um, this is Ms. Lane…Donna Lane thinks she might be able to help us in the Esme Palmer case." His voice rose at the end of the sentence as if he was asking a question when he wasn't.

The man reached out a hand and gave me a smile so charming my stomach flipped, and my face burned. "Hello, Ms. Lane, I'm Baz Brady, ah," he hesitated briefly, "I'm a Criminal Psychologist. You know something about Esme Palmer?" I felt a jolt like electricity pass between us as we shook hands.

He sat down, a powerful looking man, his shoulders broad beneath a shirt as bright white as the Inspector's. I couldn't help staring at the chest hair that sprawled from the open neck. He was bald, his head smooth and round making him as attractive as our lolly pop sucking hero, Kojak, and his eyes, gazing at me so intently, were a deep brown. Stubble coated his chin and his cheeks. My face burned even more, my cheeks aflame (maybe it was just the heat and not the effect of this man, Baz Brady), and I felt breathless, inwardly quivering like jelly. What was wrong with me?

He looked worriedly from me to the Inspector, as if sensing tension, when I said, "I'm a clairvoyant, Mr.Brady. I see things. I think I see where Esme Palmer could be."

"Ah," he said, with understanding now, "Hmm, well, we don't usually work that way, Ms. Lane." He tapped his pen against the desk.

"Donna," I said.

"Um, Donna. I make a profile and…."

"Oh," I interrupted, and before I could stop myself, said, "You mean you make the usual profile." I counted on my fingers. "Number 1, he's a loner, keeps himself to himself. Number 2, he also lives alone, seems very quiet and unassuming. Number 3, he hates his mother. Number 4, it's definitely a man. No way would a woman murder alone. Number 5, he has pictures of his victims plastered all over his bedroom wall…oh, I could go on and on."

Oh my God, I thought, *What am I doing? They'll chuck me out now, for sure.*

Both men chuckled like comrades that worked for the blue team whilst I worked for the lowly red, as the Inspector said, "Yeah, that's pretty much it, Ms. Lane, and it works for us."

"I saw the Aberfan disaster before it happened," I told them quietly. I turned to Baz Brady, "And, as I told the Inspector earlier when I lived in Paris, I helped the Prefecture de Police with their investigations, most especially into the missing girl, Marie Nowell. Do you remember her?"

"Yeah, rings a bell," replied Baz.

"We found her alive," I said proudly, "Tied up, bruised and tear-stained but alive. Give me a chance. I can help you. After all, you've nothing on this case at the moment, have you?"

"We're doing okay," said the Inspector, turning to look at Baz, "Aren't we, Baz?" He gave him a nudge.

"Well, yeah, yeah, of course, we are."

"Huh," I said, riled up now, "I don't believe you. I don't think you've any leads at all." I looked at them, my gaze skittering from one to the other.

"Well, that's not something we can divulge," said the Inspector. "We're working through our findings."

Hands on hips, head thrust forward like an angry bull, I said, "So you don't want my help then?"

They shook their heads slowly as the Inspector said, "Well, let's just say, if we need your help in the future, we'll contact you…okay?"

And Baz finished off, "Is that okay, Ms. Lane?" which at least was accompanied by a shamefaced smile.

"Do you see me as a threat or something, Mr. Brady?" I asked him.

"No, not at all," he said, somewhere between a pained and incredulous look on his face.

"Okay," I said, "But I really want to help. I'll leave my card just in case either of you changes your mind." I placed a small square business card on the table between them as, without a backward glance, I picked up my bag and, swinging it over my shoulder, walked out of interview room one, trying very hard not to slam the door behind me.

***

Fuming, I walked quickly out of the police station, out onto the stoop and down a flight of concrete steps, and onto the cobbled Emsworth High Street. The heat, quivering in the air, hit me hard. Overhead the sky shone a deep blue and the sun a bright white pulsating glow. Perhaps our clever weathermen were right this time, and we really were at the beginning of a heatwave. The sea lay ahead, flat and calm as a silver mirror, a triangular shape in between the houses and pubs at the end of the street. The air smelled of the heat interlaced with salt and the greasy smell of fish and chips and baked pasties. Seagulls swooped and dived, making their strange cawing sound like somebody laughing.

The benches outside the pub, The Bluebell, were already full with people enjoying a liquid lunch and reveling in such a gorgeous day after a long dark winter and a somewhat tepid spring. Heart-rending music streamed from the open doorway, *"I'm not in love, so don't forget, it's just a silly phase I'm going through...."*

I hummed along to it, calmer now since my rejection from the Emsworth police team consisting primarily, it seemed, of Detective Inspector Ian Ford and, for a reason, I couldn't define yet, the very attractive Baz Brady. My heart hadn't fluttered like that since Pierre, and as for the rejection, I decided I should be used to it in England. The French police were obviously a lot more open-minded about my line of work. Stopping halfway down the cobbled hill, I gazed proudly at the shop looming in front of me. My very own shop, its frontage complete now, and the sun glinting off its massive bowed windows on either side of the glossy black door, its name, The Tarot Trove, written in large gold letters. At last, I could share my love of the intriguing world of the tarot with others.

All I had to do now was fill the window area and the space inside with tarot cards, glossy covered books explaining tarot and palm reading, incense sticks, candles and other paraphernalia such as jewel studded skulls, black cat ornaments and the ever-popular Phrenology heads and hands covered in their strange black writing. I couldn't wait. *"I keep your picture upon the wall. It hides a messy stain that's lying there...."*

I went down the narrow alleyway to the side of the shop that separated me from my next-door neighbor, Heart & Hunt solicitor's practice, passing all the silver waste bins lined up against the wall and, taking out a key, I let myself in through the back door which led straight up a flight of steps to the flat above. My black cat Bernie, short for Bernadette, wound herself seductively around my ankles as I stepped inside. Picking her up, I moved to the window and cranked it open. Hot air swirled inside, shaking the dust motes into a frenzy. *"Ooh, you'll wait a long time for me, ooh, you'll wait a long time...."*

Bernie eagerly ate her food as I put the kettle on the hob and got a mug from the cupboard into which I put in a spoonful of coffee, a spoonful of sugar, which I really should stop taking, and, after the kettle screeched to the boil, filling the kitchen with steam, I added water and, carrying it into the sitting room, sat down on the settee. I gazed around, taking in my new home. It was only small, just a sitting room, kitchen, one bedroom and a bathroom and of course the shop below which, crossing my fingers like a child, I hoped to be a success. *"...and just because I call you up, don't get me wrong, don't think you've got it made…."*

Taking a sip of coffee, I thought back over the sequence of events that had brought me here to this place, and the only explanation I could give anybody was that I'd run away. Yes, run away, not just once but twice now, until here I was all alone. No Pierre and no Mum and Dad, no Grandmother either, although that wasn't my fault. She'd died just before I ran away for the first time. Bernie's claws digging into my leg brought me back to the present, "Hey," I said to her, "Okay, I've got you. You're special. Didn't I bring you with me all the way from gay Paree?" She purred loudly as if she had a motor inside her little body as I stroked her long black fur.

Anyway, reader, I'm getting a bit ahead of myself. Let me explain. I'll backtrack a bit. We went through a particularly bad time as a family (I can't tell you about that now, but I've no doubt it'll rear its ugly head over the course of this story), and Mum and Dad moved away, all the way from Emsworth in Hampshire up to the north of England.

They're still there now, and although I've kept in touch over the years, I haven't actually seen them for a long time. I was seventeen and eager to begin a life of my own, so after deciding not to move with Mum and Dad, I took off with a friend from college to go grape picking in France. They weren't pleased, as you can imagine, especially after what had happened. I think they felt I'd deserted them, but that's for another time.

Ah, I know what you're thinking. Is this where Pierre

pops into the story? Grape picking in France, the French name Pierre. And, well, yes, you're right. I met Pierre more or less as soon as we'd arrived. A tall skinny French man with a shock of black curls and bright blue eyes. I was surprised that he noticed me, an average-looking English girl, my straight brown hair cut into a very fashionable pageboy and bland hazel eyes until strong light transformed them into emeralds, but I certainly noticed him and, when the season was over, my friend went home and, even against her whispered words that she thought "Pierre was not to be trusted," I went to Paris with him.

I was eighteen when we married, and Pierre was twenty. Thank God we had no children because, after eight years together, he left me for somebody else, somebody tall and blonde and curvy. Huh, didn't I half guess that would happen? So, what did I do? Did I fight for him? Did I shout and scream? Did I cry? No! I upped sticks and, carrying Bernie in a basket, ran away again, this time though with a sizeable chunk of money from the sale of our house in my bank account.

I changed my name back to Lane from Dupont. I never did like being called Donna Dupont. Too many "D's," don't you think? And I'm here, back in my birthplace, Emsworth, wondering what's going to happen now. Maybe I should do a tarot reading to give myself some idea, something to prepare myself for, and something to look forward to.

I'm prepared to be recognized, for people to stare

and whisper and say, *"Isn't that Donna Lane, the girl that ran away?"* But I haven't seen one single familiar face. No old school friends, no neighbors. Maybe they all ran away too. And if you're wondering, did I have the sight or the gift, as my grandmother used to call it, regarding my marriage when I was in Paris? Well, no, I didn't. It deserted me then just as I deserted myself.

Chapter Two

Emsworth High Street was busy on the day I officially opened my shop, The Tarot Trove. It was exactly a week since my disappointing interview with the Hampshire Constabulary and another blisteringly hot day. The sky arched overhead hard and blue, with the sun still a great white glow. There was no breeze, and the sea lay ahead flat and still as my bathroom mirror, but instead of a worried reflection staring back, it was flecked with tiny dots, which I took to be fishing boats or people cockling or the bobbing heads of swimmers. Seagulls wheeled and cried, swooping down to steal from people's newspaper-wrapped fish and chips, the greasy smell driving them crazy with desire.

A knot of people clad in shorts and tee-shirts watched curiously as I displayed my shop open sign and a further sign offering a special opening offer of half-price tarot readings, which elicited a mixed response from, "Wow, I'm booking in for a reading," to "Tarot?" saying the word with a hard "t" at the end. "What's that?" "Tarot! ...you don't say the "t."" was the reply.

None of the comments put me off. I was used to people's naivety when it came to tarot and palm reading and other unexplained phenomena, and I'm sure if they knew of my "dreams" and "voices" in my head, I'd be institutionalized by now. I'd been asked the question, "How can a pack of cards tell your future?" so many times that the answer I give has been imprinted on my brain, "They don't necessarily tell your future, but they can forecast what might happen and advise you as to what steps you can take."

Glancing across at The Bluebell pub, I saw a woman wiping down the tables and chairs, ready for an onslaught of lunchtime customers. The hot weather had certainly increased the amount of people that enjoyed a liquid lunch, as was evident from the headline on the newspapers outside "Smalls" newsagents situated next door to the pub, *"Hotter than Honolulu, as we hit roaring nineties...."* Accompanied by a picture of two young women lingeringly licking at an ice lolly (obviously the "Sunshine" newspaper which was another example of this 1970s man's world) and another, *"Whew, heatwave drives us to drink...."* with the information that a brewery had claimed an eighty percent increase in its sales of lager since the start of the hot weather.

As I went back inside the shop, a couple of women

followed and began to browse, commenting on the shiny packs of tarot cards and the grinning Buddha's. One of them picked up a wind chime, and the other a beautiful church candle. They came excitedly to the counter with their purchases, asking to book in for readings which I advised them would have to be evening appointments until I got an assistant to help me run the shop during the day.

"Ooh, I bet my Natalie would be interested in that job," said one of the women. "She's just finished college and can type and take shorthand…oh, and she's got a Saturday job in a baker's, and she's really good with the customers…."

"Well," I said, "Tell her to come in with her CV, and we'll have a chat…okay?" Whilst at the same time wondering if "my Natalie" might be overqualified as a shop assistant with her typing and shorthand qualifications.

"She's into all that occult stuff as well," the woman said over her shoulder as they left the shop, carefully carrying their purchases in one of my advertising carrier bags, the words The Tarot Trove glinting on its thick plastic surface for everyone to see. The morning was busy, with the door pinging at regular intervals and interested people coming in to either browse or shop. Just before lunchtime, with my stomach rumbling, the heat insufferable now and sweat trickling on my skin, I decided to prop the door open, wondering why I hadn't done so before. I had a fan buzzing in a corner, but it just wasn't enough. I picked up a giant Buddha to use as a prop when the door pinged open, and a man came in.

Dazzled by the sun, I couldn't see who it was but thanked him as I took the door and placed the Buddha on the floor. A welcome breeze edged inside, bringing with it the smell of cooked food from the pub. People sat outside on the benches eating fish and chips and sipping from ice-cold pints of lager, which made my stomach gurgle alarmingly. The man chuckled and said, "Well, well, now why didn't I guess straight away that this shop would be yours, Ms. Lane! It's right up your street."

Frowning, I gazed at him, realizing with a sinking feeling that it was Baz Brady, the Criminal Phycologist who, of course, was far more capable than me of tracking down abductors and murderers because he went on facts and certainly not dreams and illusions, and not even hunches either. My heart raced uncontrollably, and I felt shaky as I had before in his presence. What was wrong with me?

"Why, hello, Mr. Brady," I said, surprised that my voice came out clear and strong and not weak and shaky as I'd thought it would, "And what brings you here?"

"Oh, so you remember me then?"

"Oh yes," I replied, "I certainly do. It's not every day I get turned away by the police when I have what I thought anyway, valuable information about a missing girl."

He looked uncomfortable, his eyes skittering around in case anybody had heard what I'd said, and stammered, "Ms. Lane...I...."

"Oh, I'm sorry," I said, suddenly aware of other people

in the shop who, luckily, didn't seem to have heard anything as nobody looked in our direction but carried on, intent in their browsing. "Let's start again…Mr. Brady. What brings you here?"

"Well," he took a deep breath as if relieved at the change of subject. "I didn't recognize this shop and thought it looked pretty cool." His gaze seemed to travel the full length of my body, from the very top of my head to the very tip of my toes. I tingled all over and felt exposed as if I was wearing only my underwear and not a long flowing skirt, the hem edged with lace, and a black tee-shirt with the name of the shop written in loopy lettering across the front.

He wore smart black trousers with a white shirt, the top buttons of which were open, a slice of tanned chest clearly visible from which I couldn't seem to look away. "So, I thought I'd take a look…." My stomach flipped as he smiled, the same warm, charming smile as before, and little laughter lines appeared around his eyes. I was mesmerized and felt literally rooted to the spot, incapable of movement and that I would perhaps stand here forever staring into Baz Brady's deep dark eyes.

The spell was suddenly broken as a customer gave a discreet cough, and I turned and made my way to the counter to serve her, apologizing profusely as I rang through her purchases on the till, pleased to see that she'd bought several items, including a Phrenology head and a book on the art of the tarot.

All the while, I kept a beady eye on Baz Brady as he prowled around the shop stealthy as a panther. Although I tried not to, I noticed how broad his shoulders were and how they tapered down in a "V" towards his waist and hips. He flicked through the tarot books and inspected the cards, even had a sniff at the candles and the joss sticks. He seemed particularly drawn to the Buddha's as he picked up one and then another until his gaze became fixed on the large one propping open the door. It grinned merrily as Buddha's do, not seeming in any way worried or ashamed of its great swollen belly that was on display for all to see.

The lady thanked me and, before she left, commented on how she liked the shop and would be back as Baz, pointing to the Buddha, said, "Is this one for sale, or is it just a door prop?"

Despite myself, I laughed and said, "It's for sale…I had nothing else to use to keep the door open. We were all boiling alive in here."

"Yeah," he smiled again, causing the wrinkles to etch deeper around his eyes and my heart to race even harder, "It's certainly another hot one. Do you know that the weathermen have predicted it'll still be like this at Christmas?"

I giggled and said, "Oh yeah, right…".

"It's true…look," He pushed a newspaper towards me, showing me the front page headlines, *"Christmas Heatwave? Oh yeah!"* and then underneath, *"Turkey and sprouts on the beach this year!"*

"Huh," I said, "It's the Sunshine News Group. They're well known for printing rubbish as well as being one of the most sexist papers ever!"

"Hmm…well…." He looked uncertain as to what to say and put his hands in his pockets, and rocked back slightly on his heels.

"Oh, forget it," I said, giving him back the newspaper, "I shouldn't get on to that particular subject. I can't help but get on my soap box. Um, yes, the Buddha is for sale. Are you interested in it?"

"Yeah, I am," he squatted down to get a closer look, "He looks great. I know someone who loves these guys. She's has a whole collection, so, yeah, I'll take him." He glanced up at me again with those disconcerting dark eyes and said, "You'll have to get another prop, though."

I picked up a black metal cat, my heart giving an involuntary pang at wondering who "she" was, and put it in place of the Buddha, which I took to the counter, wrapping it carefully in tissue paper, and placed it in a carrier bag. Our hands touched as he paid, fishing notes and coins from the pockets of his trousers, and I felt as if I'd been burned, or maybe it was just the heat. It was awfully hot out there, and in here, too, I could feel sweat running down my spine in uncomfortable, itchy rivers. He gave me a charming smile again as I gave him the carrier bag, and then we both spoke, our words overlapping.

"Well, I hope your girlfriend likes the Buddha, Mr.

Brady…."

"Um…could I book one of those half-price Tarot readings?"

I giggled and started to speak again, just as did he, until, with a sweep of his hand, he said, "No, ladies first…."

"I only have evening appointments at the moment for tarot readings…."

"Oh, that's fine. I can come here after work, no problem."

"Have you had a reading before?"

"No."

"A palm reading?"

"No." He shook his head and shrugged. "Is it a requirement?"

I looked up, and our eyes locked again, "No, of course not. I'm just curious."

Blushing, I tore my gaze away and rustled through the appointment book, pretending I was having trouble fitting him in as if it was full when in reality, I'd only booked in the two ladies from earlier.

"Hmm, now let's see…."

"That's if you can fit me in," he said, "I'd imagine you're pretty inundated."

"Well, yeah, but…how about Friday at 6:00 pm?"

He nodded, "Yeah, fine."

"It will take around an hour," I told him, "And will cost £5 instead of the usual £10. Okay?"

He nodded and, giving me another of his attractive smiles, said, "I'll see you Friday at 6 then."

I nodded as he backed away, clutching the carrier bag in one hand, the newspaper in the other, which he raised towards me, "See you then." He disappeared through the door, and I rushed over and peered at him as he walked back down the cobbled street towards the police station. "Don't look," I chided myself, "Even though you don't miss Pierre and wanted the split just as much as he did, you could be on the rebound," And then, with a sinking heart, "And it seems that Baz Brady has a girlfriend anyway. Best to back off!" But I couldn't help myself. He looked good, even from the back.

I closed the door then, putting the open sign to closed, as my stomach rumbled alarmingly in anticipation of a lunchtime break. I stood for a moment or two, my back against the door, breathing in the sweet smell of candles and joss sticks and thinking that, no matter what happened now, my first morning in my new shop had been quite a success, and I still had Friday evening to look forward to. I wondered wholeheartedly what a tarot reading would reveal about the delectable Baz Brady.

Chapter Three

A long low rumble of thunder rent the air, and a sudden flash of lightning lit up the surrounding prickly brown fields and the sky that arched overhead, dark blue streaked with red like enormous strokes of paint. The moon hung low, bright as a huge silver disc edged by a smattering of stars. Sweat ran in tiny itchy rivers down my spine, and my legs ached, heavy as lead, from my crouching position in the bushes. Brittle yellow leaves coated with salt drooped from the branches. The far off shushing of the sea and the cries of mournful seagulls made me shiver. There was a yipping and snuffling as if from animals.

"Oh my God, Donna," he whispered, his breath tickling right down into my ear as if an insect, a buzzing bee or a violent wasp had somehow got in there. For one heart-stopping moment, I'd even thought it was a crazy ladybird, for hadn't the heat driven them all mad. "Is it actually going to rain?"

"Impossible," I whispered back, "Didn't you know that this heatwave is going to last forever? Remember what the council said about getting rid of all our winter clothing? And don't forget what you told me before about Christmas!"

We were trying to be glib, to be funny, even though our hearts thumped painfully in our chests and the air, hot and heavy, was suffocating. As suffocating as our fear, our not knowing, our difficulty in trying to solve this complex mystery. Agatha Christie had everything on us. We knew she was somewhere, but where? Where? We were at our wits' end. The police had already completed their fine toothcomb search through fields bristly as a garden broom, crawling on their hands and knees like clockwork dolls. Picking and poking through dry, crumbly earth to no avail.

"Underground," I'd predicted, "Somewhere deep in the earth," but we didn't know why or how or indeed with whom. "Somebody she knows," he said, with a slow nod. The moon slipped behind thick clouds throwing everything into darkness. For a split second, the trees stood like black bones etched against the sky. There was another long low rumble of thunder like the groans of an angry giant, and spits and spots of rain pattered onto my sunburned arms and legs, soothing and calming as Calamine lotion. I had a sudden childhood memory of dashing around the house late at night with my mum, pulling out all the electrical plugs while thunder and lightning clashed and thrashed overhead. It had always felt surreal and scary, as if we were the only two people alive, the only two people left on Earth.

I clutched his arm tightly as a bright shaft of light appeared in front of us as if something had been lifted from the ground exposing a hole from which a figure appeared. A black silhouette standing against the sky. Thunder rumbled again, and a glare of lightning lit up our surroundings like disco strobe lighting, so bright I had to narrow my eyes to see who it was. Seagulls squawked in fright at the intrusion in the sky.

"Wow," I said, "What did I tell you?"

"Yeah," he replied, slowly shaking his head, "Looks like you were right all along."

The person strode forward with intent, their face a frown, their skittering black eyes seeming to catch sight of us. We pushed back into the bushes, the crispy leaves crackling, releasing a smell of dry decay. Clouds crossed the moon again, sending everything into darkness. The only sound was footsteps rustling on the dry brown grass. There was another blinding shot of lightning showing once again their face as the person came closer and closer. I pulled at his bare arm, my nails dragging on his skin, showing red scratch marks, "Quickly," I said, "Or they'll get us!"

Another great boom of thunder shook the earth, and lightning split the sky as suddenly the rains came, plummeting down like a dense silver curtain and sliding off the bone-dry earth like drops running on a window pane. The earth smelled sweet and green, and as the figure drew nearer, we fumbled for each other's hands and started to run, just as a tremendous bang like a gunshot took me off my feet.

***

I awoke, my heart racing. Sweat had stuck my hair to the back of my neck like glue. Gazing around for one heart-stopping moment, I wondered where I was. I didn't recognize this room with its furniture like dark humps in the early morning light or the lemon curtains only partially drawn, revealing a chink of navy blue sky. I closed my eyes, breathing in the heady scent of candle wax that oozed into the flat from the shop below, and suddenly it all flooded back, and I knew exactly where I was.

No more gay Paree for me with its aromatic bustling streets, its smell of newly baked baguettes and lilting French accents, for I was in Emsworth in Hampshire with a balmy sea at the bottom of a cobbled street and seagulls padding on the sands like tiny flat-footed men. My dream was coming back to me. The same dream as before, the trapdoor set into the earth, the knowing somehow that the girl was there, the figure appearing and walking towards me, but this time I hadn't been alone. Somebody had been with me. But who? Who was with me? Who held my hand as we ran?

The dream was receding now, and however hard I tried to hold on to it, it was disappearing, becoming blurry, indistinct. Slippery. Slippery as the hand that held mine as we ran from the figure that appeared from the trap door. Where was the land? Where was the trapdoor? Oh, how I wished the police had listened to me, but they wouldn't know, would they? How would they know where the land was with only the information from a dream to go on?

Questions, questions, yet never any answers. With a sigh, I got out of bed, slipping my feet into slippers and shrugging on a light dressing gown. As I'd been lying there trying to remember the dream, the sun had risen and now pooled through the window, falling in long lemon stripes across the carpet. The heat was intense. Bernie stretched, arching her back, and padded sinuously across the bed covers, purring for her breakfast.

I padded over to the window and peered out at the street below, opening the window wider, hoping that more air would come in, but it barely moved, barely stirred, just the sun shone in hot and heavy as a bowl of yellow custard. I spied Mr. Murray putting out the morning papers in a rack outside the newsagents, the headline for once nothing to do with the heatwave but a grainy smiling picture of the missing girl, Esme Palmer, with the words, *"Have you seen this girl?"* which sent a shiver running through me despite the heat.

Ducking back inside, I smiled wryly to myself as I thought of what the Inspector had said to Baz Brady when I accused them of having no leads on the whereabouts of the missing girl, *"We're doing okay…."*

"Ha, yeah, doing that well that they had to put out yet

another headline to remind people, to jog their memories."

In the kitchen, I put the kettle on the hob, the gas lighting with a pop of sulfur as Bernie hunched at her bowl, nibbling hungrily at biscuits. The first sip of coffee cleared my brain, and fragments of the dream came rushing back, *"Impossible," I whispered back, "Didn't you know that this heatwave is going to last forever? Remember what the council said about getting rid of all our winter clothing? And don't forget what you told me before about Christmas!"*

Baz Brady, I thought. *He told me about Christmas.* I recalled the headline plastered all over the "sexist" Sunshine newspaper, *"Turkey and sprouts on the beach."* Were my dreams becoming difficult to read, not a true account of something that was about to happen but a merging of past and present? Had Baz Brady been on my mind so much that he turned up in my dream?

I took a sip of coffee, wincing as it burnt my lip, when all of a sudden, the phone rang, making me jump, coffee dripping onto my dressing gown. For a split second, I watched it almost fearfully, the great heavy black phone sitting on the coffee table, a relic from the 1940s, purring like a cat, like Bernie. "Hello?"

"Donna?"

"Yeah, this is Donna." The line was crackly, the voice fading in and out.

"Surprise, surprise, it's your Mum!" Her voice came through then, clear as a bell, making me wonder why I hadn't recognized it straight away.

"Mum? Where are you?"

"Oh...still up in the frozen north."

"But there's a heatwave!"

I heard a rich chuckle before she said, "Yeah, but it's still a little colder up here! But wait, before you say anything else. We're moving back to the south, to Fishbourne."

"To the Roman Palace?"

Mum giggled as I said, full of excitement, "When? Why?" Mum and Dad said they'd never come back down here again. Too many memories, too much hurt.

"Soon...you see Donna...." There were some unintelligible words, a lot of crackling, and then, "...that missing girl, Esme Palmer, I feel I've got to help...."

"You know something?" More popping and crackling. "Mum?"

The line went dead, just a long low incessant humming as if insects were in there. Bees and reckless wasps, crazy ladybirds. Carefully I replaced the receiver into the cradle only to pick it up again and dial 1471. There was a beeping and then a voice, *"I'm sorry, but the caller withheld their number...."*

Frantically I searched through my bag, looking for my address book, hands shaking as I found my purse, a comb, odd bits and pieces of change, and a nail file until there it was, hidden right at the bottom. I flicked through until I found Mum and Dad's number. I dialed it, the phone heavy and cumbersome. It rang and rang and then clicked, "Hello?"

"Mum?"

"Oh, Donna, I don't know what happened there…."

"Just tell me, Mum, what have you seen? I've seen something, too, in a dream."

"No, this wasn't a dream. I saw this place for sale in the paper, an advert, you know, and I got the strangest feeling, like deja vu…." There was a loud beeping again and clicking.

"Mum?"

"It's okay, I'm here. What an awful line! What I'm trying to say, Donna, is I think this house I've seen for sale has been built on the land where they found Amy."

"Amy?" Oh my God, how long had it been since I'd heard Mum say that name? Years, absolute years. It had been banned from the house.

"Yeah, Amy," There was a catch to her voice, but she kept on speaking, "Me and your Dad are going to buy it…it's a dog rescue place now would you believe…."

"But how does this tie up with Esme Palmer?"

Despite the whirring and the clicking on the line, I heard her loud and clear, "I think she's there," she replied, sending a shiver hurtling down my spine.

When we'd finished talking, I hung up and sank onto the settee, holding the cumbersome phone in my lap, my mind whirring. Amy, older than me by four years. She would be thirty now and perhaps married, with a handsome man by her side and children of her own. Oh, how I wished we'd had a chance to witness that.

It's all coming out now, isn't it? Didn't I say that our problem in the past, our problem that almost broke up the family, would rear its ugly head if I told this story? For you see, dear reader, Amy was once a headline on a newspaper, a glaring headline with the exact same words, *"Have you seen this girl?"* scaring the neighborhood into keeping their daughters indoors at all times. I'll never forget the grainy photo of dark brown hair framing a bright white smile. Amy Lane was my sister and, just like Esme Palmer, she'd been a missing girl too.

***

I saw Baz Brady peering closely in the shop window, his hands cupping his face. It was Friday evening and 6 o'clock on the dot, and I'd just locked up after another busy day. Another hot one, too, with a clear blue sky and a bright white sun. People lounged on the beach and swam in the sea, walked the cobbled streets, their flip flops sticking to the hot stones, or simply sat red-faced and sweating outside The Bluebell, a long cool drink in their hand. Music inched in through the door as I let him in, *"You'd think that people would have had enough of silly love songs, but I look around me, and I see it isn't so…."*

He ducked inside, a spicy scent like "Hai Karate" or "Pino Silvestre" surrounding him. I sniffed in appreciation as he said, "Hello, Ms. Lane," and then inclined his head towards the pub, "Good song, eh?"

"Yes," I agreed, "I love Paul McCartney, especially

with Wings." I propped the door open with the black cat. It would be stifling in here otherwise.

"What, more than the Beatles?" he asked, his dark eyes widening in surprise. *"Some people want to fill the world with silly love songs...."*

"It's a totally different sound," I said, "You really can't compare," as I led him to a corner of the shop where I'd set up a small table flanked by two chairs, a pack of tarot cards wrapped in a soft cloth ready and waiting. "Please, sit down, Mr. Brady." I pulled a room divider around us so we wouldn't be visible from the street.

"Yeah, I suppose you're right, but the Beatles were huge...totally huge!"

"Yes, they *were*...as in they've split up now, must be at least six years ago, and Paul McCartney is putting his enormous talent into *Wings*." I glanced at him through my lashes as he gave that very charming smile and said, "Yep, you're quite right, Ms. Lane, and I suppose you could say the same about us two."

"Us two?" I said, frowning.

"Yeah, our jobs are totally different from each other, so they can't really be compared, even though you asked me if I felt threatened by you."

And when I didn't reply, "You know, the day you came to the station?"

"Yes, I know when you mean!"

"So?"

I shrugged, "So what? People say all sorts of things they don't mean!"

He began to laugh and, shaking his head, said, "Oh, Ms. Lane…."

"Please call me Donna, Mr. Brady," I said, admiring him in a way for bringing up something that I really shouldn't have said. Touche!

"Only if you call me Baz," he said, leaning back in the chair and crossing his arms over his broad chest. *"Love doesn't come in a minute. Sometimes it doesn't come at all…."*

Unwrapping the cards from the cloth, I began a slow shuffle whilst asking, "Is Baz short for Barry?"

He sat forward on the chair and, placing his forearms on the table, said, "No, my real name is Barrington, actually. Barrington Leonard Brady. Named after my dad and his dad before him."

Stifling a smile, I put the cards in front of me and cut them, picking up the top part of the deck, put it under the lower half and then shuffled them again for good measure. "Really?" I asked.

He nodded and said, "Uh hu."

Which prompted me to say, "Barrington? Are you serious?"

"Of course."

"Wow…a posh name, eh?"

"Well," he said with a smile, "I do like to think it's posh…always makes me feel like our Detective hero, Jason

King?" and here he spoke in a plummy accent, "Very high class, you know?" I giggled as he said, "Do you remember that show?"

"Yes, I do...but I have to say, you remind me more of our Detective Hero, Kojak...Barrington."

"Baz, please," he said, arching his brows and giving me a look, "Just because that's my name doesn't mean I like being called it," and then, "Hmm," running a hand over his bald scalp, "I can see why you think Kojak. I had thick reddish gold hair until it all fell out...."

"How old were you when that happened?" *"...What's wrong with that, I need to know, cos here I go again...."*

"Late teens. Came out in handfuls. Frightened me to death at first." *"I love you, I love you...."*

"Why? Did you have some sort of trauma?"

He gazed at me, his dark eyes shadowed. He looked so uncomfortable that I said, "Hey, it's okay. You don't have to tell me. Let's just start your reading."

He swallowed hard, his Adam's apple moving in his throat, and stubble glinted silver on his cheeks and chin. I wondered what it would feel like to touch it. "Um...no, nothing happened." He shrugged and glanced at me, saying lightly, "I came out of a bad relationship. No big deal."

I nodded and said, "Oh, I see, but even so, it does run in families. Do you take after your dad?"

"No," he gave that charming smile, "He's got a full thick head of hair. I'm very jealous," but then added, "My grandad was bald as a coot in his twenties, though!"

"Ah, well then," I said, "You take after your grandad. Actually, talking of accents, where do you come from originally. It's not from around here, is it?"

"No, Lancashire. Preston."

"Oh, yeah, it's a nice accent."

I carried on shuffling the cards wanting to find out as much as I could about Baz Brady. "How did you get into Criminal Psychology?"

"Well, I found it so interesting that nearly all murderers have a similar profile." He smiled wryly. "I know you think it's rubbish, the profile, I mean, but…."

"I don't think it's rubbish, but all this stuff about being a loner. Is that always the case?"

"Most of the time. They keep themselves to themselves, I think, in case they slip up and say or do something they shouldn't. It's a classic part of a killer, Donna, and it's fascinating."

"What about all those women going missing in America, though? Apparently, some guy has been going up to women with either a bandaged arm or leg, asking for help. They fall for it, and bingo, they're never seen again. I'd call that friendly, gregarious behavior."

"Yeah, a classic way of luring his victims. It doesn't mean he's not a loner, though."

"Well, I hope they get him, don't you?"

"Yeah," he said, nodding, "I certainly do." He licked

his lips, and, heart racing, I watched, unable to take my eyes away from his lips. The heat definitely went up another notch.

"Mm, okay then. Maybe we'll have to agree to disagree about all murderers being loners." With a great resolve, I tore my gaze away and said, "Right, I'm going to do a simple past, present and future reading for you first, okay?"

He nodded and sat up straight, looking interested as I fanned the cards out on the table and invited him to choose three whilst asking a question. He chose them quickly, deftly, seemingly without much thought and even maybe not asking them anything.

"Have you asked a question?" I enquired. "It's just that sometimes if you don't ask, you don't get a full response."

"Oh yeah, yeah," he said, nodding hard.

"Okay," I said, gazing at the three cards set out in front of me. "Hmm, the ten of wands," I touched it softly with a finger, "The card of being over-burdened. You see the man here carrying the wands, stooped over, obviously a heavy load. You are successful now and have come a long way, walked the long hard road to get where you are." He nodded as if to say, "Yeah, that's right."

I turned over the second card, "The two of cups, well, well, there's a partnership in the works here." I stopped for a moment, thinking about what sort of partnership it could be, the cups indicated romance, but I said carefully, "It could begin as a professional partnership yet blossom into a romance. Whatever, it's a very positive card. You see the happy-looking couple here?"

Baz nodded and gave a rueful shake of his head, "I'm not sure about the romance part of it."

Hmm, I thought, *Been burned, have you?*

Feigning surprise, I said, "Maybe it concerns you and your girlfriend?"

Frowning, he said, "Girlfriend?" And then shaking his head, "Nah, I haven't got one of those at the moment, thank you very much." He leaned back against the chair again, crossing his arms over his chest.

"But…the Buddha?"

"The Buddha? I bought it for my sister. She was really pleased with it, by the way, and said she'll be paying this place a visit soon. She's really into all this stuff." He indicated with his head, the interior of the shop.

For some strange reason, my heart rose and seemed to float around the room, mingling with the scent of candles that permeated the air. With a flourish, I turned over the very last card, "Ah, the World, such a fabulous card." We gazed at each other as I sat back in my chair.

"Everything is yours for the taking, although I think that because of this card," I pointed at the ten of wands, "That you may have to carry the burden of work on your own for a while. Maybe your boss will leave, or you will get a new one, somebody not so experienced…whatever, your life is on an upswing, from being burdened by the ten of wands to a possible romance indicated by the two of cups to the world and having it all, so to speak.

"Lucky me then," said Baz with a short bark of laughter, "The Inspector leave? No way, he's been working there since the year dot!"

"Retirement?" I asked.

"Nah, he'd never go. He could be a hundred years old, and he wouldn't retire."

"Oh well," I said, collecting the cards and shuffling them again, "Let's see what the future brings. What now, then? Horseshoe layout or love triangle? Which would you prefer?"

Baz stared at me, his eyes deep and penetrating, making my heart flutter, before saying, "Donna, it's so warm in here, stifling, actually. I wondered if, well, I wondered if maybe you'd let me buy you a drink." He nodded over towards The Bluebell. "There's a lot of people sitting out there drinking, and I just thought...um, that maybe we could join them?"

I sat motionless, my heart beating right up into my ears, feeling the cards smooth and slippery against my fingers, not knowing whether to say yes or no. Gazing at Baz Brady, taking in his attractive face, that stubbly beard and full red lips, those deep dark eyes. I suddenly made up my mind and opened my mouth to speak.

Chapter Four

It took me ages to find the headstone, wandering around the hot cemetery, my head whirling and my heart thumping. The heat was still intense and had been every day since I'd last seen Baz Brady two weeks before. Oh yes, it was two weeks since the evening I'd read his tarot cards and also turned down his offer of a drink at The Bluebell." I'd wanted to, I was attracted to him, but the bad break up with Pierre and the need to find out more about the whereabouts of the missing girl, Esme Palmer, weighed heavily on my mind, as well as Mum and Dad's news about their impending move. I recalled Mum's words to me when she rang the evening before, *"Our offer's been accepted, and the place is empty, so I'll send you a key. You can have a look around. Check it out for us."*

I walked quickly in amongst the graves, my eyes darting from stone to stone, avidly searching for the special one I hadn't visited for so long. Indeed that nobody had visited for a long time. Mum and Dad had never been able to face it, explaining without a doubt the reason why they'd moved away. I passed ancient family tombs, the writing barely legible now, hidden beneath encrusted patches of salt and green scaly moss. There were graves marked with large crosses and open books, thick black writing on just one page, the other waiting to be filled, and some with their own stone guardian Angels gazing sightlessly into the deep blue sky. Panicking now and disoriented, I spun around on my heels, imploring, "Amy, Amy, where are you?"

I stood still then, feeling foolish, my hands to my cheeks, the only sounds, except for my panicked breathing, the cawing of gulls as they swooped overhead and the shushing of the sea as it pushed and pulled, in and out, onto the stony shore. The air smelled fresh and briny, with a tang of mud drifting over from Langstone. I smiled ruefully to myself and shook my head, looking around and hoping that nobody had heard me. What had I expected? An answering voice from above telling me where her grave was? On the point of giving up, I re-traced my footsteps and slowly walked back towards the church that squatted like a crouching cat, its spire pointing up into the sky like an accusing finger.

My feet seemed to have a mind of their own as I pushed on through the ancient cemetery, barely registering its scattered tumbledown graves and yew trees with trunks so gnarly, it seemed little old faces were peering out at me.

Ducking beneath their spreading leaves, I pushed at the squeaky wrought iron gate leading into the newer part of the cemetery, its metal, under the glare of the sun, hot to the touch. A gull screamed, making me jump when suddenly I saw it, a small heart-shaped stone, neglected now. The grass, although parched and brown, had grown long around its base, but the writing was still clear and legible, *"Amy Louise Lane – Gone but never Forgotten – 1946 to 1967. Resting now!"*

I sank to my knees and clawed at the grass, pulling it out in handfuls, wanting rid of it, wanting a tidy grave for my sister. The tears that I'd never really shed since the shock of her death poured down my hot cheeks, making me sniffle and gulp and panic for breath. Frantically I searched the pockets of my shorts and found a scrunched-up old tissue that I used to dab at my face and wipe my eyes. I sat there then, baking in the hot sunshine, barely noticing it, my thoughts all of Amy and the last time I'd seen her. She wanted me out of her sight that day, her annoying little sister.

"I'm meeting Paul," she'd told me as she glided away. Paul was her boyfriend of almost four years. She looked pretty that day, her cheeks rosy, and her hair, long and dark, glinted in the sunshine. She wore blue jeans and a white top that showed her shoulders, so smooth and brown. Oh, how many times had I wished I was Amy? Almost every day. I was convinced I was the ugly sister, the one who would never ever wear the glass slipper. Later, when it all came out, she'd never turned up to meet Paul. Nobody knew what had happened. There was no gift of the sight then from me, my grandmother or my mum. Eventually, there was a body, but for the longest time, Amy Lane was just another missing girl.

That's why I've made it my mission, my quest, to help find as many missing girls as I can. That's why, even without the help of Detective Inspector Ian Ford and, indeed, Baz Brady, I was determined to do what I could to find Esme Palmer. There just couldn't be another grave like this one in the cemetery.

***

Somebody was standing outside my shop, somebody wearing dark blue flared jeans and a white shirt open almost to the waist and showing a tanned chest. He put his hand up to shield his eyes from the glare of the sun, narrowing his penetrating dark brown eyes. I saw he wore sandals, normally a big no-no for me on a man. Even Pierre couldn't carry them off, but, boy, even his bare feet made my heart pound. I could feel it fluttering against my ribs as I walked up the cobbled hill towards him.

He gave me that oh so charming smile and said without even so much as a greeting, "Donna, you've convinced me beyond any doubt that tarot cards really can predict the future."

I gazed at him enquiringly as he carried on, "The Inspector is being seconded to Portsmouth, leaving me to my own devices for a few weeks or maybe even months, so I'm burdened with all the work just as you said." He smiled and laughed, "I can't believe you told me this would happen just by looking at some cards. It's amazing! I could almost accuse you of knowing the Inspector was earmarked to go somewhere...."

"Well...I."

"But," he held up an index finger, "I don't think that at all and I take back my words. It's an understatement to say I'm shocked."

"Hmm," I said, not sure whether to believe him or not, "Whatever, the ten of wands, a man carrying a burden, just as I said. Well, good luck with your endeavors to find Esme Palmer on your own." I went to move past him so I could walk down the alley at the side of the shop to the back door, but he stood in front of me, his hands out in front, blocking my way.

"Ah yes," he said, "But what did you say about the two of hearts? That there could be a partnership of some sort?"

I glared at him, "What do you mean? If you're thinking what I'm thinking, that partnership won't be with me! Not in a romantic way!" I made to go past him again, but without touching me, he still held me back, his hands upraised.

"I didn't say that. Please, Donna, don't go yet. Hear me out."

I stopped. We were very close to each other, and I was aware of his cologne, something spicy and aromatic. His skin looked tanned and warm; the hairs on his chest curly and the stubble on his cheeks sexy.

"What?" I asked, folding my arms across my chest, "Do you want to say…Barrington." I was tempted to ask him where he'd been for the past two weeks, and if the Inspector hadn't been leaving to go elsewhere, would he have come to see me at all, but there was no way I was going to ask that.

"Hey, now come on," he said teasingly, "You know I don't like being called that."

I grinned at him wryly as he said, "I can do as I want now on the Esme Palmer case, within reason…so…."

"Yes, so?" I said, my heart beating faster, wondering where this conversation was going. I suspected it was something to do with the two of us going for a drink but purely to talk business.

"So…I want to hear about your dream…maybe we can follow it through now…."

"Oh," I said, "So you're interested now?"

"Yes, particularly as your tarot reading was so accurate. Makes me wonder if there's more to all this occult stuff than I've ever known. You can teach me, Donna."

There was a short silence until he said, "Look, there's a seat there," He pointed towards the benches outside The Bluebell, "Sit there with me, have a drink, and we'll talk about it."

I hesitated, hoping that if I did, it would be kept on a professional basis only. I was very attracted to him but afraid of getting too close, yet the lure of telling him what I'd seen in my dream and the possibility of him helping me to find Esme

Palmer unharmed made up my mind for me.

"Totally professional," he said, as if reading my mind. "No funny business!"

Now that did make me smile, "Okay," I said, "Just one drink, mind, and I'll tell you what I know. Okay?"

He nodded as I said, "But definitely a professional partnership, no romance?"

"Yeah, as I said, no funny business."

"Okay, I'll sit down while you go to the bar. Oh, I'll have half a lager, please."

"Yes, Ma'am," he said, tipping an imaginary hat. "Half a lager coming up."

I sat on the bench then, basking in the late evening sunshine waiting for Baz Brady to come back to me. People chattered all around, and a few couples held hands whilst a group of girls sitting at the next table drank wine, laughing and shrieking, a dense cloud of cigarette smoke hanging over their heads like a balloon.

Inside, the jukebox sprang to life, the music flowing effortlessly from out of the doorway, *"Ooh, I would take the stars out of the sky for you, stop the rain from falling if you asked me to…."* I took a deep breath, willing the song not to touch my heart.

Oh, no you don't, I thought as I put my hands over my ears to shut out the words, but no matter how hard I pressed down, somehow, I could still hear it, *"I'd do anything for you, your wish is my command…."*

Baz came out of the doorway, walking slowly, his handsome face serious, carefully carrying our drinks. Tiny drips of lager ran down the glasses and onto his hands. He looked up, caught my eye and gave me a sexy wink. The ice around my heart melted just a little bit more, even as it fluttered like a trapped bird. *"Oh, you to me are everything, the sweetest song that I can sing, oh baby...."*

***

"Ladies and gentlemen, this is Captain Tobias Willcock welcoming you aboard Coconut Airways flight three-seven-two to Bridgetown, Barbados...."

"Hey," said Baz, leaning forward to turn the radio up, "This song was really popular last year. Do you remember it?" *"Kindly fasten your safety belts and refrain from smoking until the aircraft is airborne."*

I nodded, thinking back to last year when I'd still been in France and going through the messy divorce with Pierre. I preferred not to think about it but concentrate on the here and now, speeding along in Baz's bright yellow Ford Capri to look over Mum and Dad's new house. I'd received the key through the post yesterday. *"Woh, I'm going to Barbados, Woh, back to the palm trees...."*

"It's just a great summer song, don't you think?"

"Yes, I do, and last year was a warm summer, too, wasn't it?" I remembered walking the hot, dusty streets of Paris, my stomach churning with pent-up panic and worry and stopping to rest on a bench gazing at the restless waters of the River Seine, watching people as they strolled by and wondering if their lives were as stressful as mine.

"Oh yeah, but not a patch on this one." He turned his head slightly and glanced at me from the tail of his eye. My heart missed a beat, so I turned away, concentrating on the scenery rushing past in a blur of fields thick with yellow rapeseed, tall leafy trees and fields full of sheep and cows valiantly trying to graze on the bristly grass. Horses ran playfully, their tails flying, and I tried not to breathe in the ripe air coming from the pig farm as we zoomed past. *"I don't wanna be a bus driver all my life. I've seen too much of Brixton town in the night...."*

"What we should do soon," said Baz, turning the music down a notch, "Is visit Esme Palmer's sister, Hazel, and her mum...it's worth having a chat with them."

Frowning, I turned to him, "What? You mean the police haven't already done that? I thought that would be the first thing they'd do. I didn't even know the missing girl had a sister!"

"What?" retaliated Baz, "You mean, you didn't see Esme Palmer's sister in your dream?" *"Fly away on Coconut airways, Fly me high, Barbados sky...."*

"Oh, very funny," I said, "But...."

"Yeah, the police have questioned them, obviously, but I haven't."

"You mean...."

"I wasn't invited along. The Inspector did all that. My

job is office based, drawing up the profile and…."

"Making coffee?"

"Very funny, Donna. I don't think the Inspector realized that being in on the interviews would have helped me with compiling my profiles." The heat seemed to be getting more intense, so I wound the window right down and stuck my elbow out just as Baz had, what he'd just said running through my mind and thinking that maybe you could call it bad policing.

"Ah, now then," said Baz suddenly, "What did you say the address was? It's getting very rural, and I'm pretty sure it's close by. I remember my sister saying she was looking at a puppy around here. You said it was a dog rescue, right?"

"Yes. Applegarth Cottage…wow, it certainly is rural… stunning scenery."

Frowning and peering through the windscreen, Baz drove along the windy country lane very slowly until we came to a fork in the road. He stopped the car and said, "Now then, I have a feeling it's higher up, so that way?" He pointed to the left.

"Yeah," I agreed, "Going to the right would take us back down to the main road, don't you think?"

"Yeah, come on."

Baz drove slowly and carefully up the steep hill ahead of us, the car creaking and groaning as we went. Thick leafy hedges bordered a road that twisted and turned like a fairground ride, my stomach plummeted, and my ears buzzed as we reached the top and stopped outside a house surrounded by a neat pocket-sized lawn and borders of dry, crumbly earth. It was newly built but of an old-fashioned design with a red-tiled gabled roof and a porch around the front door. The house name "Applegarth Cottage" was etched into the window with lozenges of colored glass. The estate agent's sign, leaning to one side as if it was drunk, said "Sold" in large capital letters. Seagulls wheeled and shrieked.

"I'll park on the drive," said Baz, "The road's too narrow here." From our parking space on the drive, we could see, further around the back of the house, a lot of scrubby dry grass and a large green painted shed. We also caught sight of wooden, wire-fronted cages, their doors swinging open, empty except for silver dog food bowls and one or two with dog beds and piles of straw. I thought I'd heard a dog bark earlier and assumed it was from here, but I must have been mistaken.

"I wonder what they've done with the dogs," I said quietly. For some reason, I felt I should whisper. The atmosphere was hushed, and everything was dense and still under the relentless heat of the sun. I felt a shiver run down my spine as I thought of Mum's words, "I think she's there," when we'd spoken about the missing girl, Esme Palmer. My eyes darted around, looking for clues, loose earth or deep, badly covered holes, even footprints and trails of any kind, but there was nothing, just bone dry salt encrusted earth and scrubby grass.

Baz shrugged and said, "I suppose they must be looking after them somewhere." And then he said, "I lived in this area, you know, as a kid."

"Ah," I said, "I wondered how you knew where you were going. Were all your school trips to the Roman Palace?"

Baz grinned and said, "Yeah, they were."

"Mine too."

"Me and my sister, Chloe, we used to play around here. All this was fields. Even where the house is."

A shiver ran through me at the thought of Amy lying here somewhere, maybe in this very spot, and I glanced at Baz feeling a sudden need to confide in him, but, for some reason, he looked sad and pensive, and I hesitated and the moment was gone, and he turned towards me and smiled and our eyes locked, brown and green. I was very aware of how close we were in the confined space of the car, and just for a split second, I felt the urge to touch him, to reach out and let my fingertips brush against his stubbly cheek, but I resisted and tore my gaze away. After all, we had agreed on no funny business.

"Do you want to take a look?" he asked softly. I nodded, and we got out of the car and began to walk towards the house, thinking that it certainly looked like the place in my dream. My heart thumped at what we might find, and a trembling fear deep inside my gut told me that today could be the day that would bring us closer to the truth.

Chapter Five

We stood for a moment or two in the blinding heat, staring up at the house, its windows shuttered and black like sightless eyes, when I heard a sound and spun around to see a man coming out of the green painted shed. He wore stained jeans and a grubby-looking white tee-shirt, black plimsolls on his feet. Gazing at us with eyes as bright blue eye as the sky, he furrowed his brow, his mouth a pout in amongst a long grey beard, "Hey, who are you?" And then remembering some decorum, "Can I help?" He walked towards us, wiping his hands on a piece of dirty-looking cloth.

"Hi," I said, going towards him and holding out a hand, "I'm Donna Lane. My parents are in the process of buying this place," I indicated towards the house with my head, "And I've come to check it out for them."

He shook my hand and looked at Baz, tilting his chin

towards him, saying, "And who are you?" Baz gave his charming smile, "Hi Baz Brady…." he put out his hand.

"A friend of mine," I said quickly before Baz could say anymore. I didn't want this strange-looking man to know that Baz was a Criminal Psychologist working on behalf of the police. With a missing girl in the neighborhood, it was better not to divulge too much to strangers. Baz glanced at me, and I knew he was cool with my interruption. Seagulls padded about between our feet, picking and poking at the earth with their beaks like chickens.

"Hi, I'm Art, Art Cooper. Worked in the dog rescue for Mr. and Mrs. Crowther, who've just moved." His jaw worked rhythmically, round and round, like a cow chewing cud. "You got a real fine car there, Mr. Brady," he said, his beady eyes weighing it up, "Good color."

Baz smiled and said, "Thanks," whilst patting the car's bonnet as if it was a pet dog or a cat.

"Oh," I said, "You must be fond of dogs then," and then, looking around at the empty cages, "Where are all the dogs? I thought I heard a bark earlier, but there's nothing here."

He raised his chin slightly again, and his eyelid quivered as if he had a nervous tic, "You must have been mistaken. They're being taken care of at a dog rescue in Horndean til the new people come in. Must have been a seagull you heard. Your parents are the new people, you say?"

I nodded, and he said, "I was just doing a bit of

clearing in the barn. Things sure pile up over the years, don't they?" He grinned and laughed slightly manically, I thought. Baz glanced at me from the tail of his eye and nudged me discreetly with his elbow.

"Is it your things you're clearing from the barn, Mr. Cooper?"

"Ah, call me Art," he said, still chewing, his jaw moving round and round. Sweat was pooling everywhere on my body, beneath the waistband of my shorts, even under the straps of my bra. My hair felt hot and itchy, and I wished I'd worn a hat, but above all, I wished that Mr. Art Cooper would go so that Baz and I could look around the house in peace. The place was sold, so he shouldn't be here, really. I'd tell him, but he seemed a bit strange, volatile, maybe, and I lacked the confidence.

"Well, yeah, just some of my stuff that I need to take with me. Don't you worry," He raised a hand casually, "You just do what you gotta do. I'll be out of here before you know it. I got my van," He glanced at his watch, "I'll be clearing out in, say, ten minutes." He pointed around the back of the house, where I could just about see the tail end of a white transit van.

The thought, *Why didn't he park on the drive? Has he something to hide?* blew through my mind before I said, "Okay, um, Art, it's been nice to meet you. Goodbye then." I gave a silly little wave of my fingers. Oh God, sometimes I really couldn't help myself. Baz raised a hand to him as we went to the house and, unlocking the front door, stepped inside.

"He looks familiar," said Baz straight away as we stood in the foisty-smelling hallway, dust motes floating all around. The heat was even more intense inside, and sweat ran in tiny rivers all over my body as if my pores were pumping out water. Baz looked troubled as he said, "I've got a funny feeling about him, you know, Donna."

"Yeah," I said, nodding my head, "So have I. Maybe we should do a bit of investigation into Mr. Art Cooper. For one, he's sorely lacking in social skills, and two, I don't think he's sincere, and I swear I heard a dog. Do seagulls really bark like dogs?"

Baz laughed and shook his head, "Not that I'm aware of, although they do make a lot of weird noises, but yeah, I think we do need to find out some more about Mr. Cooper. I've heard his name before." He slowly shook his head, saying almost to himself, "Maybe the Inspector mentioned him in connection with Esme Palmer." He stood stock still, his hands in his pockets, his handsome face marred by a frown.

"A funny feeling in your water, eh, Mr. Brady," I said.

"I didn't say it was in my water, Ms. Lane, but I'm sure I've seen him before...hmm!"

The sound of the transit van revving up broke off our conversation, and quickly we moved from the hallway into the kitchen, wondering how Art Cooper would be able to move his van onto the road when Baz's car was on the drive. Peering from the window, our hearts in our mouths, we saw him maneuver it out, the space very tight around Baz's car and onto the road, the engine squealing as he drove full pelt down the windy lane.

"Hopefully never to return," I muttered.

"Wow, did you see how close that was?" Baz laughed heartily, with relief, I suppose that his car wasn't damaged. We moved deeper into the house, into the sitting room at the front of the house, the dining room across the hallway and then upstairs to the three bedrooms and bathroom. The whole place was rundown and dated, and I hoped Mum and Dad knew what they were doing in taking it on and also if they were actually prepared to run the dog rescue. A strange feeling stole through me when I thought of that too.

We moved outside into the blinding sunlight, where I searched the ground for any evidence of a trapdoor leading down into the earth where in my dream Esme Palmer was hidden, but neither Baz nor I could see anything suspicious. Frustrated, I moved around the stubby grassed area, the earth, little dry puffs beneath my sandals. I had no vision today. My dream seemed silly and of no use. What was I doing? Did I really think I could help find Esme Palmer through a dream?

"Oh, this is pointless," I said, irritably.

"Hmm," replied Baz, "Well, there doesn't seem to be anything for us today, but that doesn't mean there won't be another day!"

I gazed at him quizzically, slowly shaking my head. Suddenly he grabbed my shoulders with his hands and, pulling me close, said sternly, "You tracked down a missing girl in France through a dream, didn't you?"

"Yes."

"Well, that means you can do it again, okay?"

I smiled and nodded, glad of his reassurance and that he seemed to have more faith in my "gift" and my abilities since my first meeting with him and the Inspector. I'd had a major confidence lapse which Baz had boosted with just a few words. "Okay, let's go look in the shed then."

"It looks almost brand new," he said, as we drew near. "And freshly painted." He pointed to an empty paint can that had been left on the ground by the shed door.

"Not exactly the tidiest of people, are they?" I said, picking up the can, "Yeah, you're right, forest green." I nodded towards piles of stones and wood that really should be moved before Mum and Dad moved in.

He squatted down and gazed at the dusty ground, "Hmm, there are paw prints around here. I wonder if some of the dogs have been kept in here too." He stood up and stretched, his shirt opening wider to show a tanned chest soft with tiny hairs. Hastily I looked away and tried to concentrate on the shed, pushing at the door only to find it wouldn't budge. I pushed again.

"Hey," I said, "What's going on? It can't be locked, surely."

"Now I really don't trust this Art Cooper," said Baz wryly.

Hesitantly I peered through the window, wondering for one heart-stopping moment if Esme Palmer was in there bound and gagged or some of the dogs neglected and starving, but I couldn't see a thing. "Oh my God," I said, "The windows have been painted from the inside with black paint."

Baz shook his head, his hands on his hips, "Well, I really think we're going to have to track down Mr. Art Cooper to get your mum and dad's shed key back so we can look inside. There must be a reason why he's kept it locked."

"Yeah," I said, "And it's not even his property! He's got a nerve."

"Something tells me he's up to no good," said Baz darkly, "And you and I, Donna, are going to find out what it is."

***

"Did you hear what that Denis Howell said on the news last night?" asked a customer of her friend as they browsed the shop the day after Baz and I had gone to look at Mum and Dad's house. They were flicking through tarot books and trying to make up their minds whether or not to buy one or opt instead for a large phrenology head. From the way the customer kept eyeing the head, I could almost see which way it was going.

"No," said the friend as she pointed her finger at a picture in the book, "Look at that card, the Star, beautiful, isn't it. I'd say it's my favorite tarot card."

"Oh yeah, it's a beauty. I like death best, I think."

"Oh no, that card scares me. What did he say?"

"Who? Death?"

"No," she cackled, "Denis Howe, what did he say on the news?"

"Oh, yeah," she nudged her friend in the ribs, "Bath with a friend, he said, save water, bath with a friend. All because of this hot weather and the flaming drought."

"Flaming drought? That's a good one. I wonder if *he's* got a friend to bath with then, eh?"

They both cackled like a couple of witches bent over a cauldron. My mind wandered then back to my telephone conversation the evening before with Mum when I told her about Art Cooper and the locked shed as well as the black-painted windows. I told her that we were going to contact the Estate Agent to see if they could get the key so we could find out what was going on. I told her of my worries about the dogs, and she said, "Oh no, I hope he isn't running one of those puppy farms. You hear about that sort of thing all the time. I'll have his guts for garters if he's hurt those animals."

I thought about the certainty I'd felt when we arrived at the house, that we were perhaps on the verge of finding out the truth, maybe even finding Esme Palmer or finding something, but I was even more confused than ever and longing to go back there again. The two women came to the counter then with the phrenology head and a tarot book, still chattering together about Denis Howe and his advice to bath with a friend, making me think of Baz Brady and what it would be like to share a bath with him. *Oh no, Donna,* I thought, feeling the heat rise up through my body into my face, *Don't even go there.*

As the two women left, another customer came in, a young woman who, with barely a glance around the shop, walked quickly up to me, where I stood at the counter. She was about my age but taller and slimmer, with shoulder-length blonde hair. She'd caught the sun, and her eyes shone very green in her pretty face. Despite all that, there was something hunched about her, something afraid, and her eyes skittered nervously as if she didn't want to be seen. At first, I thought she might be "our Rachel," her mother having encouraged her to come to me with her CV in the hope of possible employment, but, as it turned out, it wasn't her at all.

"Hi," she said quietly, "Are you, Donna Lane?"

"Yes, I am," I said, "Why?"

"I need to talk to you. Would you meet me somewhere?" She was so close, I could smell her perfume, something flowery like Avon's crème scent, Elegance. I had a little green tub of it on my dressing table.

"I don't understand. Why me? What do you want to talk about?"

"I can't tell you here," she explained, "It's private." She indicated with her head towards the few people browsing and then whispered, "I'm Hazel Palmer, Esme's sister."

"Oh," I said, putting a hand over my mouth, shocked. My heart began to thump hard as if somebody had told me something I really didn't want to hear.

"Can you meet me in The Coffee Cup, the little café by the harbor? Today?"

I nodded and said, "Of course, around 5:30 pm?"

She nodded and smiled, "Thank you. See you then." She began to walk away but then turned back as if she'd forgotten something. She came close again and whispered, "Just you, though, no police, please." She gave me a beseeching look.

"I'll come alone," I told her, to which she gave a satisfied nod and turned away. Intrigued, I watched her walk out of the shop and turn left, going down the cobbled street towards the sea. I checked my watch. It was only just after 4:00 pm. More than an hour to wait.

Millions of thoughts began to race through my mind pushing and jostling for attention. How did she know who I was? What did she want to say to me about Esme? Because surely it must be about Esme. Should I tell Baz? No! By police, she was probably referring to Baz as well, and I knew full well if I told him about the meeting, he'd want to go with me. I felt bad about it as we were supposed to be working on this together, but I reassured myself with the thought that I'd tell him afterwards.

Luckily, the next hour was busy, and before I knew it, I was closing up the shop, removing the black cat from its place as a prop and turning the open sign to closed. I hurried upstairs to feed Bernie and freshen up and, when I was ready, made my way down the cobbled street towards The Coffee

Cup café, the strong, intense heat hitting me hard as I rushed along.

The breeze from the sea was soft and welcoming as I drew nearer to the café, and I stopped for a minute or two, inhaling the fresh, briny air and feeling its coolness on my skin. The beach was teeming with noisy groups of children and bounding dogs. People swam or sat on the harbor walls licking great ice cream cones and idly swinging their legs. The café looked to be full inside, and there were people sitting outside as well at wrought iron tables and chairs. The Coffee Cup sign hanging over the doorway creaked as a seagull flew down and perched on top of it, gave a shrill squawk and flew away.

The acrid smell of freshly brewed coffee seeped from the open doorway as, craning my neck, I peered through the window, but after the blinding rays of the sun, the interior was dark until my eyes adjusted and I saw a hand waving like a little flag from a table tucked away in a corner, and I could see her, Hazel Palmer, standing up and beckoning to me, a worried expression on her face. I smiled and waved and, dodging in amongst the tables and sleeping dogs, hurried over to meet her.

Chapter Six

"Thank you for coming," said Hazel softly as a bustling waitress brought a coffee pot and cups and saucers to the table. We'd ordered some tiny iced cakes of the palest pink, yellow, green and white that looked mouth-wateringly delicious within their little fluted cases. A couple of fans whirred on the ceiling, giving some much-needed fresh air, and Abba sang softly in the background, *"You can dance, you can jive, having the time of your life...."* Hazel appeared to be a lot calmer than earlier when she'd come into the shop.

I noticed she wore a tee-shirt with a picture of Marc Bolan as the "Electric Warrior" on the front.

"Fan of T-Rex?" I asked her. Even as I said the words, a shiver ran down my spine, and I heard a squeal of brakes, a splintering of glass. Quickly I glanced around but couldn't see a thing. Only a bustling café, people talking, eating, drinking and music playing. What on earth had that been about? I drew my attention back to Hazel Palmer.

"Oh, Marc Bolan. He's my idol," she said with a dreamy smile, "And even better since he went electric, although a lot of people might not agree with me." She frowned, "Are you okay?"

I smiled shakily and said, "Yeah, I think so. I thought someone had dropped a glass," I glanced around again, puzzled, saying, "Well, I, for one, agree with you, no electric, no Electric Warrior." And then, taking a deep breath, "I'm intrigued as to what you want to talk to me about."

I poured hot aromatic coffee into the cups and passed one to her. We helped ourselves to milk and sugar, and, stirring thoughtfully, she said, "I don't know where to start, but, well, here goes, my mum remembers you when you were younger. I mean, she remembers the whole family, and," She glanced at me from beneath her lashes, "Well, I hope you don't mind me talking about this, but she knows what happened to your sister." *"Friday night and the lights are low, looking out for a place to go...."*

My heart thumped painfully as I said, "Oh, yes. My sister, Amy." I took a sip of coffee. "No, I don't mind talking about her. In fact, it'll probably be good for me. I've never spoken about her to anyone apart from Mum and Dad. Not even my ex-husband, Pierre." I took a sip of coffee.

"Really? In all these years?" *"Anybody could be that guy, night is young and the music high...."* "And not even to your husband?"

"No, not even to my husband. The words just wouldn't come out." I took another sip of coffee and, putting out a hand, took one of the little cakes. It was delicious, every creamy bite melting in my mouth like a wafer.

"Mum said she's often thought about you and your mum and dad over the years, and when I told her that a lady called Donna Lane had opened a tarot shop on the main street, she was very interested and said she wasn't surprised because your grandma, your mum and even you have all got the sight?" The people at the next table got up to leave, scraping their chairs against the floor, so I had to lean closer to Hazel to hear her.

Frowning, I said, "How does she know that?" *"You are the dancing queen, young and sweet, only seventeen…."*

"I think your mum did a tarot reading for her once and told my mum that you'd had a dream where you saw the Aberfan disaster. Is all that true?" She sipped her coffee, holding on to the cup tightly, her knuckles stretched white.

I smiled ruefully and said, "Yes, sounds right about my mum doing tarot. She taught me all I know, and my grandmother too, and the Aberfan disaster? Yes, that's true, but I couldn't help to stop it, could I? It had already happened." *"Dancing Queen, feel the beat from the tambourine, oh yeah…."* "Are you curious as to whether or not I've dreamed of Esme?"

"It is something I'd like to ask," she said as she poured more coffee into our cups and took one of the tiny iced cakes that she nibbled at with her teeth, carefully eating the icing before the creamy sponge inside, "And also how you coped with your sister's disappearance." She shook her head sadly, "I'm not coping very well at all."

"I'll help any way I can," I assured her, "But it's not easy, that's for sure."

"But before we talk about that, I've something I need to tell you and also about the suspicions I have," Our eyes met, hers as green as emeralds, "Concerning Esme."

"Okay," I said, even more intrigued than ever. She leaned in closer, resting her elbows on the table. A group of people came in, talking in loud, arrogant voices, the coffee machine hissed, and a cloud of steam rose into the air. "When I was around four years old, I was sleeping one night in bed between Mum and Dad. I was like that as a child, apparently, I couldn't sleep very well unless I was with my parents, so I used to sneak in with them in the middle of the night."

She stopped for a second or two, nervously twisting her napkin in between her fingers, "This was before Esme was born, and I was the baby. Before we lived in Emsworth too. We were in Oxford then."

"Yes, go on," I told her.

She took a deep breath, "In the middle of the night, somebody broke into our house, came into the bedroom and," She swallowed hard and then said, "Shot my dad…right bang in his heart. The noise of the blast woke me and Mum, and because I was right next to him, I was splattered in his blood, although I don't really remember that, just the blast, that's all."

My hand over my mouth, I said, "Oh good God!"

"Yeah…turns out Dad had been having an affair. She, Vicky Lonsdale's her name, demanded Dad leave Mum for her and when he said no, she got her revenge. In a big way!"

"Oh, good God," I said again. I really didn't know what else to say except maybe, what a mess or what a tragedy, and I'm pretty sure Hazel already knew that and had heard comments like that before.

"So, not long after Dad died, Mum met my stepdad on a night out with her workmates right here in Emsworth. We'd been here a couple of months by then. We found a place on Slipper Road because Mum wanted to go somewhere where nobody knew us. For a fresh start, she said. Anyway, they married after a couple of years or so and had Esme about a year after that. She said she did it all so quickly to punish Dad. She never forgave him for deceiving her. Mum had no idea he was having an affair and having the audacity to die for it too." She gave a short bark of laughter before saying with a sad smile, "Not that Dad would know anyway!"

"So Esme is your half-sister?"

Hazel nodded vigorously, "Yeah, and boy, do I love that kid from the minute I first set eyes on her. I was almost seven years old and felt like I'd waited my whole lifetime for a baby sister." She smiled to herself, "She's so sweet and funny." She gazed at me, "She always wears a band, you know, in her hair?" She pointed an arc around her own head.

I nodded and said, "An Alice band?"

"Yeah, I always said she should have been called Alice, not Esme. She won't go anywhere without wearing a headband, particularly the black one decorated with silver." She shook her head sadly and said forcefully, "In my eyes, she's my sister, not my half-sister, and," Her voice cracked, and tears began to roll down her cheeks, "I'm so worried about her. It's been two weeks now, and…every day, every minute, has been torture." She lowered her head and cupped a hand around her face.

Quickly I gave her a clean napkin which she used to dab at her face. Awkwardly, I patted her shoulder. The waitress passing by asked if we'd like more coffee, so we ordered another pot while Candi Staton crooned from the speakers, *"Oh young hearts run free, they'll never be hung up, hung up like my man and me…."*

Sniffing and then blowing her nose into the napkin, Hazel said, "She got life imprisonment."

"Wow," I said, "But that's great."

"Yeah, but she's sitting in there now like a big fat spider in a web, taunting us…and she might get out early for good behavior!"

"What do you mean, taunting you?"

"I don't know for sure, but I think she's up to no good." Staring at me with red-rimmed eyes, she said, "Apparently, she always said she'd get rid of my mum and me, you know, because she regretted not killing us too…that night." There was a short silence between us where only the sounds of the hissing coffee machine and a hubbub of voices could be heard before she said, "And my stepdad too…."

I reeled, my mind spinning, wondering where the stepdad fitted in with all this. "I think he knows her, Vicky, and visits her inside. I think they plot…."

The waitress came with the coffee pot and cups and saucers and put them on the table. We thanked her as she nodded kindly and glided away. I poured more coffee as Hazel, her eyes skittering nervously around the café, said, "I think he's involved in Esme's disappearance." She stared at me, tear-stained, her chin lifted, "There, I've said it." *"It's high time now, just one crack at life, who wants to live it in trouble and strife…."*

My hand shook, and coffee spilled onto the table, "Damn," I said. Hazel took another napkin and mopped up the spreading brown pool as I finished pouring into our cups and put the pot safely back down on the table. "Your stepdad?" I said incredulously, "But why do you think that?"

She nodded, "He's a weirdo. I've thought that for the longest time, and my mum doesn't seem to see it."

"Who is he? Maybe I might remember him from when I was young?"

She shrugged and said, "Maybe. He's called Arthur Cooper."

I frowned and slowly shook my head as Hazel said,

"But he hates Arthur, likes to be called Art."

I felt it like a blow. "Oh, Hazel," I said, leaning forward closer to her, "Maybe I should tell you my suspicions now."

***

I came around suddenly, quickly, sucked out of a dream. I'd been aware of thunder and lightning, heat and the salty threat of rain. It was still dark, and the bedroom curtains quivered slightly in a tiny sluggish breeze that slithered through the open window. Bernie stretched, arching her back into the air, kneading the bedspread with her paws as if it was a ball of dough. Soft purring coursed through her body as she turned around in tiny circles before lowering herself down and, curling into a ball, closed her eyes and fell asleep. Thirsty, my throat parched, I got up and went into the bathroom, filled a cup with water and, with a flick of the wrist, drank it down in one.

The heat was intense. Even at night, the heat was dense and cloying, just like being wrapped inside a thick hot blanket, just like being a teenager and waking up at night, oozing sweat, with the electric blanket still on full blast. I got back into bed and closed my eyes, my thoughts turning to Baz Brady, lingering there for a while, a smile on my lips, and then to a distraught Hazel Palmer and what she'd told me about her stepdad, Art Cooper.

Despite the thoughts racing around in my head, I was tired, and my mind began to close down, all thoughts fading as I drifted as if on a warm, calm sea. My face turned to the sun that beat down in a bright yellow glow. I sank deeper and deeper and deeper when suddenly a flash of lightning lit up the sky, and dogs began to bark from somewhere far away. It was dark now, and I found myself crouched in amongst bushes, the leaves rustling and whispering in an increasing breeze. Thunder rumbled like somebody moaning. A sudden blast of light erupted into the blackness as the trapdoor opened, and a figure appeared.

The figure paused for a second and then held out its hand and pulled something from the gaping hole, something that seemed to pop out from the hole like a cork from a bottle. Holding on tight to its burden, the figure ran unsteadily, lurching from side to side like Quasimodo across the scrubby grass. A jagged burst of lightning crackled across the sky, revealing a green building squatting behind the trees. Rain began to pitter-patter onto the sun-baked ground.

"They must be moving her, Donna," said a voice at my side and, turning my head, I saw it was Baz. He smiled his oh so charming smile and, slowly leaning towards me, softly and gently placed his lips on mine. I closed my eyes, breathing in the smell of his spicy cologne whilst burrowing contentedly into his body. There was a sudden loud shrilling ring that reverberated through the air, competing with the bangs and crashes of the thunder and lightning that lit up the sky like a beautiful firework display.

"Quickly," I said, "The trap door's open. We need to take a look."

We ran towards the great square beam of light that loomed from the open trap door, Baz just in front, his breathing harsh and labored. I felt heavy and slow, my feet dragging on the dry scrubby ground. My legs like lead. The trap door seemed to go further and further away even as I labored to get closer, my breath pulsing up into my ears. The shrill ringing carried on and on.

"Hey, who are you?" shouted a voice, "Get back, or I'll shoot."

The trap door suddenly closed, throwing everything into darkness, and the stuttering sound of an engine cut through the ringing and then it was quiet and still. I awoke, my eyes snapping open and my heart racing. It was light now, and sunshine pooled in hot, dusty streams through the window. Bernie felt warm and soft curled at my feet. Taking deep breaths, I tried to still the rapid beating of my heart but jumped as the ringing began again, cutting through the silence.

The phone, I thought, as I jumped out of bed and ran downstairs, but I was too late, and the ringing stopped dead, and all was quiet again. I went into the kitchen, lit the gas and put the kettle on to boil, wondering who had been trying to get through to me. Maybe it was Mum, or maybe, and here my heart gave a great lurch, Baz Brady. A sudden dart of excitement coursed through me at the thought of telling him about my meeting with Hazel Palmer and what she'd told me about her stepdad Art Cooper. I switched on the radio to the inane chatter of the DJ, *"Hi and good morning, this is Tony Blackburn on the Radio One Breakfast Show. Storming up the charts this week is Boston." "I looked out this morning, and the sun was gone, turned on some music to start my day...."*

I sat on the settee clutching my coffee mug in both hands, inhaling the rich aroma and enjoying the music. Bernie, sated from a large bowl of food, purred at my side when the phone rang again, as shrill as in my dream, cutting through the air. Putting my mug onto the coffee table, I quickly picked up the receiver.

"Hello?"

"Donna?" My heart rose at the familiar voice, "It's Baz."

"Oh, hi, Baz...." I conjured up his image and imagined him holding the receiver to his ear, that charming smile etched on his face. Maybe wearing a shirt open at the neck, a slice of tanned chest on display. My heart thumped. Oh, I wish I didn't feel this way. It was far too soon.

"Hey, who have you been speaking to? I thought we were working on this case together." *"It's more than a feeling (more than a feeling)...."*

Momentarily caught off guard, my heart still thumping hard, I said, "If you're talking about Hazel Palmer, she came into the shop, asked to speak to me...."

"Couldn't you have asked me along?"

"No," I said forcefully, "She said definitely no police, and I assume that means you, and as well as that we met within an hour of her asking me. How do you know about it anyway?"

"Ah," he said with a grin in his voice, "Emsworth has plenty of nosy people. No one misses a trick."

"Did you know what happened to Hazel Palmer's dad?"

"Well, yeah…." *"When I'm tired and thinking cold, I hide in my music forget the day…."*

"But didn't think to tell me?" *Ha, touche,* I thought.

I felt his grin as he said, "The Inspector blew it off as having no connection even though I wanted to look into it. That's why I suggested you and I going to see her and her mum, but you beat me to it." *"And dream of a girl I used to know, I closed my eyes, and she slipped away…."*

I gave a heartfelt sigh before saying, "Look, I had another dream last night…." A sudden jolt shot through me as I thought of the kiss that Baz and I had shared as we crouched down amongst the bushes. No way could I tell him that part of it.

"Yeah, you'll have to fill me in on that, and you need to tell me what Hazel Palmer told you so…."

"Can we meet?"

"Exactly what I was going to say." *"It's more than a feeling (more than a feeling)…."*

"Today?" The line suddenly whirred and clicked, and there was a long low humming sound. Frowning, I shook the receiver, wondering if, unknown to me, I was on a party line and somebody was listening in, but then it cleared, "You still there?"

"...how about The Bluebell?"

"Oh, you're still there?"

"Yeah, lines a bit crackly, though."

"I was thinking that maybe you could come here. It'll be more private that way. We don't want the Emsworth grapevine to be listening in, do we?"

"Okay...."

Tentatively I said, "It's a shot in the dark, Baz, but would you be able to get hold of the statements taken from Vicky Lonsdale when she was taken in?"

He hesitated before saying, "I'm not sure about that, Donna...why?

"I'll tell you when I see you. Will you try?"

"Okay, I'll do my best."

"Hey, did you know that Art Cooper is Hazel's stepdad?"

"Oh yes, of course, that's who he is. I didn't recognise him. Must be that long grey beard."

"Oh, I see."

"Oh wow, all this could start to make sense then, eh? Oh, and talking about him, I've got the key to the shed."

"You have? That's great."

"Yeah, the estate agent had it. Art Cooper obviously took an illegal copy, so, coupled with the locked shed and the blacked-out windows, I think we need to be concerned about him."

"Yeah, Hazel has her worries...."

"She does? What?"

"I'll tell you tonight," I said in exasperation, "Around 5:30 pm?"

"Yeah, okay, see you...oh, did you tell Hazel about your dreams?"

"Yes, I did...."

The line suddenly cut off, and he was gone. All the information I'd been given going through my head, I rushed into the bathroom to get ready for work, my main thought being that I really hoped Baz could get hold of the statements from Vicky Lonsdale. Just to see her words right in front of me in thick black print would make my day and Baz's, too. I had no doubt about that.

Chapter Seven

Baz arrived on time. I watched him climb up the cobbled street, a bright orange backpack slung from one shoulder. I was outside, standing in the shop doorway, breathing in some much-needed fresh air. The shop was like a sauna despite the fact that I had two fans whirring away, both working overtime but to no avail. Seagulls squawked overhead, and the sky was a beautiful bright blue with not a cloud in sight (it seemed to me that clouds like hose pipes and baths were becoming obsolete) and the sun a great yellow glow just like the smiley face patches that everybody was obsessed with stitching on their jeans. It seemed that the weathermen were correct so far, it being very likely this heatwave could go on until Christmas, if not forever.

"Hi," he said with a smile, making my heart race uncontrollably. "Wow, Donna, the world's gone mad!" He fussily brushed at his arms and legs and chest, his hands going inside the open neck of his shirt, making my pulse quicken.

I grinned and said, "What do you mean, Mr. Brady? Or should I say, Barrington?" And then, as if I had just noticed, "What *are* you doing?"

For once, he ignored my jibe about Barrington, seeming far too concerned with something else, "Look down," he said irritably, "They're everywhere."

Puzzled, I glanced down at my feet to see a great moving sea of black and red swarming along the cobbles on the High Street. "Ugh," I said, Jumping further back into the doorway, "What on earth…?"

"Ladybirds," he said, following me into the doorway where we stood so close I could smell the spicy cologne he wore emanating from his skin. "You should see the beach. It's smothered in them and the sea, all dead ones floating about. Maybe we should go inside before they fly away. I don't fancy getting caught up in so many of them.

People sitting outside The Bluebell enjoying a cool drink suddenly screamed and jumped on the benches trying to get away from the undulating mass beneath their feet. A man carrying a tray dropped it in shock, and beer foamed onto the ground, the glass smashing into tiny pieces and mixing with the heaving mass of insects. Children, fascinated, put out grubby hands to touch them only for their parents to tap them away, shouting, "No!"

We stood inside at the window watching as, suddenly,

as if of one mind, the ladybirds rose into the air and, like a great black and red cloud, moved up into the sky and flew away. Captivated by the sight of them, unable to tear my gaze away, I said to Baz, "Hey, maybe we should say that rhyme to them…you know…."

"Oh, you mean Ladybird, ladybird fly away home, your house is on fire, and your children are gone?" That one?"

"Yeah, but you missed a bit, 'All except one, and her name is Ann, and she hid under the baking pan!'" As we laughed, I glanced at Baz and, putting my hands to my cheeks, said, "Oh no, you're still covered in them."

"They're biting," said Baz, slapping at his arms and legs. He ran outside to join the throng of people who, like him, were frantically brushing the ladybirds from their clothes and shaking themselves as if they were disco dancing, arms and legs waving around. Unable to stop myself, I began to laugh, doubled over, tears running down my face wondering what on earth he meant. There's no way that ladybirds would bite. With a mock indignant look on his face, Baz came back into the shop and, shaking his head, began to laugh just as hard as I was.

"Unbelievable, isn't it? Wow! They really were biting, though." He inspected his arms and looked down at his chest.

"It must be because of the heatwave," I said.

Baz shrugged, "It must be. I've never seen anything like it before. It's pandemonium out there." We looked from the window again, where people still dusted themselves down with shaky hands, and children still screamed at the horror of our gentle ladybirds turning rogue.

"It'll put people off ladybirds for life!" I giggled.

There was a hush then as we stared at each other, brown and green eyes locked, until abruptly Baz moved and, taking hold of his orange backpack, loosened the opening and pulled out a sheaf of papers, reminding me with a jolt of the figure in my dream yanking something from the open trap door like a cork popping from a bottle. He walked over to the table we'd used for his tarot reading when I said, "Have you got Vicky Lonsdale's statements there?"

"Yeah."

"Oh, that's great. I hope you won't get into trouble for taking them?"

He shrugged, "Maybe if the Inspector was still with the force, yes. He didn't miss a trick. But I'm not sure anybody else will notice they've gone yet."

"Maybe we should go upstairs to the flat. I've a bigger table up there, and I can make us a drink. Maybe you'd like a coffee after the shock of being bitten by a ladybird."

In the process of setting out the statements on the table, Baz turned and stared at me wide-eyed before saying, "Well yeah, fine." He gave me his charming smile. "I'll put these back in my bag then?"

"Mr. Brady," I said, moving closer and giving him a glance from under my lashes, "I hope I'm not frightening you by suggesting we go to my flat?"

"No," he shook his head and giggled slightly nervously, I thought, while fiddling with the tie on his bag. Even beneath his tan, I noticed his face pulsing a bright red which he covered up by saying, "Well, maybe we should go then. We've a lot of catching up to do."

He followed me as we went back outside into the baking heat and walked through the alleyway in between the shop and the solicitor's practice next door and, after climbing the stairs, entered the flat. He gazed around, nodding his head, saying, "Hey, you've got a nice place here, Donna."

"Thank you," I said, and indicating with a hand, "Make yourself comfortable at the table. I'll put the kettle on." The kettle lit with a pop, the gas jet widening underneath as I placed it on the hob. I took mugs from the cupboard and set out milk and sugar on a tray. I switched on the radio for background music. A foot-stomping disco tune burst out, "*... (burn baby burn) disco inferno, burn baby burn, burn that mother down....*"

Meowing loudly, Bernie stalked into the sitting room, aware that a stranger had come into the flat. When I took the tray complete with steaming cups of coffee and a plate of biscuits into the sitting room, Baz was standing at the window, gazing out, Bernie in his arms.

"Do you know," he said, "There's no sign of ladybirds out there now. Weird."

"Yeah," I said, "It was really weird. No doubt there will be front page headlines tomorrow." I placed the tray on the table and sat down. "Something like "The great Ladybird Plague of 1976," featuring a model clad in rogue ladybirds masquerading as her bikini, covering all the right places, of course." I took a sip of hot coffee.

Baz laughed heartily before saying, "But only the Sunshine News Group, though, eh?"

"Oh yeah, I think I told you before that they publish rubbish, and they're sexist."

"What do you mean by sexist? Would you rather see half-naked men on page 3? Would that make it right?"

"Oh really, Baz, no! We just don't want the women displayed like that!"

"No, I agree. There's no need for it, but, well," he seemed a bit stuck for words but finally said, "I don't think the women are being forced, though. They probably earn good money."

I shrugged and said, "No, okay, I suppose you've got something there."

"Times will change. You wait and see."

"Oh yeah, and pigs might fly!" I gave a sigh before changing the subject and saying, "So Bernie's wound her way into your heart too?" *"The heat was on, rising to the top, everybody's going strong, and that is when my spark got hot…."*

He put her gently on the floor and came to sit next to me, taking one of the mugs and adding milk and sugar. "Yeah, she's a beauty." He took a sip of coffee, "Mm, this is lovely, thank you."

"May I?" I asked, indicating the sheaf of papers that contained the statement of Vicky Lonsdale.

"Yeah, sure, have a good read. It's interesting stuff." He took a biscuit and began to chew thoughtfully.

Scanning the typed pages quickly, I said, "She blames him, Roger Palmer, the deceased man, for his own death?" I gazed at Baz in shock. *"Up above my head, I hear music in the air...."*

"Yeah," replied Baz, "She said if he'd agreed to leave his wife and daughter for her, everything would have been hunky dory, and she would have let him live. He lied to her, you see."

"Wow...she sounds deranged to me."

"Yeah, and she shot him while he was sleeping." He arched a brow, "I completely agree with you. She's deranged." He nodded emphatically. *"...I couldn't get enough, so I had to self-destruct...."*

I giggled and said, "Wow, how about this bit." I pointed to the papers with my finger and read out loud.

"DI Ford – Mrs. Lonsdale, talk us through what actually happened on the night of 21 April 1954?"

VL – "Talk you through it? I shot him. That's what happened that night. I'd had enough of the charmer. All false promises, that's what he was. Only the night before, he told me he was gonna leave her and that kid and then suddenly, bam, he couldn't do it. That's when I decided to get rid of him."

DI Ford – "So it was a predetermined shooting, Ms.

Lonsdale?"

VL – If that means, did I think about it first and not do it off the top of my head, then yeah, it was pre-determined."

DI Ford – "So you have no remorse about the upset and stress that you have put his wife through, Mrs. Angela Palmer and his daughter, Hazel Palmer, a four-year-old child?"

VL – "Remorse? No. I wish I'd got rid of both of them too!" (there was some unintelligible speech here which Ms. Lonsdale wouldn't repeat but sounded something like, "and maybe I will do in the future...."

I looked up from the statement at Baz, "I guessed Hazel was around the same age as me. I was 4 in 1954 too, and this seems to tie in with something that she told me."

"Yeah, what?"

"Well, that Vicky Lonsdale threatened that she would somehow harm Hazel and her mum in the future. It's already there in black and white, *"I wish I'd got rid of both of them too!"*

Baz looked thoughtful, his eyes narrowed. I leaned closer towards him, "I have a bit of news that will make your hair curl." Perplexed, Baz grinned at me whilst rubbing his bald scalp.

"Hazel Palmer told me she thinks her stepdad, who I told you is Art Cooper, didn't I?"

Baz nodded, "Yeah, you did."

"Well, she thinks he visits Vicky Lonsdale and is conspiring with her in the kidnap of Esme. Maybe that's her way of taunting Hazel and her mum? Being cruel, you know?

But do you really think he would conspire in the kidnap of his own daughter?" I took a sip of coffee.

He seemed at a loss for an answer before saying, "Hazel knows him well, I presume so has an idea of what he's capable of, but we mustn't believe everything she says."

I frowned, "Why not?"

He gave a deep sigh and shook his head, "I don't know, there are so many loose ends at the moment, but what I do know, Donna is that we should go look in that shed." He pulled a key from his trouser pocket and brandished it at me, "What are you doing tomorrow?"

"It will have to be after I close the shop."

"Okay. Oh, what did Hazel say about your dreams of Esme?"

"Yeah. She was as mystified about this bunker-type hiding place as I am."

"Are you sure it's not in the caves? There are loads of caves around the seashore in Emsworth."

"No, I don't think so. There's light from above, you know, when the trapdoor is opened."

There was a short silence as we both sipped our coffee when Baz said, "When are your parents moving in?"

"Not for a few weeks yet. They're waiting for the completion papers to come through from the solicitor.

He nodded sagely, "And your recent dream?"

"Whoever it is has moved her. Well, I think so, anyway. You were there, too, in the dream."

He gazed at me with narrowed eyes, making my heart thump hard, "Why am I in your dream, I wonder, or should I say your predictions?" And then suddenly, on a tangent. "Why were you living in France?"

"Oh," I said casually, surprised at the sudden random question, "I went grape picking with a friend."

"Why did you come back? France not to your liking?"

"Oh, yes, I love France, but," I hesitated but then thought, *why not? I'd probably have told him soon anyway*, "I had a bad breakup, and I had to get away," I shrugged, "I wanted to come back here."

With Paris in my mind, I had a sudden urge for a glass of red wine. The harsh, bitter stuff that Pierre and I used to drink during our heady courtship. A bottle of Mateus Rose came to mind, and I said to Baz, "Would you like a glass of wine?" Music streamed in from the kitchen, *"Can anybody find me somebody to love…."*

"Well, yeah, please. Wine isn't something I usually drink, but yeah, what is it?"

"It's Mateus Rose," I said, going to the sideboard. "It was here when I moved in." I poured two glasses and gave one to Baz, who sipping thoughtfully, said, "Mm, that's good. Cheers." *"Each morning I get up, I die a little, can barely stand on my feet…."*

We chinked glasses when he said, "Donna, I have something to ask you."

I took a sip of the wine, so much more fruity than

the harsher French stuff I used to enjoy. I glugged it down. "What?"

He leaned in closer to me, his forearms on the table, the glass of wine at his side. "While I was searching for the Vicky Lonsdale statements, I came across notes from various other cases and a file, a very thick file, on another missing girl."

"What? You mean another girl missing now?"

"No, no," he shook his head and, picking up his glass, took another sip, "From almost ten years ago." *"I have spent all my years in believing you, but I just can't get no relief, Lord!"*

I stiffened, wondering what he was going to say next. My heart thumped so hard I was afraid it would burst out of my chest.

"Amy Lane," he said, "A girl called Amy Lane." I glugged at the wine. It streaked down my throat and settled, warm and comforting, in my stomach, dulling the feeling of dread that had risen up, ready to bite.

Thoughts pushed and jostled through my mind. I'd spoken a lot of Amy recently, to my mum, surprisingly, and then to Hazel Palmer, somebody I'd only just met, so there was no reason not to speak of her to Baz. "She was my sister," I said quietly, so quietly he drew his chair closer to hear. *"I work hard, (he works hard) every day of my life…."*

"I suspected that was the case," he said. He was so close to me now I could feel his breath soft and minty on my hair and on my face. "Is that why you want so much to use your talent to find other missing girls?"

"My gift," I corrected him, "My grandmother said it was my gift." Our eyes met and locked, and as if suspended in time, he slowly reached out and cupped my cheek with a hand, his fingers grazing my cheekbone. Tears welled into my eyes, and without hesitation, Baz dabbed them away with the pad of his thumb." *"...and I start to pray (praise the Lord) as tears run down from my eyes...."*

"I'm sorry," he murmured, "For your loss."

"My gift deserted me then, Baz," I blurted out, "And I couldn't help her. I'll always regret that."

"It wasn't your fault, Donna, he said, shaking his head, "Your gift isn't something you can conjure up out of the blue, is it?

A sudden madness took hold of me, or was it the effect of the wine, because, without another thought, I cupped the back of his head and pulled it towards me until, with something like an explosion, his lips met mine. He applied pressure, hard and bruising.

Oh, at last, I thought as I tasted his lips and his tongue, as sweet as sugar from the wine. I closed my eyes and luxuriated in the feeling before we pulled apart slightly, and he snaked his arms tighter around my waist, and I rested my cheek on his shoulder. He whispered in my ear, "Oh, Donna, I've been wanting to do that for a long time."

Pulling back so I could see his face, I said, "Really?"

"Yeah, since the first time I saw you." Queen sang relentlessly, *"Find me somebody to love, find me somebody to love....*"

"In the police station?"

He nodded, that oh so charming smile lighting up his face, "Well, I must confess," I said, looking up at him through my lashes, "That I did too." He leaned in closer towards me.

"Hold on," I said, putting the palm of my hand on his chest, "Didn't we say there'd be no funny business?"

"Do you think this is funny?" he whispered, arching a questioning brow, his lips as red and soft as strawberries, only inches from mine. I noticed that his teeth were very white and very straight.

"No," I said, "Not one tiny bit." His lips came closer, and closer still, until, light as a feather, they settled softly on mine.

Chapter Eight

The tide was out, and the sand stretched ahead for miles like a wrinkled beige bed sheet, its surface marred, not only by the webbed imprint of bird's feet and tiny holes courtesy of bloodworms but by what could only be huge piles of dead ladybirds. Shielding my eyes with a hand from the relentless white glare of the sun, I saw they littered the beach and tangled with the seaweed. Oh, how it broke my heart that our beautiful beaches had become graveyards for our much-loved ladybirds.

A sudden memory of last night flashed through my mind making me tingle all over. Closing my eyes, I pictured Baz and I sprawled on the settee, locked in each other's arms. "Are we the two of hearts that showed up in my tarot reading?" he asked as he propped himself up on his elbow and gazed down at me, his eyes very dark and very intense.

I giggled a little and said, "Yes, I think we are," And then, with a sigh, "I told myself not to get involved."

"But you are?"

I remember running my fingers through the stubble on his cheeks and his chin. "How could I not be?" And then, gazing into his eyes, "Are you?"

He nodded, "Oh yes, you're not getting away from me now, Donna."

"I don't want to," I remember had been my smart reply.

I re-traced my footsteps, crunching my way over the stony beach to the High Street, where I'd arranged to meet Baz outside the police station. I noticed a newly erected standpipe and a long queue of people waiting with buckets and large plastic containers to collect water for baths or washing. With a sinking heart, I noticed that Esme Palmer's face was everywhere, her bright white smile shining from every lamp post and every shop window, the words *"Have you seen this girl"* clear for all to see.

And yet, despite the missing girl, the heat sweltered. *"Save Water – Bath with a Friend"* was on the tip of everyone's tongue. Tarmac melted, and fires raged. Grass was burnt brown, and leaves, normally green and perky, hung listlessly from the trees. The mudflats oozed their bad egg smell into the air. *"The longest period without rain for 80 years,"* screamed the newspaper headlines. *"Think before you turn the tap on"* was the latest advice from the National Water Council. While cars remained dirty and white vans, the words *"clean me"* etched on their dusty windows was a familiar sight.

People were hot and listless, and only Brotherhood of Man's victory at the Eurovision Song Contest sparked a glimmer of enthusiasm from anyone. *"Save all your kisses for me, bye bye baby bye bye...."* Pat Phoenix returned to Coronation Street after an absence of three years, and diehard fans clapped and cheered. *"Don't cry honey, don't cry...."*

Despite the heat, a shiver stole through me as I thought again of the sounds I'd heard of squealing brakes and splintering glass that reverberated throughout the air when Hazel Palmer had talked to me of her idol, Marc Bolan. Over the years, my gift had alerted me to tragedies in many ways and especially by sounds or smells. I'd be keeping my fingers crossed for him, glam-rock's wild-haired electric warrior.

My heart raced at the thought of seeing Baz again, and when he did appear framed in the doorway of the police station, his dark eyes sexily narrowed against the light, my heart, along with all the Fab lollies and whippy ice-cream cones, melted in the shimmery hot sunshine. He saw me and waved, ran lithely down the steps and, bending slightly forward, said, "Are you okay?" and then after kissing my cheek. "Had a busy day?"

"You look cute." He was wearing a straw trilby hat that sent the butterflies in my stomach fluttering even more.

"Cute?"

"Yeah, the hat." I indicated with my head.

"Well, thanks, but are men really cute?"

"You are," I replied. We giggled, squeezing against each other as we walked to the car.

"In answer to your question, yes, I've been busy. The shop has been doing really well, with a steady stream of customers, and I've got a few more tarot readings booked in." I linked my arm through his. "I'm surprised actually at the enthusiasm for all things tarot from Emsworth people."

"Good, I'm glad. It's a really cool shop," and then turning to look at me, "It's lovely to see you, after last night, I…."

"I can't get last night out of my head," I said quietly, squeezing gently against him again, the path burning hot beneath the soles of my sandals.

"Neither can I," he said with his oh so charming smile. Little lines fanned out around his eyes, making my stomach flip, so I said shakily, "It's lovely to see you too. Actually, it's nice to see you, to see you nice!"

Baz laughing, throwing his head back, "Brucie, eh?"

"Yeah, Bruce Forsyth, I love him…do you?"

"Oh yeah, the Generation Game?"

"Love it!"

"Did you see all the dead ladybirds on the beach?" he asked, as we got into the car and sat carefully on the boiling-hot leather seats. We'd planned a visit to the house again, this time armed with the key to unlock the green painted shed.

"Yeah, ow, yeah, I did," I replied. "A very sad sight."

Baz grinned cheekily and said, "Never buy a car with

leather seats. They're murder in hot weather."

"And even worse in a heatwave," I said, "Ow, oh ow...."

"And worse than ever when you're wearing shorts," said Baz, looking at my bare legs, "Even though the view is extremely fetching."

"Oh, you," I said, taking a swipe at his arm.

I gazed from the window as we passed through Emsworth, the streets quieter than usual. Maybe because people were staying at home, spending their time sitting in cold baths or lugging the kid's paddling pool out into the garden for a much-needed dip. The sea might be off-limits until all the dead ladybirds had been washed away. I noticed fishing boats stranded lopsided in the harbor, waiting for the tide and people sunning themselves on the beach. We soon found ourselves in the countryside around Fishbourne, speeding past brown fields, the grass shriveled, sheep and cows still valiantly grazing. Baz switched on the radio, and music poured into the car, *"Do you remember back in old LA (oh oh oh) when everybody drove a Chevrolet (oh oh oh)...."*

We hummed along, *"Whatever happened to the boy next door, the sun-tanned, crew-cut all American male...."* He gave me a sideways grin, those little lines appearing around his eyes as if by magic. He reached out a hand and squeezed my thigh, making my heart beat faster.

"Another great song," I said as once again we climbed the hill towards "Applegarth Cottage." *"Beach baby, beach baby, give me your hand....*" Baz drove straight up onto the drive and turned off the engine, cutting the music in mid-flow, so everything was hushed and still under the relentless heat of the sun. Peeling ourselves from the hot leather seats, we got out of the car and stood looking around, both of us relieved there was no sign of the transit van.

Moisture had gathered at the backs of my knees, under my arms and in the hollow between my breasts. I felt as if I needed a deep freezing-cold bath, and we hadn't even started our investigations yet. Baz gave a jerk of his head and said, "Come on, let's go unlock the shed door."

The key slid easily into the lock and turned with a rasp. Baz pushed gently at the door, and it opened with a long slow creak, ominous in the hot, still air. A fetid odor hit us hard, and gagging, I peered inside.

"God, what a stench! Oh no, I can't see a thing. It's pitch black."

"Ah ha," said Baz, taking a torch from his pocket, "Forward thinking, eh?" He held a hand over his nose and mouth.

We hovered in the doorway, the torchlight creating a long thin beam in front of us. With my hand over my nose, I stepped inside, waiting for my eyes to adjust to the dark. Baz followed me, the light from the torch roaming all over the interior, lighting up what looked like piles of dirty rags, old torn-up sheets and empty bowls, some encrusted with dried dog food. Flies buzzed and swerved drunkenly, some banging against the blacked-out windows, dead ones on the floor.

"Oh God," I said, "What a mess."

"Yeah, I don't think there's anything in here, though, except junk."

Baz shone the torch on the floor, inspecting the dirty rags more closely when suddenly they moved, just a slight rippling, and we both instinctively backed away. "Hey, there could be mice in there," he said, "Maybe they've made a nest." Tentatively, he poked with his shoe and then, bending, peering closer, reared up in horror, "Oh my God, Donna, it's a dog!"

Ignoring the mess on the floor, we hunkered down, shining the torch all around. "Oh my God, the poor thing." My throat felt tight, and tears welled up, threatening to spill, as I reached out a hand and touched her matted fur. For it had to be a female, didn't it? For her to be here in such a state, her belly rapidly rising and falling, her teats pink and distended. Even the dog world was unfair to the female sex. She gazed up at me with filmy, glazed eyes as if she was blind.

"Barely alive," said Baz, "Donna, we need to get help. Is there a working telephone in the house?" He indicated backwards with his head.

"There's a phone in the hallway," I said shakily, "You can try it." I handed him the door key and then said, "Oh, get some water, will you?" He took a silver bowl from my outstretched hand.

"I know the local vet," he assured me, "Stay right there, okay? Here, I'll leave the torch." He hurried away, leaving me alone with the dog and the sound of its rasping breathing, a dog that resembled a pile of rags and was so dirty, I couldn't even tell what breed it was. Fat black flies buzzed around her head even as I lashed out and swatted them away.

So, I thought to myself, *Is this what my dreams have been about, or my predictions, as Baz calls them. Have I been sent here for this dog and not to help solve the mystery of the missing girl, Esme Palmer? Was there no trap door, a girl hidden away in foisty earth, but just this shed with its own kind of horror hidden inside, for the neglect of this dog was a horror that's for sure, and, without a doubt, Art Cooper had better watch out, because Baz and I were on to him.*

The dog whined and tried to raise her head. "It's okay," I said, as I patted her dirty fur, my hands feeling nothing but bones, "We're getting someone to help. We won't let you down." She gazed at me as if she understood and, raising her head a little more, slowly put out a long pink tongue and lovingly licked my hand before wearily laying her head back down and closing her eyes. The heat intensified, and sweat ran in sluggish rivers down my face, stinging my eyes and making me squint. *Oh, Baz,* I thought, *Hurry up. Please hurry up.*

***

"Don't go breaking my heart. I couldn't if I tried, oh honey, if I get restless, baby, you're not that kind...."

The pub The Swan was deserted inside, only an elderly

lady serving behind the bar, everybody having gone outside to sit in the beer garden to swig on long cool pints and feast on the pub's very best fish and chips or much-loved roast meals. It might be hot, but people still had to eat.

The interior was old-fashioned and quaint, with thick black beams crisscrossing the ceiling decorated with shiny brasses and hanging copper kettles. The massive fireplace, filled with a huge sweet-smelling flower display, the wood burning stove redundant at the moment, boasted a stone lintel, above which hung a large framed painting of elegant swans with their cygnets floating lazily on rippling water. *"Oh honey, when you knock on my door, ooh, I gave you my key…."*

We, too, took our drinks outside and, finding an empty bench, sat down wearily. "Cheers," said Baz, raising his pint. He took a deep draft and said, "Wow, I needed that."

"Yeah, me too. Oh my God, what a day. All I can say at the moment is thank God the phone worked." *"... when I was down, I was your clown…."*

"I can't stop thinking about the dog," I said, "It didn't look any different than a pile of old rags, did it?"

Baz shook his head sadly and took another deep draft of lager.

I gazed around at the small tiled patio with its large pots of succulents which were just about managing to live in the heat. A clever idea. If they can survive in the boiling Arizona desert, they can survive anywhere. A heatwave is nothing to them. There was a small patch of grass, burned almost white, set out as a children's play area with brightly colored swings, slide and rocking horse, and a tree grew nearby, its leaves drooping.

"Did you mean what you said?" he asked as he took another deep pull on his pint.

"What? You mean about taking the dog?" *"...and now it's up to us babe, oh I think we can make it...."*

I nodded as I sipped lager, and Baz said, "You do realize that she might not survive, Donna?"

"Of course I do, but she seemed to rally a bit with the vet, didn't she?"

"Yeah, and the water helped a lot. Dehydration, you see. How he could lock her away in this stifling heat is beyond me." He shook his head sadly.

"My parents might want her anyway," I said. "I'd rather she lived with them, mainly because of the garden space. I wouldn't want her to be cooped up in my little flat...."

"With a cat that might attack her?"

I giggled, "Bernie wouldn't hurt a fly." *"Don't go breaking my heart, I won't go breaking your heart...."*

"Maybe not a fly, but a dog, yes!" The people on the bench next to ours got up to leave, the children fractious and whining. "Cold baths for all of you when we get home," I heard their mother tell them. Baz and I exchanged amused glances.

"Tomorrow, we should ring the RSPCA," I said, "To report our suspicions about Art Cooper."

"Yeah, the vet seemed sure it was the right thing to do. Maybe he's had complaints about "Applegarth Cottage" before. Whatever, that Cooper fella should get into big trouble for what he's done. It's got to be him, hasn't it?"

"I might ask him, the vet, I mean," I said, taking a sip of my drink, "I'll call tomorrow to see how the dog's doing and then very soon, that shed will need cleaning before Mum and Dad move into the house. Oh, and yes, it all points to Art Cooper, definitely."

"Yeah, deep down cleaning and the stench removed," said Baz with a grin as he got up, clutching his empty glass. "Whew, I don't know about you, but I need another."

"Yes, please," I said, handing over my glass. I watched him walk away, his stride hurried as if he couldn't wait to get to the bar. The jukebox burst into song, *"Oh, I love to love, but my baby just loves to dance, he wants to dance, he's got to dance, he loves to dance…."*

I swayed to the tune. The sun still shone very hot and heavy in a clear blue sky. A group of people sauntered in carrying their drinks. All of them clad in shorts and tee-shirts, flip flops on their feet. Baz came back with our drinks and, setting them on the table, gave me a sexy wink before sitting down and reaching for my hand. Opening it wide, he brought it to his mouth and kissed the palm.

"Wow," I said, luxuriously hunching my shoulders to my ears, "That sent a shiver down my spine." *"The minute the bands begin to swing it, he's on his feet to dig it and dance the night away....*"

He grinned and said, "It was supposed to."

"Baz," I said.

"Hmm?"

"Do you think that Esme Palmer will be found?" *"Stop. I'm spinning like a top. I'll dance until we drop....*"

He sipped his lager, "I hope so. Although we've yet to find the trap door. We must look again tomorrow. We were sidetracked today because of finding the dog."

"But what if that's it?"

"It?" he asked me with a frown, "What do you mean it? You're confusing me, Donna."

"What I'm trying to say is, what if it's the dog I've been meant to find and not the missing girl at all."

Crossing his arms over his chest, he sat for a few minutes as if thinking hard. "The dog was in the shed, not down in the earth beneath a trap door."

"It's just a dream," I said, and then again, sad and desperate, "It's only a dream, Baz. Maybe I've got it all wrong."

"We don't know until we find the trap door, do we? If there's no trapdoor, then we look for another way to find Esme Palmer." He gazed at me over the rim of his glass with those disconcerting dark eyes until I just had to lean forward and let my lips brush gently against his. Cupping the back of my head, Baz pulled me in tighter. *"I love to love, but my baby loves to dance, yes he does....*"

Chapter Nine

Something smells foisty, and it's cold down here, damp and cold. I haven't been as cold as this for a long time, for the heat is relentless and has been for a long, long time. It's black, pitch black, and I'm scared. Something wriggles beneath me, and I feel something in my hair, something that moves, that tickles against my scalp. My hair follicles stand on end, and I have goosebumps. My heart thumps hard as, blindly, I put out my hands. Dark walls surround me, dry and crumbly to the touch, but there's a hint of moisture in the air. I crouch down, wrapping my arms around my knees. Hot tears run down my cheeks and soak into my legs.

Like a bolt of lightning, light and heat flood in from above. Dense, suffocating heat. There's the smell of salt, and the stench of mud, the screech of seagulls. I hide my eyes from the glare. Somebody laughs, "You still alive down there?"

accompanied by the clump of heavy boots. I dare to look up, peering between my fingers. A black figure, a silhouette, slowly coming down the wall, bump, bump, bump. Something touches my face, softly, tapping.

I woke, my heart thumping, and my eyes snapped open. I was sweating. The sheets were wet. Bernie sat on the bedside cabinet, gently tapping my face with her paw. "Okay, okay," I told her, "Food soon." The windows were wide open, but there was no breeze, and the curtains hung limp. Sunshine flooded in, sending its rays across the carpet. The air was heavy and sluggish as thick treacle.

I got out of bed, swinging my feet onto the floor. I sat still just for a minute, the dream still running through my head, when from the corner of my eye, I saw something black, long legs scurrying, and I lifted up my feet in a panic, but Bernie was there, bam. Her paw pinned the spider to the ground. I saw its legs struggling, and then it was gone without a trace. Bernie licked her lips again and again and then began to groom, using a paw to wash her face, her tongue to lick her long fur. Stumbling into the kitchen, my heart racing, I put the kettle on the hob and gave food to Bernie, telling her what a good girl she was. She crouched at her bowl, eating fast with tiny snapping bites. The kettle came to a shrieking boil filling the room with steam. I switched off the gas just as the phone rang. Quickly, I picked up the receiver, "Hello?"

"Hi, it's Baz."

"Hi...." I still felt disorientated, as if I was still trapped within the dream. That careless laugh and the words, *"Are you still alive down there?"* echoed through my head.

"I've just had a call from the Vet. He wanted to let me know that the dog made it through the night, so…."

"Oh, thank God. I must admit I was in two minds about that yesterday."

"Yeah, so was I. He called the police yesterday. Oh, and he rang the authorities, too, the RSPCA."

"Yeah?"

"Are you okay, Donna?"

"Yes, of course. Sorry, I haven't had coffee yet. What do we do now?"

He chuckled and said, "Get that kettle on by the sound of it."

"Yeah, yeah, it's on. It's even boiled."

"If you're going to the vets after work to check on the dog, I'll go with you if you like."

"Yeah, that'll be great."

"I'll come to the shop, okay?"

"Okay. See you then."

"Okay." No click of the receiver.

"Are you still there?"

"Yeah."

I giggle, "Hang up then."

"No, you first."

"Baz, please, hang up."

"No, you."

Exasperated, I shook my head as I pressed the receiver to my ear. He was still there. I could hear him breathing. "See you!" I said loudly and brightly.

I hung up and went back to the kitchen to make coffee. I collapsed onto the settee with a sigh and sipped the hot brew, the dream running through my mind again and again. It was different this time, as if I actually was her, the missing girl and not a mere bystander. And who was the man? Was it Art Cooper? Was he a sadistic kidnapper of young girls as well as being involved with something as terrible as puppy farming? I pictured the poor dog, its swollen belly and distended teats, and the way it had licked my hand as if in gratitude made me want to cry all over again.

The coffee having revived me a little, I checked my watch, brought up short by the time. "Good God, the shop." Rushing into the bathroom, I ran a tepid bath with barely two inches of water and sat in it, flicking water all over my body. I slipped into shorts and a tee shirt, put sandals on my feet and made my way downstairs, gagging at the smell as I passed the silver bins lined up in the alleyway. People walked listlessly on the High Street, and the smell of fried bacon, eggs and coffee hung in the air from the open doorways of the cafes and the bakers.

A young girl stood outside The Tarot Trove, peering intently in the window, her hands cupping her face as I went to the door and let myself in with a ping. She hovers outside as I prop the door open with the black cat.

"Oh, hi," she said as she cautiously stepped inside, her eyes darting around. The smell of vanilla and patchouli wreathed through the air like a mist.

"Hi," I said. She reminded me of the posters of Esme Palmer. Her center-parted hair, long and blonde, framed her pretty face like curtains.

"Are you Donna?" she said shyly.

I nodded. "I'm Natalie," she said, holding out a hand, "My mum said you were looking for help in your shop, and, well, I've brought my CV."

Ah, I thought, *Our Natalie,* but said, "Hello Natalie." I took the CV from her and scanned it quickly, my eyes running over the thick black type. Glancing up, I said, "Aren't you over-qualified for shop work with your typing and office skills?"

She shrugged and said, "They're there for the future. And anyway, don't you need someone with those skills for compiling a stock check, say, or keeping records?" She shrugged, "Things like that?"

I glanced at her and smiled, saying, "Yes. Have you time for a quick chat now? Before the shop gets busy?"

She nodded happily as I showed her to the table I used for tarot readings. "Are you interested in the tarot?" I asked as we sat down facing each other.

"Oh yes," she said, "I'd like to learn more about it, though."

"You're in the right place for that," I said. "Any good at

making tea?" I shrugged nonchalantly, "Or coffee, perhaps?"

She laughed and said, "Oh yeah, I'm always having to put the kettle on for my mum."

Hmm, I thought, *Maybe our Natalie is just the person I need.*

We grinned at one another as we settled down to talk.

***

The vet's office was bright and sunny with yellow-painted walls, a desk and a chair arranged in front of the window. The desk was littered with papers, although a large Rolodex and a bulky typewriter occupied much of the space. All the windows were open, and a fan hummed sluggishly from a corner.

The dog rose unsteadily to its feet and made its way towards Baz and I bringing a lump to my throat and a tear to my eye. She was still painfully thin, her ribs stuck out like a washboard, but there was a glint in her eyes and a wag in her tail that hadn't been there yesterday. Doggy Heaven definitely wasn't ready for her yet.

"Oh my God," I said, "I didn't expect this at all. I didn't expect she would walk to us." She nuzzled into my hands with her nose before sinking back onto her haunches and looking at us from deep brown eyes. Tears welled up again, and hastily I blinked them back, wondering what it was about this dog that touched my heart.

He smiled, a tall skinny man, his hair greying at the temples, a name badge on his white coat, stating Vic Jenson,

Veterinarian, in thick black letters. "She definitely recognizes you two, doesn't she?" The vet offered us chairs as he perched on the edge of his desk, arms folded, legs outstretched.

"I didn't expect it," I said again, too choked up to say anything else.

As if he recognized this, the vet carried on talking, "She's come round a lot since yesterday. Dogs are very resilient. It's amazing what water and a little bit of food can do. Notice I said a little. It's no use overloading on food, not at the beginning."

"You can tell she's had a bath," commented Baz.

"Oh yeah," replied the vet, "She was very grubby and smelly, as you know. She enjoyed it too."

We both nodded, exclaiming, "Oh good," and smiling at each other as if we were caring parents with a newborn.

"Oh," said Mr. Jenson, "And if you're worried, I made sure she bathed with a friend."

"Oh very good, Sir," said Baz with a grin, as I giggled, and Baz asked, "Is she a Lab?"

"Yeah, she is," he said, "A Ruby Labrador, in fact. As you can see by the color of her coat, a lovely reddish hue. A good family-friendly dog."

"Has she been used for puppy farming?" I asked. I stroked her ears, liking the feel of her warm bulk pressed against my legs.

The vet nodded, "Puppy farming definitely. Do you know how much you can get for a Lab puppy? She's what you might call a discarded cash cow."

He nodded towards the dog, who gazed at us trustingly with big brown eyes. "So cruel to leave her locked up in that shed, especially in this hot weather. If you hadn't found her yesterday, I don't think she'd have made it." He shook his head sadly.

"So she's a reject?" I asked in surprise, "A beautiful dog like her?"

"Yep, they come to the end of their breeding life and aren't wanted anymore."

"You know who we think it could be, don't you?"

"Yeah, Art Cooper. "I've had my suspicions about him for a while. Always something odd about that dog rescue place." He began to tick off on his fingers, "Not clean, dogs always locked away in the cages, no exercise, dirty bowls." He shook his head, "You name the wrong ways to go about a dog rescue business, and they did all of them."

"Didn't anybody report them before," I asked.

"Yeah, I did," he said, "A few times, but they must have had a tip-off because they'd cleaned up their act before the authorities visited."

"But that's terrible," said Baz.

"Yeah, that's why after I called them yesterday, I got the police round, too, so they could see exactly what she looked like." He nodded towards the dog, "They're going to pay Art Cooper a visit," he said, knowingly. "Oh, and I took photos of her too. Before her treatment."

"Where does he live?" asked Baz.

Mr. Jenson shook his head slowly, "Umm, not sure you should take matters into your own hands, Mr. Brady."

A memory of my meeting with Hazel Palmer popped into my head, and her words, *"We'd been here a couple of months by then. We found a place on Slipper Road...."* I stifled a grin, thinking that finding Art Cooper would be no problem.

Baz laughed as I said, "My parents are moving into the property soon, and I think I'm going to suggest that they don't open it as a dog rescue."

"Well," Mr. Jenson dithered, "If they could run it properly, it would be a great asset to this area, but, well, those clowns had it before. They were useless." He shook his head, "I'm pretty sure your parents could make a better job of it. What do you think?"

"Well, they're very passionate about animals. My mum said recently if he's running a puppy farm or hurts those animals in any way, she'll have his guts for garters."

Mr. Jenson laughed long and loud, "That would be a grand sight to see."

"Art Cooper said all the animals are being looked after in some place in Horndean, and he's going to deliver them back to "Applegarth Cottage" when my parents move in."

"Nah," said Mr. Jenson, emphatically shaking his head, "They'll all be gone by now. I'd bet my bottom dollar that this one," He nodded towards the dog, "will have been the last one to get rid of. He was caught off guard when you two turned up." He gave a small satisfied grin. And then carried on, "In the meantime, though, what happens to her?"

We all looked at the dog, so small and skinny, sitting at my feet. Baz glanced at me from the corner of his eye as I said, "I want her, but I live in a small flat, and I'm worried it won't be big enough. Oh, and I have a cat."

"Is it a mean cat?" asked the vet.

I smiled and said, "No, I don't think so, but cats can be pretty skittish, can't they."

He laughed and nodded, saying, "Some cats and dogs get on fine."

"Anyway," I said, "I'm pretty sure my parents will take her, but they won't be moving here for a couple of weeks yet."

"No problem," said Mr. Jenson, "She needs to be monitored for a while yet anyway. She can stay here while you make arrangements. There's no way I'd recommend she go back to Art Cooper."

"You mean that the RSPCA might say she has to go back to him?"

"Not if I've got anything to say about it."

"Surely the police would intervene, too?" asked Baz.

"Yes, they saw the neglect. It's my guess that Art Cooper will be banned from keeping animals."

Baz nodded and said, "That's as it should be."

"Thank you," I said, "For caring for her here for a while longer."

"No problem," The vet stood up and stretched, arching his back, "Ooh, this heat ..." He shook his head slowly. "Makes you tired, doesn't it?"

"Yeah," I said, "And every day seems to get hotter."

"Oh, Just one more thing."

Baz and I looked at him questioningly, "What are you going to call her?"

Without giving it another thought, I said, "Dandy," as I crouched down beside her. "So she'll be known as Dandy Lane."

"Not Penny Lane?" asked Baz giving me a sideways glance. He hummed under his breath, *"Dandy Lane is in my ears and in my eyes...."*

"I'm a big fan of Bowie," I told them.

"Ah, Dandy Warhol!" said Mr. Jenson nodding approvingly, "A cool name." He patted her head, "And you won't regret it. Once she fully recovers, she'll be a great dog."

***

Baz and I sat on the harbor wall, eating Fab lollies, our legs dangling. The sky arched overhead, cloudless and blue and on the horizon, the tide was turning, bringing a salty breeze that felt good against my hot skin. People sunbathed, stripy umbrellas scattered over the sand like toadstools. Children built huge sandcastles with buckets and spades, and people wearing wetsuits, their boards at the ready, gazed out at the sea, shielding their eyes against the glare of the sun.

"Baz," I said, as I took a bite from my lolly, "I think we

should go back to the shed." I gave him a sideways admiring glance, taking in a slice of tanned chest and the straw trilby tilted at a rakish angle. My heart thumped hard.

"What, now?"

"Yeah, I have a feeling about that shed. Underneath the stench, there's a smell of new paint. It's a new shed."

"A feeling in your water?"

He licked his lolly, his tongue shooting out like a lizard's. He shrugged and said, "A new shed, so what?"

I giggled and said, "Yeah, something like that. I've always found it very beneficial to rely on feelings in my water." And then, "I'm not sure, but there's something…."

"Mm, okay."

"Changing the subject slightly. How does your criminal profile fit with Art Cooper?"

"Well," he bit into the last piece of lolly and promptly licked the stick clean, "Hmm, he's a married man, but that doesn't mean he isn't a loner, but the thing is, all we know about him at the moment is that he's cruel to animals. I'd need to know more about him, know his personality, certain characteristics to match him to a criminal profile."

"Oh, I see."

"We'll have to find his address and pay him a visit. A secret visit, though, an unannounced one."

"Oh, you mean we need to spy on him?"

"Yeah, exactly." He gave me a cheeky grin.

"He lives on Slipper Road," I said, as I jumped down

from the wall.

He looked at me surprised, "Wow! Did you dream that too?"

I giggled and said, "No, it happened to crop up in the conversation with Hazel. Now come on, Barrington, never mind all this sitting in the sun lark. We've work to do."

He smiled, sexy wrinkles fanning out around his eyes, as I grabbed his hand and, walking closely together, we made our way up the cobbled High Street to the car.

Chapter Ten

The shed door gave a long slow, ominous creak as we pushed it open, cutting through the hot, still air like a knife. Thankfully, there was no sign of the transit van, and everything was quiet and still, not even a rustle of leaves or a twitter from the birds. The ground was scorched and cracked, and dust rose in little puffs as we inched our way inside the shed, our hands over our mouths and nose, Baz armed with the torch that shone a bright white beam like a spotlight in front of us.

"God, what a mess," I said, and then, as I fumbled around, "If only we had better light."

Baz nodded, and said, "Yeah, that would be really good." He shone the torch all around, lighting up the walls, the floor and the ceiling. "Hey, what's this?" He shone the torch all the way up the wall. "A cable?"

"Wow," I said, "I don't believe it. It's amazing. Look, a

light switch!"

There was a click as I pressed the switch and then a flickering from the ceiling as if the strip light just above our heads was going to die at any moment, but it didn't. It settled into a steady low hum, lighting up the whole shed in a bright white glow. We stared at each other, and Baz said, with a laugh in his voice, "Didn't God ask for light?" And then, in a deep booming voice, "Let there be light!" He switched off the torch and set it down on the ground.

Looking around, I said, "Well, I definitely got my wish!" I gazed around, "Unfortunately, though, we can see the mess more clearly now."

Baz started singing, *"I can see clearly now. The rain has gone…."*

I indicated with my hand, all the rubbish on the floor, *"I can see all obstacles in my way."*

We both laughed as I said, "I'd love rain, even for one minute."

"Yeah, lovely cooling rain."

"Rain's a myth now. You're best to put it out of your mind."

"Difficult at the moment," he said as he rubbed his sweaty face with the back of a hand. "Do you know, if it rained right now, I'd dance naked?"

"Baz!"

"Why not. You could too."

Grabbing a handful of dirty rags, I made to throw

them at him, but he dodged out of the way, still laughing but pretending to unbutton his shirt and undo his waistband.

"Cheeky," I said, giving him the eye.

To distract myself, I began to pick up the rubbish from the floor and put the dirty dog bowls to one side. Smiling, Baz found a piece of wood to prop open the door. There was a broom standing against the wall, which I used to push everything away and out of the door. "Yeah, that's good," said Baz, "If we can get the floor cleared, that's half the battle."

We worked diligently for a while in companionable silence, sweeping everything into a big pile on the driveway. Sweat ran in little rivers down my face, trickling into my eyes and making them sting. I could feel it collecting on the waistband of my shorts, between my breasts and running down my legs. My top stuck to my skin, soft and damp. Okay, yeah, Baz could be right about dancing naked in the rain.

"Hey," said Baz suddenly, "What's this? Look...." I crouched down next to him where he was examining a thick silver ring attached to a square of wood, dotted with a few air holes, set in amongst the white painted slatted floor. He pulled at the ring, but it wouldn't budge, so reaching into his pocket, he took out a small flick knife that he used to cut around the area where the paint had accumulated, sealing it shut.

"Oh my God," I said, putting my hands to my face, an ominous feeling as if I was back in my dream running through me, "A trapdoor?" With everything whirring around in my mind, I said, "So maybe I was right then about this being a new shed built around the trapdoor for concealment?"

Baz looked up at me and, nodding, said, "Yeah, you did say you thought it was a new shed." He bent back to his task, concentrating on digging deeper with the knife, loosening the paint, before trying again to pull at the big silver ring. The floorboards creaked a little but still wouldn't budge, so he stood up and crouched over it, legs outstretched as if he was lifting weights.

"Hey, Donna, go behind me, put your arms around my waist and pull, okay?"

I did as he asked, and once Baz had grabbed the silver ring, we pulled, and suddenly, the trapdoor opened with a great heave, throwing us back onto the floor. "Wow," I said, as I landed on my back, breathing heavily. Baz still crouching, but the trapdoor was wide open.

Struggling to our feet, we peered down into the hole. The smell of damp earth flowed out, and I imagined I heard a panicked high-pitched voice coming from its deep dark depths saying, "It's me, Esme. Help!" but there was silence, a long dark silence. I grabbed the torch and shone it down into the hole, "Hello," I said, "Is there anybody there?" There was no answering shout, no reassuring, "Yes, I'm here. Help me!"

"Shine the torch along the walls, Donna," he said. We watched as the slim white beam lit up the walls, four high walls like a grave. As if somebody had dug a grave right here in the shed. The words *"six feet under"* came to mind. *"Six feet under"* the traditional depth of a grave. I cringed at the thought of spiders and other creepy crawly insects that would be lurking down there when Baz suddenly said, "Hey, stop, shine the beam there," and, leaning slightly over the edge of the hole, pointed at something, "Look, steps,"

I shone the beam down and could clearly see a set of iron steps sticking out slightly from the muddy wall. They seemed to stretch a long way down. We looked up at the same time and gazed at each other, "Why?" I said, raising my hands, palms up, "Oh Baz, why is this here?" Despite the heat, I felt a chill run down my spine, and my dream came again to the forefront of my mind. *Esme,* I thought, *Oh my God, Esme.*

Slowly he shook his head and said, "Donna, I'm going down."

"So am I!"

"No, please, you stay here. I need you to shine the light down." He pointed up to the strip light, "That light isn't enough. I won't be able to see down there. Please, Donna…." He gazed at me imploringly, his brown eyes big and liquid. How could I refuse?

"Okay," I said, "But I don't like it." Slowly and carefully, Baz swung himself onto the top step and, by the light of the torch, started climbing down, going deeper and deeper until, even with the beam following, I could barely see him.

"I'm at the bottom," he shouted up, "Ugh, it's a bit squidgy down here."

"Squidgy?" I shone the torch down and could just about see him looking up, his face a pale oval in the pitch dark.

"Yeah, and cool, it's quite nice to be cool."

"Oh, Baz, hurry up."

"Shine the torch down so I can see what's underneath my feet." A chill ran through me at his words. I lay on my stomach, almost hanging over the edge, so I could shine the torch closer.

"Ugh, oh my God."

"What?" The thought that he'd found a body crashed into my mind.

"Oh, there's spiders, worms, you name it. Maybe even rats. Oh, what's this? A blanket, a dirty old blanket. Shine the beam on me, Donna." He held the blanket up above his head and then bent down and began searching through the muck beneath his feet. His raspy breathing sounded very loud in the stillness overlaid with a scurrying and a creaking and a groan and a moan as if the earth was settling as if the earth was sad.

"Ah," There was a long, fraught silence that eventually I had to fill, "Baz?"

"I've got something. Okay, Donna, I'm coming up. Put the beam back on the steps." The beam lit up the bottom of the steps like a spotlight, so I could see Baz climbing up slowly, one terrifying step at a time, his shoes slipping and sliding on the rungs. Putting down the torch, I grabbed his hands as he came to the top and pulled him into my arms. We clasped each other so tight there wasn't even a tiny gap between us. His heart pulsed very fast against mine.

"Oh wow, that was scary stuff."

"Yeah, looked it to me." I said shakily, "What did you find?"

"Oh, yeah, look." He took something from his head, something black and curved. Something that sparkled.

I giggled and said, "You put it on your head?"

He shrugged and said, "I had nowhere else to put it." We glanced at each other, and Baz said, "It's a headband." Hazel Palmer's voice ran through my head, *"She won't go anywhere without wearing a headband, particularly the black one decorated with silver."*

"Could it be Esme's?" he asked quietly.

I nodded as, looking at it, I turned it over and over in my hands, absentmindedly rubbing the dirt from its smooth surface, "Yes," I said, "I'm pretty sure it is."

"Oh, and this," He unwrapped something from around his waist, "It's the blanket, all good evidence."

The sound of an engine cut through the air, making us jump. Quickly turning off the overhead strip light, Baz and I slunk back into the shadows, pressing into the wall of the shed as if we could sink into it and disappear. Hot, fetid air quivered all around. With a roar, the van came to a standstill and idled there for a moment before cutting off. There was a silence, a deep dark silence. Feeling my way along the wall, I peered hesitantly around the shed door, "Oh no," I said, "The last thing we need at the moment," I turned to look at Baz, "Is a big white van."

"Yep, here we go. Art Cooper, bring it on," whispered Baz flexing his muscles, his face determined.

Slowly, the van doors opened and then slammed closed. Footsteps crunched over the driveway. Inwardly shaking, I reached for Baz's hand and held on tight.

***

I awoke from a deep, dreamless sleep to something touching my face. Soft padding on my cheeks and on my mouth. The warm wetness of a tongue on my chin and along my neck. I squirmed a little and tried to open my eyes. Slowly, so slowly, I tried to peel them open, only for the lids to fall softly back again. I really shouldn't drink more than one glass of red wine on the night before a workday. The bottle of Mateus Rose was now empty.

Soft touches on my face again. A whisper against my lips and a nibble on my ear. I moved around a little, my silky nightgown rustling against the bed sheet like a taffeta petticoat. This time I flicked my eyes open quickly to see a pair of bright green eyes gazing into mine. Disappointment that it wasn't Baz's tender kisses overwhelmed me, and I longed for him to be here with me now. I longed for his intense brown eyes to be gazing into mine, for his lips to move over my neck and my throat, the spicy odor of his cologne making my senses reel. I stretched luxuriously.

"Meow," said the owner of the bright green eyes, "Meow." In cat speech, I think it meant, "Mum, get up. I want food."

Wearily I swung my legs out of bed, keeping a vigilant eye for creepy crawlies. Although, why worry? Bernie was here, the professional spider catcher. I decided I was safe. The headband on the bedside table caught my eye, and I picked it up, running my fingers over its smooth surface, admiring the silver that sparkled in the sunlight that fell through the open window. So she'd been there. Esme Palmer had been there in that deep dark hole just as my dreams had told me. But where was she now? Where had he moved her to? For it had to be Art Cooper, didn't it? Or did it, we were still none the wiser, but it definitely pointed that way.

Bernie meowed again, higher pitched this time as if she meant business, so after quickly putting on slippers, I rushed downstairs and into the kitchen. Bernie fell on her food as if she was starving, and as the kettle hissed under the gas, I went over in my mind what had happened last night. I recalled how Baz and I had hidden in the shed, watching the van and listening to the crunching of footsteps on the drive as they made their way, not to the shed as we'd thought, but to the house. They were talking to each other, a low indistinct rumble.

"He's not alone," whispered Baz, "Something's not right here." He edged nearer and nearer to the open shed door, "I need to get a better look." I watched him as, squinting, shading his eyes against the sun, he whispered, "It's not Art Cooper's van." He shook his head, "Looks just like it, but there's writing on the side."

Perplexed, we both inched our way out of the shed, tip-toeing across the driveway so as to make no sound. Baz was right. The van boasted thick black wording across both sides, *"Wilmer & Sons, High Class Removals, Anywhere you want to go, we want to go too."*

We looked at each other when suddenly the penny dropped. "Mum and Dad?" I said.

"But you said it could be a few weeks yet?"

"Yeah, that's what I thought."

We made our way to the house, almost colliding with Mum and Dad as they came out of the open front door. "Mum?" I said.

"Oh, Donna, how lovely to see you." I walked straight into her open arms.

"Oh," said Dad, a hand on his heart, "You frightened the life out of me," even while joining Mum and I in a group hug.

"Why didn't you tell me you were arriving today? I wanted to get everything ready for you." I looked avidly from one to the other, reassured by their robust looks that they were both in good health. Ever since Amy died and I'd deserted them, so to speak, I'd felt a deep-seated guilt when thinking about my parents.

"I did ring your shop this morning, but we've been on

the move all day, and, well, there was nowhere to ring you from, no way to contact you." She shrugged and smiled as Dad butted in, glancing at his watch, "Yeah, we made pretty good time considering the heat. We wanted to get here before it got dark."

"This is Baz Brady," I told them as I noticed them gazing at him curiously and then reached forward to shake his hand, saying how good it was to meet him. "Baz and I have been looking into the disappearance of Esme Palmer. Baz is a criminal psychologist."

"How interesting," said Mum looking at Baz and then turning to me, strain showing in a myriad of wrinkles around her eyes, "Ah yes, the missing girl. I'm not sure if I was right, Donna. I don't feel her here now."

"I know Mum, she's been moved. Look what we found," I held out the headband and pointed towards the shed, "In there."

She took the headband from me and, looking confused, said, "But how do you know it's hers?"

"I'm pretty sure it is from what her sister told me. It's a long story, but I think we've found the place she's been kept in. Come on, I'll show you." I indicated with my head that they should follow us. We crunched our way across the driveway to the shed, Mum holding me back with a hand on my arm and mouthing, "He looks nice."

I mouthed back, "He is," as we gave each other a secret smile.

Dad and Baz already had the torch beam shining down into the deep hole in the earth when Mum and I joined them. "Good God," said Dad, "So you think that poor girl was kept down there?"

"I do, Dad," I said, "I've dreamed it, and we've found her headband now too. Oh, and look, there are air holes, so we know somebody's been down there." I pointed to the holes in the lid of the trapdoor.

"Yeah," said Baz, locking eyes with me, "We need to take the band to the police."

"Hmm," said Dad, "Well, if you're sure, but where do you think she is now?"

"I think she's nearer to the sea," I told them, reliving the memory of a salty sea breeze and damp earth.

"Hmm," said Dad. Even though I'd helped solve this type of mystery before, Dad still sat on the fence, not sure whether to believe in it or not, despite this gift having been in the family for years from my grandmother to my mum and then to me.

"Donna helped the police in France," said Mum, "So there's no reason why she can't do the same here."

"Yeah," Baz put in, "I was amazed at the tarot reading she gave me, and she's been spot on so far about Esme Palmer."

"She's had a good teacher," said Mum with a smile, "I taught Donna the tarot, and my mother taught me."

"Oh, a bit off-topic, you two," I said, Art Cooper suddenly popping into my mind, and all we had to tell them about him, "But would you like a dog?"

The whistling of the kettle brought me out of my reverie, and no sooner had I switched off the gas than the phone rang, loud and shrill. I rushed to answer it.

"Hello?"

"Donna?"

I felt a thrill rush through me at the sound of his voice, but I said calmly, "Hi, Baz."

"I've just passed by Slipper Road, and there's a police car outside number 9. I bet your bottom dollar that's Art Cooper's place. Can you get down here quickly?"

"Oh wow, okay. I'm sure Natalie will look after the shop for a while."

Rushing to the bathroom, I had a quick tepid soak and, after getting dressed, hurried outside, past the silver bins and into the shop. Natalie was already there, busily tidying up, unpacking new stock and making coffee all at the same time. What a treasure she was turning out to be. Promising I wouldn't be too long and making sure I had the headband in my bag, I went quickly outside.

The heat hit me like a wall, and I began to sweat as I hurried down the cobbled main street and made my way to Slipper Road. The harbor was busy. All the fishermen were out idly dangling their rods in the water, no doubt hoping to catch tasty fish for tea. There were people swimming and children splashing in the shallow rock pools. I passed all the colorful fishing boats still slumbering on the mud. Mud that was dry and cracked as an old lined face.

The police car was still there when I arrived, and Baz was loitering (with intent) as he said, his car parked at the curb, too hot to sit in. His mouth sought mine for a kiss, and we held hands tightly as we waited. Whatever happened, I had to see this. I had to see Art Cooper pay for his cruelty to animals and maybe in time for his cruelty to young girls as well.

After what seemed a long, tense wait, the front door opened, and two policemen came out and made their way down the garden path, Art Cooper striding between them. Hazel Palmer and another lady, who I took to be her mum, Angela, stood at the door watching, their arms crossed over their breasts, as all three ducked into the police car and, after a few juddering coughs, an intrusion in the silent heat, the car came to life, and they drove slowly away.

Chapter Eleven

The police station was deserted and quiet, only the energetic sound of fans whirring as Baz and I walked in. A bored looking sergeant sat at the front desk, idly flicking through a magazine which he put down when he saw Baz and I walking towards him.

"You okay, Eric?" asked Baz.

"Yeah, you?" replied the sergeant as he nodded to both of us. "Still enjoying the hot weather, eh?" he joked. Sweat had gathered on his podgy face, trickling down his cheeks and his chin. He took a large white handkerchief from his pocket and mopped his face. He wore a blue shirt with a tie, sweat mark rings under both armpits

"Yeah, great," said Baz with a laugh, "Look, Eric, I'm taking Donna Lane here up to my office. She's helping with an investigation." Here he leaned in closer and whispered,

"We've found something that might relate to the missing girl, Esme Palmer, so I need to ring round a few contacts. You know." He gave him a wink.

"Ah, well," he replied, "You've come at the right time then, cos guess who's just gone up there?"

Frowning, Baz shook his head, "Who?"

"Your partner in crime, Detective Inspector Ian Ford." He arched his eyebrows.

"Never."

He leaned back in his chair, his fingers laced across his portly stomach, "As true as I'm sitting here."

"Is he back then? For good?"

The sergeant shrugged, "No idea. You'd better go up and see for yourself."

"Come on, Donna," said Baz, "Let's go and see what's going on, shall we?"

"Hmm, this should be good," I said, "I can't wait to see your Inspector's face when we tell him about the grave beneath the trapdoor, oh and the hair band too."

Baz gave me a wry smile as we hurried up the stairs to the first floor, where Baz's office was situated. The stairs were old and sunken in places, slippery too, and the walls painted a nondescript half white and a dull green. We came out of swinging doors into a long communal office, cigarette smoke hanging like a cloud over all the desks, the walls and ceiling a grimy yellow.

A couple of little glass-encased offices had been

partitioned off to the side, one of which belonged to Baz, a silver nameplate on the door stating, "Baz Brady, Criminal Psychologist." I glanced in as we walked past. It was tidy, papers in neat piles on the desk alongside an electric typewriter and some thick hard-backed books no doubt containing advice on all aspects of criminal profiling.

"My office," said Baz, indicating with his head, "The Inspector's is here."

He gave the door a discreet tap, even though we could clearly see the Inspector sitting at his desk facing the door. He glanced up, his face changing from a smile to something like a grimace as he saw me. Apart from a sun tan, his hooked nose a bright red, he looked the same as last time I'd seen him. Peering through the glass, I gave a wide mouthed grin as he stood up and came to the door. The inevitable sound of a whirring fan could be heard.

"Well, Baz Brady, accompanied by Ms. Donna Lane, please do come in."

"Welcome back, Sir," said Baz holding out a hand and shaking with the Inspector. "That's if you are back?"

"I'm so glad you remember me, Inspector," I said at exactly the same time as Baz had spoken. We looked at each other and laughed.

The Inspector turned to me first, "How could I forget you, Ms. Lane?" he said, a trace of sarcasm in his voice, and then to Baz, "I'm not sure as yet. For a few days, yes. Please, both of you, sit down." He sat back down at his desk.

"I'm glad you're here, Sir," said Baz, "Donna and, I mean, Ms. Lane and I have quite a lot to tell you."

"Oh yes, Inspector," I said with relish, "And I think we'll start with this." With a flourish, I put the headband on the desk directly in front of him.

Narrowing his eyes, he looked at it suspiciously, "Hmm, a headband? One of yours, Ms. Lane?" He fiddled with his glasses, pushing them back up his nose where they'd slipped down. He looked hot and frazzled.

"No," I said, "Not mine, Inspector, but we feel very sure this headband belongs to Esme Palmer."

"Ah, okay, what proof do you have? Did you have another dream?" He sat forward in his chair, elbows on the desk and fingers in a steeple in front of him.

I gave a frustrated sigh as Baz leaned in towards him. "Sir, we found...."

"No, you found it," I said.

"Yeah, okay, *I* found the headband beneath a trap door, six feet down in the ground."

"And," I said, "The headband ties in with something Esme's sister, Hazel Palmer, told me when I met with her."

"You've met with Hazel Palmer?"

I nodded and said, "Yes. She told me that Esme never went anywhere without wearing a headband. A black one with silver sparkles being a particular favorite."

He smiled and seemed to giggle a little, giving tiny shakes of his head, "Is this a wind up? Hazel Palmer said no such thing to me when I interviewed her and her mother."

"No, it isn't!" said Baz, "Come with us," He stood up, "We'll show you where it is." He gazed challengingly at him.

"This is important evidence, Inspector," I said.

"Okay," he suddenly jumped up, "Show me then. I want to find this missing girl just as much as you two do." He reached for a bunch of keys, "Oh, and I'll drive."

"We've loads of other things to tell you, Sir," said Baz.

"Yeah, loads," I confirmed, thinking of Art Cooper and the puppy farming, the fact he'd been taken away by the police and more about my meeting with Hazel Palmer.

"You can tell me in the car," said the Inspector briskly as we followed his long loping stride out of the office and then in more like a mutter, "Seems I've been away too long."

Baz gave me a sideways grin as if to say, "Yeah, he's back, and reached for my hand as we hurried along.

***

"On a dark desert highway, cool wind in my hair, warm smell of colitis rising up through the air…."

Baz handed me a foaming half of lager, which I took gratefully, "Thank you, Baz, I need this!"

We were in the beer garden in The Bluebell, The Eagles crooning from the jukebox, sitting on a bench almost directly opposite my shop, The Tarot Trove. I glanced at it proudly as I took a sip of lager. The beer garden was busy with all the tables and benches taken. There was loud laughter and high-pitched chatter. Baz and I had been lucky to find a seat.

"Was the shop busy this afternoon?" asked Baz. He took a sip from his pint, "Cheers!"

"Yeah," we chinked glasses, and both drank deeply. Baz wiped his mouth with the back of his hand and gave a contented sigh. "Natalie and I have been run off our feet!"

"She's doing well?"

"Amazing. I don't know what I'd do without her." *"And I was thinking to myself, this could be Heaven, or this could be Hell...."* "Wow, what did you think about today then? Did we show the Inspector or what?"

"Yeah," Baz nodded, "I think he was quietly pleased with us today."

"Hmm, gobsmacked more like, seeing as he doesn't believe in clairvoyance, don't you think?"

"Yeah, but I think maybe you should cut him a bit of slack. He's old school, you know, tarot, guardian angels, predictions in dreams are alien to a lot of people of a certain generation and perhaps more to men too."

"Yeah, I get that, but you'd be surprised at how many people of the Inspector's age come into my shop to buy tarot cards and phrenology heads and all sorts of other things." *"There were voices down the corridor. I thought I heard them say...."*

"Look, Donna, even I was skeptical at first, and I'm a lot younger than the Inspector. When you came into the station that day, at first, I couldn't see how it would work, but...."

"But?" I took a deep draft of lager whilst eyeing him closely over the rim.

"It was the tarot reading that got my interest going, and well, I admired you. I admired your spirit and the fact that you were trying to make your mark with something so different in what you always call a man's world."

"Oh, Baz..." *"Welcome to the Hotel California, such a lovely place, such a lovely face...."*

"Oh, and I found you cute too."

"Oh, you...." He gave me one of his charming smiles, and my stomach flipped.

Excitement rising inside me, I said, "I really think we're getting somewhere now."

"What now that they've got Art Cooper in for animal cruelty, and the Inspector wants to interview him regarding the headband?" *"So they called up the captain. Please bring me my wine...."*

"Yes. Art Cooper left the dog, or Dandy, I should say, to die in that shed, and the trapdoor is right there. It has to be him that kept Esme in there. Who else goes in there anyway?"

"She's his daughter, though," said Baz, shaking his head, "I find it hard to believe."

We both took another sip from our glasses when fumbling in his pocket, Baz produced a packet of cigarettes. Shocked, I said, "I've never seen you smoke before?"

"Oh, I do occasionally when the fancy takes me." He pulled a cigarette out and put it in his mouth, letting it hang from the edge of his lip as he struck a match and lit it. Mesmerized, I couldn't take my eyes off him. He took a deep inhale and, turning away from me, blew the smoke over his shoulder.

"What?" he said, as he saw the expression on my face, a half smile playing around his lips. *"Last thing I remember, I was running for the door...."*

"I don't know what it is, but there's something sort of sexy about smoking, don't you think?"

"Yeah, something bad boy, bad girl, I suppose. It's been romanticized in films when really it's a bit of a dirty habit." He leaned forward and kissed me on the lips.

"Mm," I said, "That was very nice, Mr. Brady." *"You can check out any time you like, but you can never leave...."*

"The Inspector seemed to get on well with your mum and dad."

"Yeah, I think Dad told him about Amy just before we left when Mum went into the kitchen. No way would he have said anything in front of her. Mum couldn't even say her name for years."

"Yeah, your mum and dad do really well to still be together after a shock like that."

"At the beginning, I think they did it for me, but when I went to France and left them high and dry," I thought for a second before saying, "Well, it must have been for each other." I glanced at Baz, "They're very strong together."

"They obviously love each other very much," he said.

"Yeah," I smiled, "I think they do."

"And now that the Inspector knows about Amy, it

should help him to understand your need to help Esme Palmer by using your gift." The jukebox broke into song, *"This is it, this time I know it's for real…."*

"Do you think the Inspector will object to us working together, you know," I pointed from one of us to the other, "As a couple?"

Baz drained his pint. "No, there's no need to. He can see we're doing a good job, and, apart from that, I'm not actually employed by the force."

"You're not?" *"I'm lost for words. I'm in a daze…."*

"No, I'm self-employed. I help them with their investigations, but I work for myself, if you see what I mean?"

I nodded and said, "Oh, I see. Well, that's okay then." Picking up his glass, he said, "Would you like another?"

"Oh yes, please." I watched as he walked away, even enjoying the back view, until, to my disappointment, he ducked his head and disappeared into the doorway, *"Stunned and amazed by your lovin' ways…."*

A voice sounded in my ear, "Oh, hi Donna, I saw you and sitting here with Baz and…."

Turning around, I came face to face with Hazel Palmer. "Hi, Hazel." She looked good wearing flared blue jeans and an off the shoulder flowery top, reminding me with a sudden sickening jolt of Amy the last time I saw her.

"I'm sorry if I'm intruding, but," she stood awkwardly, staring at me, "It's just that, well, nobody will tell me anything. My stepdad's being questioned at the station and…."

"Sit down, Hazel," I told her. *"You said hello, I felt a glow...."*

She sat down facing me on the bench seat and said, "Are you working with Baz seeing as he's risen high in the ranks and is now a big-shot Criminal...." She gave tiny shakes of her head, "Whatever it is...." She laughed brightly.

"Criminal Psychologist?" I said, and then with a frown, "Do you know Baz?"

"Oh," she said airily, "We had a bit of a fling one time. Now what can you tell me about Esme?"

I gazed at her, feeling very detached and far away. Hazel looked even more beautiful to me now with her shiny blonde hair and sparkling green eyes, "Oh, I see." *"And I can't explain what I'm feeling...."*

Baz appeared at the table with our foaming drinks, lager spilling down the sides of the glasses as he set them down. "Baz," I said, "I'd introduce you to Hazel Palmer, but I think you two know each other already." I gave him an enquiring stare.

"Yeah," said Hazel, "Small world isn't it?" *"It's heavenly, it's ecstasy...."*

"Oh, hi, Hazel," he replied, handing me my drink. He narrowed his eyes, looking from one of us to the other. "And what can we do for you?"

"I want to know what you've found out about Esme," she said, leaning forward and putting her elbows on the table. Her eyes glowed like emeralds as she looked at him.

"Okay," said Baz, sitting down close to me and fumbling for my hand, "Well, here goes. Be prepared for the long haul, Hazel, because we've got a lot to tell you."

Chapter Twelve

The sea is pulling backwards and forwards, forwards and backwards, creeping up onto the sand like long witchy fingers. Slippery green seaweed mingled with shells and dead fish make piles on the beach. A fresh salty smell hovers in the air, mixed with something decaying, something dying. I hear a steady drip drip drip of water from above, and all four walls around me are hard and jagged. Sand is gritty beneath my feet. I cup it in the palm of my hand, letting it run through my fingers just like the little glass timer Mum always used when boiling eggs for tea. I liked the smell of them, hot and bubbling in the pan, skeins of white seeping from the freckled shells. Hazel and I used to stare at the timer until the very last grain had disappeared.

Why am I here? Why doesn't somebody help? What have I done? Have they left me to die?

I awoke suddenly, my heart thumping. Disoriented, I don't know where I am until reassured by Bernie's gentle purring. I realize I'm in my bedroom, the morning sun shining through the window and pooling on the floor in long silver streaks. My dream flooded back, the shushing of the sea, the drip drip of water, the sand soft beneath her feet. She was near the beach. They'd moved her nearer the beach.

Obviously, the hiding place beneath the trap door was becoming too risky with my parents moving into the house. Baz's words hurtled into my mind, *"Are you sure it's not in the caves? There are loads of caves around the seashore in Emsworth."* The caves, oh my God, the caves. She had to be in the caves. My mind wandered to last night when we'd told Hazel Palmer everything we knew so far about Esme.

"Can I have the headband?" she'd asked us. "That's Esme's favorite."

"The police have it," Baz told her brusquely, "It's safe in a plastic bag marked 'exhibit A.'"

"Maybe when the investigation is over," I said kindly, somewhat ashamed of Baz's attitude towards her, uncaring, offhand, as if he couldn't be bothered.

Our conversation after Hazel had gone flew into my mind. It was late by then, the beer garden deserted, the jukebox silent. A black sky arched above, silver stars twinkling. Sweat ran in tiny itchy rivers all over my body. "Why didn't you tell me you and Hazel had been an item?" I asked him. I was angry with him, even though I knew I shouldn't be.

"I didn't think it was important," he told me, "It was just a fling years ago. We were teenagers. It means nothing now."

"I told you about Pierre," I said bitterly.

"I asked you about him," said Baz, "If you'd asked me about previous relationships, I would have told you."

"Hazel Palmer has cropped up in our conversations. You knew I'd spoken with her. She's the missing girl's sister, for God's sake. You could have told me then."

"I didn't think it was important," he said again, "It isn't important." He shook his head.

"Important enough for your hair to fall out," I hissed. "Traumatic, eh?"

"It was stressful," he said.

"So you must have known Esme as a little girl?"

"Yeah, a good kid, but it was years ago, Donna. I didn't even recognize her stepdad, Art Cooper, did I?"

"And you must have known they lived on Slipper Road," I said as a parting shot.

I left him then without another word and, glad that I didn't have far to go, made my way across the cobbled main street, down the alleyway and past the silver bins all lined up in a row and then through the back door, up the stairs and into the safety of my flat. I peered from the window at Baz, still sitting on the bench outside The Bluebell.

Eventually, he stood up and came to stand just below the window, whispering, joking at first, *"Rapunzel, Rapunzel, let down your golden hair."* And then urgently, "Donna, please let me speak to you." And when I didn't reply, "It was nothing I tell you. Just a brief fling."

Hiding behind the curtains, I watched him as, giving a heartfelt sigh, he moved away, shoulders slouched, hands deep in his pockets, and walked slowly away down the cobbled street towards the sea.

***

I decided to go and visit Mum and Dad. It was a Sunday, so the shop was closed, and I suspected a Sunday without Baz would be a long, slow day. I half expected the phone to ring, a long, incessant trilling and imagined answering it and saying, *"Oh, hi Baz, yeah, sorry, I suppose I overreacted last night, what do you want to do today?"* but it remained silent, hunched like a great black bird, like a magpie or a crow, on the tiny occasional table in the sitting room.

The heat seemed even more intense than usual as I went outside to my barely used car, its vibrant red sheen looking dull and grimy. The interior was stifling, the seats boiling hot beneath my bare legs, reminding me of Baz's words from what seemed ages ago, *"even though the view is extremely fetching,"* when I'd got into his hot car wearing very short shorts.

My heart ached for him as I drove slowly along the windy country lanes to Mum and Dad's house. Sheep and cows still valiantly grazed on the now extremely parched fields, and horses stood still, their big heads hanging. Trees drooped, and the sky glowed a shimmering white. The air hung so hot and heavy I could barely breathe. Would the heatwave ever end? Would there ever be rain again? Newspaper headlines screamed, *"What a scorcher!" "Temperatures rise to 36C," "Big Ben breaks down for the first time in 117 years!"*

I pulled up on the drive just as Mum came out of the house, a silver dog bowl of water in her hand. I got out of the car, and Dandy bounded over, almost knocking me down in her haste. "Oh my God," I said, "I barely recognized her."

Mum smiled, "Well, it's only been a week, but she's getting there." She put the bowl down on the garden path. "I'm putting bowls of water for her all over the place."

"She looks like a different dog," I said as, crouching down, I put my arms around her as she licked my face.

"Come in. I'll put the kettle on."

I followed Mum into the house, Dandy at my heels, asking, "Where's Dad?"

"Popped out for a pint to The Swan, a nice pub just down the road."

"Baz and I have been there. Nice place."

She busied herself with putting the kettle on the gas, taking mugs from the cupboard, and putting out milk and sugar.

"You've got the kitchen looking good," I said, gazing around, remembering what it looked like before.

"It doesn't take long to make a house a home," she replied. "And this is a great house. I'm so glad we came here."

I sat down at the table, Dandy's head on my lap, her brown eyes gazing at me adoringly. "She sure knows who found her, doesn't she?"

I gave a small smile as I stroked her head, "Yeah."

"What's up, Donna?" she asked brusquely, "Why the long face?"

"Oh, nothing."

Frowning, she said, "Where's Baz?" The kettle hissed to the boil, steam filling the kitchen.

"I don't know," I shrugged. "We had words last night."

"Ah, I knew there was something." She poured hot water into the coffee pot and brought it to the table. "Help yourself. Everything's there. Biscuits?"

I nodded as she brought out chocolate digestives and neatly arranged them on a plate, "Thanks Mum, my favorites." I took one and bit into it, savoring the sweetness. Dandy sat back on her haunches, her brown eyes begging for food. I gave her a morsel of biscuit which she wolfed down quickly.

"Come on, tell all, tell your mum." She sat down at the table and, picking up her mug, took a sip.

Everything came pouring out, the whole story which, now that I'd related it out loud, sounded pathetic and, yeah, as if I had totally overreacted. Mum shrugged and said, "I'm not surprised Baz's relationship with Hazel didn't last."

"Really?"

"Well yeah, for one thing, they were teenagers. How many teenage romances last?"

I said, "Yeah, but…."

"And, the most important thing," she interrupted, raising her hand, "We don't know how much the killing of her dad affected her. Okay, she was only four, but imagine lying in bed between your parents and one of them gets shot." She shook her head sadly, "Couldn't have been a pretty sight."

"Yeah," I took a sip of coffee, nodding my head, "Yeah, I'd never thought of that."

"I should imagine she's a troubled girl."

I nodded again as she said, "Go and see Baz." Leaning forward, she patted my shoulder, "Life's too short." Picking up a biscuit, she took a bite, "As well as that, he seems pretty keen on you."

"Oh, Mum…."

"No, I can tell. Even your dad said so."

"Really?"

"He sure did."

"Mum, there's something else I need to ask you" I hesitated for a split second, "About Amy." She gazed at me, her eyes veiled, but she didn't speak. "Do you feel her here?"

"No," she shook her head, tears rising into her eyes. I got up and put an arm around her shoulders, pulling her close. She flinched a little as I said, "Come to the cemetery with me. I've been, and I feel her there. Maybe you will too."

She nodded, dry eyed now as she tried to smile, "Yes, you tell me when and I'll be ready."

I thought about our conversation as I drove away from

"Applegarth Cottage." Mum was right. I should ring Baz and tell him I was sorry. He was probably disgusted with me and would never want to see me again. I sped along, barely noticing the parched countryside surrounding me, barely noticing the harbor and the brightly colored fishing boats stuck on the evil-smelling mud, or the many people sunning themselves on the beach beneath crazy striped umbrellas. All I could think about was getting to the phone to make it up with Baz.

I parked up round the back of the shop and, after ungluing myself from the hot car seat, made my up to the flat. I went straight to the phone, my hands shaking as I dialed his number. It rang and rang, a soft brr brr, brr like a purr as if Bernie had somehow got inside. I was just about to give up when the line clicked, and a voice said, "Hello?"

Swallowing hard, I said, "Baz?"

"Donna?" He sounded out of breath as if he'd been running.

"Yes, Baz, I...." There was a lot of crackling, and the line went dead, then Baz's voice again. "I can't hear you. Are you still there? Donna?"

"I'm here. I'm sorry, Baz. I over-reacted. I...."

"Hey, it's okay. My fault, too, I should have told you, but we'd talked about her so many times regarding the investigation that the words just wouldn't come."

"Yeah, I understand that." Amy coming to mind yet again.

"Look, I was just going out when I heard the phone. I was hoping it would be you, so I ran back."

"Oh, Baz...." Closing my eyes, I pictured him holding onto the phone, his penetrating dark eyes, the slice of hairy chest, the spicy smell of his skin.

"I'm going to the station. The Inspector is all set to interview Art Cooper. Meet me there?"

"What, now?"

"Yeah, now. I gotta run, but I'll see you there."

My heart felt light, so light, I was sure I'd be able to fly like the Nimble bread girl, *"She flies like a bird in the sky...."* Picking up my bag, I made my way down the stairs and back out into the raging heat. *"She flies like a bird, and I wish that she was mine...."*

***

He was outside on the steps when I arrived and smiled with such charm that my legs wobbled as if they were jelly. Slowly he shook his head, "Boy, have I been worried about you." He pulled me into his arms and squeezed me tight as his mouth sought mine. I breathed in the scent of him, spicy and warm.

"I'm sorry, Baz."

He pulled back, holding me by the shoulders with both hands, "You understand what I meant, don't you, by not being able to find the words to tell you about Hazel? That somehow it got too late?" I nodded as we went inside, the reception was busier than last time, and the sergeant, Eric, standing up, dealing with a long queue, hot and sweating. He raised a hand as Baz, and I went towards the stairs.

"Second floor today, I'm afraid," said Baz as we began the long haul up, "As I said, the Inspector's going to be interviewing Art Cooper. This is something that's gonna be worth watching, Donna."

I wanted to tell him about my dream last night and tell him that he could be right about Esme having been moved to caves on the beach, but I thought I'd keep it for later. "Yeah, but how do I see it? Will you be in the room with the Inspector?"

"No, I'll be with you. We can both watch through the two-way window. Surely you've seen that on telly programs. You know, like Kojak, for example." He gave me a sideways glance.

"Oh yeah, I love Kojak." I gave him a look, "You mean, we'll be able to see them, but they won't be able to see us?"

"Yeah, spot on. Ha, we're here." He stepped back and held the door for me, and then I followed as we hurried down a long corridor and into a room I noticed was interview room 2."

"I remember being in interview room 1 when I first met you and the Inspector."

"Yeah," he indicated towards the window, "That's where this interview is taking place, interview room 1. Look…."

We moved over to the window, "They're just about to bring him in," said Baz.

The Inspector appeared first and sat down at the table, accompanied by another officer, a dark haired man wearing a sergeant's uniform and carrying a notepad and pencil. He looked hot and uncomfortable in his full jacket and trousers. I noticed there was a tape recorder on the table, along with a jug of water and drinking glasses. A fan whirred in a corner. The atmosphere was tense as we waited for Art Cooper to come in. Baz smiled and gave me a wink, and whispered, "I wish they'd get on with it."

Suddenly Art Cooper walked in. He resembled a scarecrow in his tatty jeans and tee shirt, his long gray beard unkempt. His only saving grace was his beautiful bright blue eyes that darted nervously around the room. He was accompanied by yet another police officer who, after showing him to a chair, stationed himself at the door, ramrod straight, ready for action.

"Okay," said the Inspector, as he switched on the tape recorder, "It's Sunday, 15 August 1976, Emsworth Hampshire Constabulary, Interview Room 1, and this is an interview with Mr. Arthur John Cooper. The time is 2:00 pm. Present, myself, Detective Inspector Ian Ford, Sergeant George Plummer (Note Taker) and Sergeant Christopher Watkins."

DI Ian Ford – "Mr. Cooper. You worked at "Applegarth Cottage" Dog Rescue for Mr. and Mrs. Crowther, I believe, until their recent move from the property?"

Mr. AJ Cooper – "I did."

DI Ian Ford – "Did you know the dog rescue is being

used as a puppy farm, Mr. Cooper?"

Mr. AJ Cooper - "No, I did not."

DI Ian Ford - "Did you know, Mr. Cooper, that a dog was found on the property by a member of my very own team, Mr. Baz Brady and acquaintance, Ms. Donna Lane, and that the dog in question, a Labrador, was severely starving and dehydrated? In fact, so bad the dog was on death's door?"

Mr. AJ Cooper - "No, I did not."

DI Ian Ford - "Did you know, Mr. Cooper, that a complaint has been lodged against you by Mr. Baz Brady and Ms. Donna Lane to the local RSPCA and to the local Veterinarian, Mr. Vic Jenson? As well as a complaint lodged here to the police by Mr. Vic Jenson?"

Mr. AJ Cooper - "Yeah, I did. That's why I'm here. Somewhere I'd rather not be. You're wasting my time."

DI Ian Ford - "The dog was found in a green painted shed in the garden of "Applegarth Cottage" Dog Rescue, Mr. Cooper. You were seen coming out of there by Mr. Baz Brady and Ms. Donna Lane, who spoke with you on that day, 24 July 1976. You informed them you were removing some of your own items from the shed, even though the property had been sold, and it was illegal that you were there. The new owners in question being Ms. Donna Lane's parents."

Mr. AJ Cooper - "No comment." (Skittering of his eyes all around)

DI Ian Ford - "Whilst tidying the shed for Ms. Donna Lane's parent's arrival, Mr. Baz Brady and Ms. Donna Lane found a trapdoor built into the floor of the shed, leading down into a deep hole similar to a grave. What do you know of that, Mr. Cooper?"

Mr. AJ Cooper – "No comment." (More urgent skittering of his eyes)

DI Ian Ford – "Why did you keep the green shed locked and paint the windows black, Mr. Cooper?"

Mr. AJ Cooper – "No comment."

DI Ian Ford – "Okay. We have two exhibits here, Mr. Cooper. 'Exhibit A' and 'Exhibit B.' 'Exhibit A' being a black headband with silver sparkles, and 'Exhibit B' being a blanket. Both of these items, Mr. Cooper, were found by Mr. Baz Brady down the hole encased within the green shed and believed to have belonged to the missing girl, Esme Palmer. What can you tell us about those, Mr. Cooper?"

Mr. AJ Cooper – (frantic skittering of his eyes) "Oh no, oh no, you're not getting me for that, oh no, not Esme, no." (Sitting back in the chair, hands upheld) "Okay, you've got me, yeah, for the puppy farming, okay. I'm guilty, I'll admit that, but I know nothing, and I mean nothing, about Esme Palmer. Speak to her mother!" (Shouting now) "Speak to Angela Palmer. Go on, I dare you." (Suddenly standing up, the chair falling backwards with a clatter). Going towards the door, Sergeant Watkins detained him, and DI Ford and Sergeant Plummer went to his aid. Mr. Cooper shouting and swearing. DI Ford handcuffed him and gave him over to Sergeant Watkins, who took him from the room.

DI Ian Ford - "Okay, interview over today, Sunday 15 August 1976, and the time is 2:45 pm. Thank you, everyone." He switched off the tape recorder with a click.

Baz and I stared at each other. Baz shook his head, "Wow! At least we know he's guilty about the puppy farming. That's a big step forward in that case."

I nodded and said, "Yeah, justice for Dandy, thank God. But what now?" Wrung out with what I'd just seen and heard. "Oh my God, Baz, what now?"

"Hmm, I think I'd go with what he said, speak with Angela Palmer again, but," He shrugged, "It's the Inspector's call."

"Yeah, but Art Cooper's sort of insinuating that she's got something to do with Esme's disappearance, don't you think?"

"Yes, I do, but that can't possibly be right. He's just fobbing us off. And that no comment stuff?" he shook his head. "I don't like that at all."

"People being interviewed by the police shouldn't be allowed to say that."

"No, they shouldn't," Baz said forcefully, and then, "I don't know about you, Donna, but I need a drink after that. Come with me?"

"Oh yes," I said with a smile, "Race you to The Bluebell."

"What, in this heat?" He put his arm through mine, holding me back, all the while staring at me with his deep brown eyes. "No, come here. Let's take it slow."

"Yeah, don't they say that good things always take time?"

We shared a smile as we made our way out of interview room 2.

Chapter Thirteen

"She's in the caves, she's in the caves, come on, you know where she is, she's in the caves." There's only the gentle shushing of the sea and the mournful cry of the gulls as they wheel their way through the white-hot heat of the sky. Any hint of a cloud dissolved by the sun like candyfloss on a tongue. Dampness and dread, drip drip drip from the curved rocky ceiling. Crabs scuttle, and I flinch, pulling my knees to my chest, raising my feet from the sandy floor.

"She's in the caves," said a sudden loud voice, waking me up, making me jump and my heart race. The telly was still on, the black and white picture flickering, and a man appeared on the screen, *"So tonight I'm going to talk to you about stalagmites, a mound or tapering column rising from the floor of a cave...."*

I watched the screen laughing to myself, "The voice

had come from the telly, a program about caves," although really I knew that wasn't true. The voice had come from inside my head. I had to tell Baz and the Inspector too

Curiously I gazed around, catching sight of myself in the darkened window, a disheveled mess and my eyes puffy slits. I must have dozed off on the settee, Bernie purring at my feet. I had a vague recollection of coming back to the flat, tired and worn out, not only with the heat and two halves of lager but Art Cooper's interview as well. The Inspector had joined us for a while, stating emphatically that the puppy farming would be dealt with now by other assigned officers but that he trusted Baz and I to interview Angela Palmer as soon as possible.

"But what about you, Sir," I remember Baz asking.

"I've bigger fish to fry," he told us. He sipped his frothy headed beer, "I've been assigned to another case. Somebody thinks it's okay to kidnap and murder young men in the Portsmouth area. There's been three up to press, and we don't want any more. I trust you two to find Esme Palmer safe and sound." He gazed at us, his eyes shadowed through the glasses that slid down his nose in the heat, "I think you're more than halfway there already." He gave Baz a slip of paper, "Any problems, this is my private number at the Portsmouth constabulary."

I closed my eyes, lulled once again by Bernie's slow purr and the flickering of the television screen when I heard it again but softer this time, *"She's in the caves. Use your gift to help her."* And that's when I realized, when it finally sunk in, that it was my grandmother's voice, encouraging me, reminding me of what I had to do. The phone rang, and I flinched. "Hello?"

"Donna, it's Baz. I know it's late, but I had to ring. Hope I didn't wake you."

Checking my watch, I saw it was just past midnight, "I fell asleep on the settee. I'm glad you disturbed me. Now I can go to bed." I stretched, arching my back like a cat, all my muscles having tensed up from my awkward sleeping position.

"I'm gonna try to make an appointment tomorrow to visit Angela Palmer. Will you be okay with that?"

"Yes, of course. After work, though?"

"Yes."

"She's in the caves, you know, Baz."

"Are you sure?"

"Yes, my grandmother told me." There was a silence between us, the line crackling, and then Baz again, his voice very clear, "I love you, Donna."

I smiled to myself, a slow hot wave of contentment flooding through me and an assurance that I'd never felt before, not even with Pierre, as I said, "Baz, I love you too."

Exhausted, I crawled into bed and slept for once a long, restful sleep. A sleep without dreams or voices in my head. Looking back, a respite, I suppose, for what was to come.

***

"Twenty percent excess deaths because of the heatwave," screamed

the newspaper headlines displayed outside the newsagents opposite The Tarot Trove. I'd just finished work for the day and was feeling frazzled, my shorts and tee shirt sticking to me like glue. Natalie waved goodbye, and I watched her as she went up the cobbled street homeward bound, teetering on the platform shoes that she insisted on wearing, even in the heat. Her feet must feel like a couple of hot pasties, as my grandmother always used to say. I smiled fondly at the memory as I made my way down the cobbled street to meet Baz at Slipper Road, where hopefully, Angela Palmer would be waiting for our visit.

She opened the door at the first knock as if she'd been right there in the hallway waiting for us. It was disorientating seeing her for, although obviously older, she was a clone of Hazel, "Mrs. Angela Palmer?" asked Baz.

She nodded as Baz said, "My name is Baz Brady. I spoke to you this morning regarding the disappearance of your daughter, Esme Palmer. You said we could call to speak with you." He flashed his ID while saying, "And this is my colleague, Ms. Donna Lane."

"Come in," she indicated with her head, and we followed her into a dim hallway. A flight of stairs loomed in front of us, from where loud music flowed, *"Ooh, I would take the stars out of the sky for you…."*

"Turn that down, Hazel," Angela Palmer shouted up. *"Stop the rain from falling if you asked me to…I'd do anything for you, your…."* The music stopped abruptly, and Angela Palmer shouted up again, "Make us three coffees, would you please, love?" We followed her into a small cozy sitting room where the windows gaped wide open, framed by pretty flowered curtains that hung tired and limp in the heat.

"I remember you and your family," she said, as she indicated that we should sit on the smart faux leather cream settee. She settled herself in an armchair opposite us. "Your mum was brilliant at her tarot readings." There was a coffee table in between us, its only ornament being a large blue glass ashtray, a couple of cigarette butts littering its smooth surface, a packet of cigarettes and a lighter next to it. "And I remember what happened to your sister. Do you mind me talking about her?"

"No, not at all," I said, "Hazel has already told me that you remember our family and…."

"You've spoken to Hazel?"

"Yes, we met for a coffee. She told me her worries about her stepdad. We were advised to come and speak to you today by Mr. Cooper." I looked at her blank, uncomprehending face, "You don't know about all this, do you?"

Puzzled, she shook her head.

"Yeah, the reason we're here today, Mrs. Palmer," said Baz, "Is because there's new evidence."

"Evidence?"

"Yes, namely a blanket and a black headband with silver sparkles found down a deep hole beneath a trapdoor in a shed on the property of "Applegarth Cottage" where your husband, Mr. Art Cooper, used to work."

Her voice rose, "Esme's headband?"

"We suspect it to be so, Mrs. Palmer."

"Well…what…oh my God," She put both hands over her mouth, "But what worries has Hazel got?"

Baz and I exchanged glances.

I chipped in here, "Mrs. Palmer, Mr. Cooper has pleaded guilty to the puppy farming that he's been questioned about, but when asked about the blanket and the headband became very agitated and said in no uncertain terms that we were to question you again regarding this."

"But I don't know anything," she said, sitting forward and reaching for the packet of cigarettes. She put one in her mouth with a shaky hand, lit it with a match and took a deep drag. There was a tapping at the door, and Hazel came in carrying a tray containing a coffee pot and cups and saucers. I stiffened immediately, even though Baz and I had discussed his brief fling with her. She put the tray on the coffee table and then, frowning, said, "What's going on?" And then, "Oh, hi, Baz, hi, Ms. Lane."

"Oh, so you know, Donna Lane," said Angela Palmer as she took another deep drag and blew out smoke sending it wreathing around the room like ghosts.

"Yeah," said Hazel, standing in front of us, arms crossed over her chest, her brief top and short shorts showing off her lovely figure. "Ms. Lane has dreams about Esme, don't you, Ms. Lane?" She gave me a sly glance, so unlike the Hazel

I'd met for a chat that day in the Coffee Cup café, it shocked me to the core.

Angela Palmer looked at me enquiringly, "You'll have got that from your mum then? Do you know where she is, my Esme? Is there anything you can tell me, Ms. Lane, anything at all?"

"Can we discuss Mr. Cooper first, please, Mrs. Palmer?" I asked gently, and then with something of a gut feeling, I turned to Hazel and said, "Does your mum know that you think your stepdad is in cahoots with Vicky Lonsdale."

"What?" Angela Palmer shrieked, her wild gaze going from Hazel to me, and me to Hazel and back again. "That's ridiculous. No way would Art do that. He wouldn't harm Esme, and he doesn't even know Vicky Lonsdale." She looked at Hazel, "That was Roger, your dad. Oh yeah, Roger knew Vicky Lonsdale, alright. Why do you think he died, eh?"

Hazel blanched and said, "Art is mean to Esme!"

"But he wouldn't harm her physically. With words, yeah, he's off-hand, but he wouldn't harm her. He wouldn't kidnap her and keep her down a hole, would he? He could never face me if he did that."

Baz and I exchanged meaningful glances, both of us guessing at this stage that we'd caught Hazel out in lies, but why? Why would she lie about her stepdad?

"I've gotta go to work," said Hazel sullenly, turning to go out of the door, Baz bringing her up short by saying, "Do you really believe that your stepdad colludes with Vicky

Lonsdale, Hazel?"

"I've gotta go to work," she repeated, and then, turning back to us, "Maybe I'm wrong. It's just a feeling." She shrugged.

"We may be in touch with you for questioning," said Baz as Hazel went from the room and closed the door with a firm click. Angela Palmer immediately got up and raced to the window, straining to see out, her neck long, before coming back to sit down.

"She's gone," she said, "We better get this coffee before it goes cold. It's horrible cold."

She poured us all a cup as Baz said, "Where does Hazel work?"

"At the Good Intent pub in Westbourne, loves it she does. Works five nights a week. Art and I go there sometimes, and she always buys us a drink. She's a good girl, really."

And then I chipped in, "Do you think Art Cooper is mean to Esme, Mrs. Palmer?"

She didn't answer for what seemed a long time, just busied herself with adding milk and sugar to her coffee, lighting another cigarette. She also wore shorts and a tee shirt, revealing skin that was very white and very smooth, untouched by the sun. Her hands still shook, and her eyes, red-rimmed, looked full of tears as she said, "Well, if he is, I know why." She sniffed and took a tissue from the pocket of her shorts, dabbed at her eyes.

I held my breath as she began to talk. "It's like this.

Just before Roger died," She looked directly at us, "That's my husband." We both nodded, "We'd talked of having another child, a brother or sister, for Hazel. I didn't want her to be an only one like I was, or Roger for that matter. I didn't know he was messing me about, did I? I didn't know he was seeing that Vicky Lonsdale, or," and here she gave a heaving laugh, "Icky Lonsdale as I call her."

I hid a smile as Baz sipped at his coffee, both of us leaning forward, not wanting to miss a word of what Angela Palmer was saying. "Anyway, she shot him, and he's gone, right?" We both nodded. "Well, I asked the doctors if they could collect some sperm from him and freeze it so in the future, I could have his baby. They said yes, it could be done. At this point, I still didn't know why he'd been shot or by whom, okay?"

"Oh wow," I said, almost spitting my coffee out onto the table. Baz, red-faced, started coughing before swallowing hard and then, somehow gaining control of himself, said, "Sorry," patting his chest, "Went down the wrong hole." Angela Palmer carried on speaking as if she hadn't noticed, "So time went by, we came to live here from Oxford to start a new life, and I met Art."

She stopped for a second to light another cigarette and take a deep drag, blowing the smoke out in wavering rings. Time seemed to stand still. There was only this room, the intense heat and Angela Palmer's voice telling her story.

"Art and I got married, we'd always talked about

having a child together, so I thought I'd have no use for Roger's sperm, but, bingo, after a few months, Art confessed to me that he was sterile."

"Oh no," both Baz and I said together.

"Yeah, oh no, although I don't think I was as calm as that. So, in no uncertain terms, I told him what I was going to do. I wouldn't have used Roger's sperm if Art had been able to father a child." She gazed at us, her chin raised defiantly as if we were going to disagree with her.

"So," said Baz, "You used your dead husband's sperm to have a child, and Art wasn't happy?"

"Not happy is an understatement, but yep, you got it in one!"

"Does Hazel know?" I asked.

"No," she shook her head. "There was never a good time to tell her. The words just wouldn't come." I thought of all the times the words just wouldn't come when I'd tried to tell Pierre about Amy, and my heart went out to Angela Palmer.

"Does Esme know?" I asked.

She shook her head and said quietly, "No."

"Art resents Esme?" asked Baz.

"Yes," she nodded, tears overflowing now, running down her cheeks and onto her chin. She dabbed with the tissue, pieces falling away like snow. I rummaged in my bag and found a new one, and handed it to her.

"Thank you," she said, sniffing and patting her face.

"Mrs. Palmer," I said, "Do you think Art Cooper would harm Esme?"

She shook her head.

"He's harmed animals," said Baz. "Could he do the same to Esme?"

"He mocks her. She's a bit childlike, you see, younger than her years. I'm always telling him to leave her alone. Sometimes, well, things get fraught between us because of the way he treats her."

"Do you think he would harm her physically?"

"I would never have thought so. But, all I'm going to say is, if he *has* got my Esme," And this she said with venom, "I'll kill him!"

***

"So," said Baz as we walked slowly home, hands clasped, after our meeting with Angela Palmer, "Esme Palmer isn't Art Cooper's daughter after all."

"No," I shook my head, "But she is Hazel's full sister, not step-sister as they always thought."

"Oh, what a tangled web we weave when we try to deceive," said Baz, gazing out at the thin blue line of the sea from where we stood at the harbor wall. It was still unbearably hot, but there was a tiny breeze that ruffled my hair and cooled my skin. Under the salty odor of the sea, the smell of fried food hung in the air, mingled with the sweet smell of candyfloss and ice cream.

"That's very profound, Mr. Brady," I said. "Very deep,

uh, Barrington."

He smiled, little laughter lines crinkling at the corner of his eyes. I kissed his cheek, feeling his stubble caress my lips. He wrapped his arms around me and held me tight.

"I fully understand Angela Palmer," I said. "Do you?"

"Yes, Art Cooper deceived her, and I certainly wouldn't want to be him if Angela Palmer ever gets her hands on him."

"Yeah, you're right there. Can we get a full search of the caves, Baz?"

"Yes, but we need one more interview with Art Cooper. Do you agree?"

I nodded and said, "Okay."

"And don't forget, it's not a simple thing, getting most of the force out to search the caves. It will take planning, and we've got to have good reason to do it."

"I nodded and said, "Yes, I understand that, but Baz, it could be a matter of life or death."

"I know, one more interview, and if he doesn't confess, we'll set it in motion."

I nodded, remembering what had happened in France and the intricacies of eventually finding Marie Nowell, and then said, "Hazel was a changed person today from the one I met in the café."

"Yeah, that's what I was trying to explain to you, the reason we stopped dating. She's unstable."

"She didn't seem that way when I first met her but showed signs of something different today, and in fact,"

Mum's words suddenly came into my mind, "My mum said she's probably a troubled girl because of what happened to her as a child."

"Yeah, that's spot on, Donna. She's odd. The longer you know her, the more it tends to come out. What did I say about my hair falling out?"

"Mm, well, you obviously know her better than I do." He gave me a bit of a look but shook his head and smiled, "Ha ha, had to get that in, eh?"

I grinned at him and said, "So she's lying about her stepdad, then?"

He shrugged, "Yeah, I'd bet on that."

"Fancy a drink?" I asked.

"You," he said, leaning close and kissing my cheek, "Have the best ideas in the world."

"Do you think we should go to Westbourne," I ventured slowly, "To the Good Intent? I haven't been in there in years."

"Mm," said Baz, narrowing his eyes thoughtfully, sending a sexy thrill running through my body, "Why not. It's all part of the investigation, isn't it?"

"Come on then," I said, grabbing his hand, "What are we waiting for?"

Chapter Fourteen

Hazel was standing outside the pub smoking a cigarette accompanied by a couple of young men, all long flowing hair and faded denim, when Baz and I arrived at the *"Good Intent."* The small beer garden to the front was full, with people sitting at the benches or standing in groups talking and drinking. There was a great hubbub of excited chatter. Her green eyes followed us as we made our way through the crowds, and I heard her say very sweetly to one of her companions, "Oh, I much prefer men with long hair, and yours is in such good condition, Dougie. What shampoo do you use?"

General laughter followed this comment and even more as the young man bravely declared, *"Hey, I'm a Supersoft girl,"* whilst shaking his hair around in a cloud. Hazel grinned as she stubbed out her cigarette with the toe of her platform sandal before following us inside. "What are you two doing here?" she hissed.

"Just came in for a quiet drink," replied Baz as we went to the deserted bar to order our drinks. Another young lady served us while Hazel rushed about collecting empty glasses and tidying the tables. We had the pick of the tables inside, so, not wanting to brave the crowds outside, we sat down near the open doorway and sipped our drinks. The jukebox, its lights flashing, began to play a familiar tune, and Abba burst into song, *"I work all night, I work all day, to pay the bills I have to pay…."*

"Wow," said Baz, "That's good lager, very refreshing." And then, "You see what I mean? Hazel's comment about long hair was a dig at me."

"Mm, yes, I noticed that," I agreed, "And yes, the lagers hit the spot." He reached out and clasped my hand in his. It felt warm and steadying. The pub was cozy. I imagined it in the winter, a fire burning in the huge fireplace, a Christmas tree sparkling in a corner. Maybe not, though, particularly if this year was going to be turkey and sprouts on the beach.

A sudden clear memory suddenly came into my mind of being here years ago with Mum and Dad and Amy when we were kids. When Amy and I had bottled cokes with a straw and big packets of crisps, and Mum had a drink called a Pony. I could smell the cheese & onion, taste the fizz in the Coke, and even feel the rush of sugar as it hit my brain.

A voice pierced my thoughts, "Finished harassing my mum, have you?" asked Hazel as she came by our table with the pretense of putting out more beer mats. Beads of sweat had collected on her forehead and along her nose. Her eyes glittered brightly.

"Your sister is missing, Hazel," I hissed, "We had follow-up questions to ask your mum regarding that. You know how upset she is. You told me so before." *"Money, money, money, must be funny, in a rich man's world...."*

She came closer and squatted down, picking up an empty crisp packet from the floor that crackled in her hand, "You mean my step-sister, don't you," she said, and then, "I'm not surprised. Esme was always the favorite."

"Hey, that's not true," said Baz quietly. "Your mum loves you."

"You think so? You know nothing. Who wants a child born with a cheating husband, eh? Now answer me that!" Oh, how tempted I was to tell her what I knew about Esme's parentage, but something told me that now wasn't a good time to broach that particular subject. I took another sip of my drink.

She made to move away, but I reached out and held her arm, "Hazel, please, if you have any further concerns about your stepdad or suspect you know where Esme is, please confide in us. Nobody needs to know. We're here to help. After all, you sought me out before." *"Aha, aha, all the things I could do if I had a little money...."*

Irritably she shook my hand away, "Sorry, but I'm busy. Can't talk at the moment." I glanced up to see an older man standing behind the bar staring at us, his gaze penetrating, eyes narrowed. He had dark thinning hair plastered across his scalp and a moustache that lay over his lips like a furry caterpillar.

"The landlord," she mouthed as she glided away and took her place behind the bar. *"A man like that is hard to find, but I can't get him off my mind...."*

"Bothering you, are they?" I heard him ask her.

"No," she said, "They're friends of my mum." Baz and I exchanged amused glances.

"If she knew who Esme's dad is," whispered Baz, "I bet she'd change her tune." He drank greedily. *"And if he happens to be free, I bet he wouldn't fancy me...."*

"Yes, but I don't think it's our place to tell her, really."

Baz shrugged, "No, it's up to her mum but maybe it would help if she knew."

Frowning I said, "What do you mean?"

"Well, if she's in cahoots with Art Cooper or if she has Esme hidden away somewhere, protecting her, you know...."

"Surely you don't think Hazel has Esme?"

Baz shrugged as he fumbled in his pocket, producing a pack of cigarettes, "Donna, I don't know what to think. This is a tough one! Nobody meets any of my profiles." He grinned as he lit a cigarette and took a deep inhale. *"That's too bad...."*

"Yeah, I know what you mean. Even my dreams are jumbled and not telling me anything at the moment. All I'm sure about is the caves. My grandmother told me she's in the caves."

"One more interview," Baz assured me, "And to the caves, we will go."

I glanced up to see Hazel staring at me, her eyes veiled behind a band of sunlight that shone through the window. For a moment, she seemed small and afraid, as if she wanted to reach out as she had before, but a customer came to the bar, and she smiled brightly whilst reaching for a glass, pulling a pint, and the moment was gone. *"Money, money, money, it's a rich man's world...."*

***

"Okay," said Baz as he switched on the tape recorder, "It's Friday, 20 August 1976, Emsworth Hampshire Constabulary, Interview Room 1, and this is an interview with Mr. Arthur John Cooper. The time is 2:15 pm. Present, myself, Mr. Baz Brady, Criminal Psychologist, Sergeant George Plummer (Note Taker) and Sergeant Christopher Watkins.

I was the only one behind the two-way window this time and had watched Art Cooper swagger into the interview room. Both Sergeants were in the same places as before, Sergeant Plummer sitting next to Baz and Sergeant Watkins standing guard at the door.

Art Cooper wore the same scruffy jeans but had swopped the grubby tee shirt for a pale pink shirt, open almost to the waist showing a smooth tanned chest. The biggest shock was the absence of the long grey beard revealing a face as youthful as a boy's and showcasing for all the world to see his brilliant blue eyes. I could tell by their stiffening body language that Baz and the two sergeants were totally gobsmacked when they saw him.

Mr. B Brady – "Mr. Cooper, we are here to talk to you today about the missing girl, Esme Palmer."

Mr. AJ Cooper – "Before we get on to that and before you ask," he raised his hands, palms up, "It was time. I reached my beard goals." He gave a great harrumph of laughter as he stroked his smooth chin and then slapped his thigh as if he'd made the joke of the century (Sergeant's shoulders quivering with mirth. Mr. B Brady sadly shaking his head).

Mr. B Brady – "Okay, thanks for that, Mr. Cooper. We will now carry on with the interview. Mr. Cooper, please could you tell us why you dug a 6-foot grave in the backyard of "Applegarth Cottage?" originally Applegarth Cottage Dog Rescue?"

Mr. AJ Cooper –" Well, that was already there. A bunker left over from the Second World War. I just dug it down deeper cos I like to sit in it and muse, you know."

Mr. B Brady – "You like to sit in a 6-foot-deep hole and muse, Mr. Cooper?"

Mr. AJ Cooper – "Yeah, I do, I remember sitting in one when I was a kid, you know, sheltering from the bombs along with my mum and my two sisters, and my dad was in the Second World War, and I thought if he spent his time fighting in dirty deep holes like that, then I can sit in one. I do keep the trap door open, though, for light and air."

Mr. B Brady – "Oh, so that makes it okay then, does it, Mr.Cooper? Keeping the trap door open?"

Mr. AJ Cooper – "Yeah, I think it does."

Mr. B Brady – "Why does the trapdoor have air holes in it then, Mr. Cooper?"

(For the first time, Mr. Cooper looks uncomfortable)

Mr. AJ Cooper – "I wasn't aware of that, Mr. Brady. Never noticed any air holes."

Mr. B Brady- "You were asked about the hole and the trapdoor before when you were questioned about the puppy farming. Your reply was no comment. Why did you lie, Mr. Cooper?"

Mr. AJ Cooper – "No comment."

Mr. B Brady – "Mr.Cooper, did you kidnap Esme Palmer and now have her as a prisoner somewhere?"

Mr. AJ Cooper – "No, I did not, and I have not. I wouldn't harm a hair on that girl's head."

Mr. B Brady – "Hazel Palmer has concerns about the way you treat her sister, Esme Palmer. Why do you think that is?"

Mr. AJ Cooper – "Sometimes, I get mad at her. She's slow, you know, and I shout at her, but I wouldn't hit her or put her in a hole in the ground."

Mr. B Brady – "How about caves, Mr. Cooper. Would you put Esme Palmer in caves on the beach?"

Mr. AJ Cooper – "No, I would not."

Mr. B Brady – "Some people think, Mr. Cooper, that

because you are cruel to animals, you could easily be cruel to a helpless young girl. What do you think of that?"

Mr. AJ Cooper – "I think, Mr. Brady, that that has nothing to do with this particular investigation. The puppy farming is being dealt with separately, and I will be punished accordingly for that."

Mr. B Brady – "How do you think, Mr. Cooper, that a blanket and headband belonging to Esme Palmer got down inside that hole?"

Mr. AJ Cooper – "I don't know Mr. Brady, but it wasn't me who put those items down there."

Mr. B Brady – "Why did you build the green shed around the bunker hole, Mr. Cooper?"

Mr. AJ Cooper – "So nobody fills the hole in, and I have to find another place to muse. I'm fond of that hole, Mr. Brady."

Mr. B Brady – "Mr. Cooper, I think you are taking the proverbial out of us and this interview. I think you know where Esme Palmer is, and I am giving you a chance to come clean and take us to her, so she can be released back home to her mother and sister."

Mr. AJ Cooper – (leaning forward across the table, his nose almost touching Mr. Brady's) "And I am telling you, Mr. Brady, that I don't know where she is, so what you are asking me to do is impossible."

Mr. B Brady – "Mr. Cooper, I will ask you one more time. Where is Esme Palmer?"

Mr. AJ Cooper (leaning back in his chair, folding his arms across his chest, spearing Baz with his bright blue stare) "No comment." (There followed a long, tense silence, the only sound the whirring of the fan. Nobody moved. Heck, did anybody even breathe?).

Mr. B Brady - "Okay, interview over today, Friday 20 August 1976, and the time is 3:00 pm. Thank you, everyone." He switched off the tape recorder with a click.

***

"Is the end really nigh?" screamed the Sunshine newspaper as we approached the middle of August. *"Not turkey and sprouts on the beach this Xmas after all?"* said another. Australian band Sherbet are racing up the charts, *"How, How, Howzat? You messed about I caught you out, Howzat? Now that I found where you're at…it's goodbye…."* Baz has arranged for a whole squad of police to search the caves this afternoon.

Natalie and I were in the shop rearranging the window. She was artfully arranging a tall black cat with a squat Buddha, and tarot books in an arty pile behind them. She had a good eye. It was a slow morning so far. People walked listlessly up and down the cobbled street. I think everybody longed for rain. It was now Friday, 27 August, and it's been hot since May. Natalie broke into my thoughts, "Do you think it'll ever rain again, Donna?"

"Well," I said, "The papers do say it'll be turkey and sprouts on the beach this Christmas."

She gurgled with laughter. "Wow, now that would be

something."

"But then again," I said, pointing across the road to the newsagents, "They're predicting the end of the heatwave. Is the end really nigh?"

A voice suddenly sounded clearly in my head, "Look for a girl. It's not a blue-eyed boy. Look for a girl."

"What?" I said.

"Nothing," Natalie replied, "I didn't say anything. You were talking about the end of the heatwave." She looked bemused.

The phone rang, trilling very loud in the quiet of the shop. Quickly I answered it, "Hello?"

"Donna, it's Baz."

"Hi...."

"Can you get down here now?"

"Well, yeah, if Natalie will take care of the shop for a while." I glanced over and caught her eye. She nodded her head and grinned.

"Yeah, I can. What's up?"

"It's Art Cooper. He wants to make a confession."

"A confession? But he's already confessed to the puppy farming...."

"No, to kidnapping Esme Palmer."

"Oh, my God! I'm on my way."

Quickly snatching up my bag, I told Natalie I'd be back soon and hurried from the shop. I pushed through the heat as if it was a brick wall. I hurried past the harbor, noticing that even the fishing boats were drooping listlessly now. The tide was coming in slowly and gently beneath the scorching rays of the sun. Seagulls screamed like somebody suffering.

Once at the station, I made my way up to interview room 2 and rushed to the two-way window. Everybody was already in there, and the interview was underway, Art Cooper still wearing the tatty jeans and pale pink unbuttoned shirt. The two sergeants were in their same positions as was Baz.

"...so, Mr. Cooper. "You have asked for this interview today, Friday, 27 August 1976, saying that you have a confession to make regarding the missing girl, Esme Palmer. Please could you tell us about that?"

Mr. AJ Cooper – "Yeah, I want to confess to the kidnapping of Esme Palmer."

Mr. B Brady – "Okay, Mr. Cooper. Please elaborate."

Mr. AJ Cooper – "Elaborate? What more do you want to know?"

Mr. B Brady – "Well, when you took her, why you took her, where you've been keeping her and where she is now."

Mr. AJ Cooper – "I took her around about a month ago. I've kept her in the same place the whole time."

Mr. B Brady – "Where, Mr. Cooper? Where is she?"

Mr. AJ Cooper – "Well (leaned back in chair, smirk on face), you'll have to come along with me. I'll show you."

(There was a long silence) (Mr. Brady and Mr. Cooper locked eyes)

Mr. B Brady – "Have you anything else to add to your

confession Mr. Cooper?"

Mr. AJ Cooper - "No."

Mr. B Brady - "Okay, wrap it up. Sergeant Watkins, please take Mr. Cooper back to the holding cell. I need to speak with a colleague. Interview with Mr. Cooper over, and it's 10:15 am Friday 27 August 1976."

Mr. AJ Cooper - "Hey, what's going on? I've made a confession. I'll show you where she is. I know where Esme Palmer is." (Sergeant Watkins took Art Cooper from interview room 1. His voice was still heard along the corridor, "Hey, I made a confession…why won't anybody listen to me….") Baz switched the tape recorder off with a decisive click.

We came out of the interview rooms at the same time and stood facing each other in the corridor. "Well?" asked Baz.

I shook my head, "I don't believe him."

"Neither do I. He's wasting our time."

"Baz, I have a hunch."

Eyes narrowed, he looked at me questioningly. "We need to find out if Hazel has visited him recently. I think she's put him up to this."

"Okay," He indicated with his head, "If we go to my office, we can make some calls."

As I rushed along behind Baz, his stride long and easy, even the back of his head a pleasure to look at, the words I'd heard this morning rushed into my head, *"Look for a girl. It's not a blue-eyed boy. Look for a girl."*

Chapter Fifteen

Baz dialed the number for HM Prison in Portsmouth and put the receiver to his ear. We're in his little glass-walled office. It was very neat and tidy and smelled pungent, comforting somehow, of beeswax and linseed oil. "Hi, yeah, I need some information. Has a Hazel Palmer visited a prisoner called Arthur Cooper recently?"

I gaze from the window, listening to Baz's conversation, watching the police staff at their jobs. Some typing, some on the phone, most of them smoking, cigarettes held between two yellow fingers, a dense grey cloud above their heads. The windows are wide open, and fans whirred from the ceiling. To my intense annoyance, pictures of half-naked women were stuck on every wall space.

"No Hazel Palmer? Who? He had a visit from somebody called Juliet Jones? What does she look like? Tall slim, blonde hair? Hmm."

"What? Juliet Jones visits the women's prison as well?"

I turned around, my interest sparked further, and I nudged Baz and mouth, "Who does she visit?"

"Who does she visit in the women's prison?"

"Her aunt?" We exchanged bemused glances.

"So every Thursday, she visits her aunt, and since Arthur Cooper was taken in, she visits him too?"

I mouthed to him again, "What's the aunt's name?"

He spoke again into the receiver, "What's the aunt's name?"

I knew what he was going to say before he even said it. He gazed at me, a smirk on his lips, nodding slowly, "Vicky Lonsdale."

"Don't you ask for ID? No? Yeah, she might come across as a nice young woman, but Juliet Jones is Hazel Palmer, the missing girl Esme Palmer's sister. Don't you realize the repercussions of this?"

He hung up, his handsome face a mask of annoyance. "She didn't ask for ID," he said, throwing up his arms. "She's a nice young lady," she said. "So, all nice young ladies don't need ID?"

"In cahoots with Vicky Lonsdale," I said, shaking my head, "She told me Art Cooper was visiting Vicky Lonsdale and that they were up to something together. I believed everything she said."

"Yeah," said Baz, "Now you can see why the

relationship didn't last, can't you?"

I nodded, upset and feeling foolish somehow at having been duped so easily. "Okay," I said, "I think we should go straight to Slipper Road and confront Hazel."

"Yeah, we gotta work quickly. If Hazel can lead us to Esme right now this afternoon, we can call off the search. I contacted the Inspector this morning before Art Cooper made his confession. He wants to be there too."

"Just before we go," I said, putting my hand flat on his chest, gazing up at him, "I heard a voice in my head this morning. It's so weird because the voice said, *"Look for a girl. It's not a blue-eyed boy. Look for a girl."*

"Wow, that's where you got your hunch from?" He leaned down and brushed my lips with his and then said, "Thank God you're here. Miss Marple's got nothing on you!"

"Art Cooper must be our blue-eyed boy?"

"And Hazel, our girl?" He shook his head slowly, saying, "She doesn't fit in with any of my profiles, you know."

"There must be one somewhere for a female abductor."

He nodded his head, "Yeah, there will be. Unusual though. She's a one-off."

***

At our urgent knocking, Angela Palmer came to the door straight away. She looked afraid, her eyes skittering around in her head. Little beads of sweat covered her forehead and her nose. She carried a cigarette in a shaky hand, smoke wreathing between us as we spoke.

"Is Hazel here?" asked Baz. I looked at him from the corner of my eye, the straw trilby he'd put on earlier, making my heart race.

"No, she's gone out. You just missed her."

"Do you know where she's gone?"

"She was going for a walk." She shrugged, "Probably to the beach. Takes sandwiches and stuff for a picnic, loads of it. I can't understand why she's so thin, the amount she eats!"

Baz and I exchanged a meaningful glance at those words, thinking that maybe half of the food was for Esme.

"What's going on? Please tell me. Have you found Esme? Oh my God, she's not dead, is she?" She cupped her mouth with one hand.

"No, Mrs. Palmer, she isn't," said Baz. "Can we come in?"

We stepped into the tiny hallway. It smelled old and foisty, as if steeped in hundreds and thousands of cooked dinners. Something I'd not noticed when we came before. The sitting room door was open, so I could see from the corner of my eye the faux leather sofa, the coffee table and the blue glass ashtray now full to the brim with cigarette ends.

"It's more private here than outside," said Baz. "Mrs. Palmer, your husband, Art Cooper, made a false confession this morning."

She looked confused, so I said, "He said he'd kidnapped Esme and knows where she is, but we don't believe him. We think he's covering up for somebody."

Like a cornered rat, her eyes wide, she said, "Who?"

Baz and I exchanged glances, "We're not sure," said Baz, "The police are out this afternoon searching for Esme. The whole force is out, Mrs. Palmer. We will find Esme today.

"Let me come with you," she said desperately.

"It would be better if you stayed here," I told her. "We're doing all we can, Mrs. Palmer, but you must stay here."

All three of us jumped as the sitting room door banged closed. Frowning, she opened the door and peered into the room. "It's getting windy," she said, "Look, the curtains are blowing." She rushed over and closed the windows. "Those windows haven't been closed for months now."

"We must go, Mrs. Palmer," said Baz. "Stay here, and we'll be in touch when we've anything to tell you."

We set off at a pace from Slipper Road towards the beach. The heat was still intense, a bright white light in the sky, but the wind was up, shaking the dying trees and rippling the sea. We crunched over the stony beach, crabs scuttling beneath our feet, seaweed slippery as ice. The wind whipped my hair around my face and dried my damp tee shirt and shorts that had been stuck like glue.

Police officers crawled like ants through the scrubby grass surrounding the caves, all of them in shirt sleeves, pads tied to their knees, and sweat dripping from their foreheads onto the parched ground. The Inspector was there, and Baz went over to talk to him, no doubt informing him of Art

Cooper's false confession this morning. He looked grim and then worried as a terrible moaning and groaning came from the horizon as if an angry giant was stomping its way towards us.

"There's going to be a storm," said the Inspector, shouting over the wind. "We must be prepared. Move over near the rocks." He motioned us over with a raised hand, his words snatched away with the wind before they were barely out of his mouth. My hair was blown all around my head like a dandelion clock, and, to my dismay, Baz's hat blew away as if a large hand had snatched it from his head.

The sky began to darken, the terrible dry heat of the sun diminishing. The moaning and groaning intensified, and a sudden great flash of lightning lit up the beach like disco strobe lighting. We cowered, our hands over our heads and then ran for nearby bushes and crouched down. The crispy leaves crackled around us, sending out a dry, pungent scent. The earth was dry and crumbly beneath our feet.

Baz came closer and whispered, "Oh my God, Donna," his breath tickling right down into my ear as if an insect, a buzzing bee or a violent wasp had somehow got in there. For one heart-stopping moment, I'd even thought it was a crazy ladybird, for hadn't the heat driven them all mad. "Is it actually going to rain?"

"Impossible," I whispered back, "Didn't you know that this heatwave is going to last forever? Remember what the council said about getting rid of all our winter clothing?

And don't forget what you told me before about Christmas!"

We stared at each other, our eyes wide, "It's my dream," I said, "Oh Baz, it's my dream! We're in it now, right now."

He reached for my hand and held it tight, "Today is the day we find Esme Palmer. Hold on to that, Donna."

Another rumble of thunder shook the earth, and a flash of lightning tore across the sky. Gulls wheeled and moaned, and the sea roared, the tide coming in at an incredible pace. Soft raindrops pattered onto the ground. The Inspector suddenly stood up and began to walk towards the rocks. He bent down and plucked something from the sand, turning around and holding it up for us to see. It was a black headband with silver sparkles. "Exhibit A?" he shouted, "What's it doing here?"

A voice rang out, and looking up, a figure, a black silhouette etched against the ever-darkening sky, came into view on top of the rocks. Raindrops pitter-patted on my face. The figure spoke again, but the words tumbled away with the wind, even as it bent over and, using the force of its body, rolled a stone to one side and put out a hand, pulling something from the hole, something that seemed to pop out quickly like a cork from a bottle. The two figures joined hands, and as quickly as they appeared, they were gone. *My dream flooded into my mind, and the realization that she wasn't beneath a trapdoor anymore, but a rock.*

A jagged burst of lightning crackled across the sky, and then the rains came. Slowly at first, drops like tiny fingers tapping the ground and then a deluge, a massive sheet of long silver rods powering into the ground and churning the dry earth into mud. Quickly we got to our feet and began to run towards the rocks, Baz shouting, "She'll come out at the tunnel at the side. Follow me."

I followed Baz at a fast sprint, the Inspector close behind, my breath coming short and sharp, my shorts and tee-shirt clinging like a second skin. Just one thought raced through my mind, *Look for a girl. It's not the blue-eyed boy. Look for a girl.* Hazel, the game's up. Here we come.

***

"Keep back," said a voice as three figures appeared at the mouth of the caves, and not two as I'd thought, one of them walking slightly ahead. "I mean it, keep back, I've got a gun, and I'll shoot."

"Angela?" I said tentatively. The figure in front slowly, so slowly, stepped out from the darkness of the cave. I couldn't see her properly, and then I was unsure, expecting it to be Angela, but it wasn't. It was Hazel. Shuffling slowly behind, like a two-headed monster, Angela and Esme came into view. Esme's face was dirty, her clothes grimy and torn. The wind tore at her greasy hair, and the rain pounded.

"I know you told me to stay at home," said Angela Palmer, "But I couldn't. I had to get my Esme back," She hugged Esme close to her with one arm whilst pointing the gun and, giving Hazel a venomous look, said, "From her!" Hazel melted back into the walls of the cave. Angela was soaked through, her hair bedraggled, her eyes wide and vacant.

"Please, Mum," said Esme, "Don't hurt Hazel. She's been good to me, kept me safe. She told me I had to be kept safe."

Angela pulled Esme closer, her arm tightly around her neck, so tight that Esme looked uncomfortable and pained. In her panic, I don't think Angela realized. Hot tears spurted into my eyes at the shock of seeing Esme unharmed, at long last. Baz moved closer and linked his fingers with mine. The sky arched black and silver over our heads, stars twinkled, and tendrils of cloud floated across the sky as if pushed with a massive hand.

"God help us if it's a real gun," he whispered closely, his breath warm on my hair and my neck. The Inspector slowly, carefully moved forward, "Put the gun down, Mrs. Palmer. We don't want anybody to be hurt here, do we? And certainly not your daughters."

"She's had my Esme all this time," shouted Angela, "Put me through so much worry. You'd better get her out of the way, or she's gonna pay for it." The rain drummed down, a great silver sheet separating us from the three women like a hazy curtain. Lightening slashed the sky. Thunder rumbled, and seagulls screamed.

"Art's mean to her," shouted Hazel, "I had to keep her safe from him." She breathed heavily, quickly, her breasts rising and falling, "And you didn't want me anyway, not after Dad died. It was all about Esme and Art."

Stealthily police officers began to move up behind us. I could hear them coming, the squelching of their footsteps over the wet ground, their tense breathing. The Inspector raised a hand, and they stopped abruptly. Time stood still, and I felt as if I held my breath. Baz's fingers tightened on mine. A streak of silver lightning lit up the sky.

"Esme isn't Art's child," said Angela, "You've got the same dad. Her name would have been Cooper otherwise, so get over it, Hazel."

Hazel screamed, "You liar," and ran at Angela like a charging bull.

"No," shouted Esme, breaking away from Angela and running fast, crunching across the stony beach. There was a clatter as the gun fell from Angela's grip, and Hazel swooped down and picked it up. She stepped back and stood tall and confident, legs apart, holding the gun out in front of her. Her hair blew madly around her face, and her green eyes glittered. The police officers moved in as Angela melted slowly away to join Esme where she now stood behind Hazel against the stony walls of the cave.

"Put the gun down, Hazel," shouted the Inspector, his voice straining over the howling wind. "Nobody needs to be hurt."

I saw Baz put up a warning hand and shake his head, no, as Angela and Esme slowly began to creep away over the beach, keeping close to the bumpy walls, trying not to make a noise. Somehow aware of the sound, Hazel spun around and shouted, "Stop, or I'll shoot."

Angela took a furtive glance over her shoulder but, pulling Esme along, kept on moving. "I warned you," Hazel shouted, as, without further hesitation, she pulled the trigger, almost falling backwards with the force. There was a colossal bang, and Esme, as if in slow motion, crumpled to the ground, Angela screaming hysterically, her hands to her face, blocking out the sight of Esme's blood running along the rocks, colored pink by the rain.

The officers closed in around Hazel, who, visibly shaking, let them take the gun from her hands and lead her away. Defeated, she walked in amongst them, head hanging and shoulders bowed. Baz and I ran to Esme, laying so quiet and still. Angela's panicked cries rent the air mingling with the moaning of the gulls and the incessant hiss of the rain as it splashed into the sea.

***

Dandy rushed to me and jumped up, paws grabbing onto my legs as I let myself into Mum and Dad's house. She was bright-eyed and energetic. A different dog to the one Baz and I had rescued from the green shed only a few weeks ago. I crouched down and pulled her to me, patting her head and fondling her ears. She woofed gently. As I'd walked along the driveway, I'd noticed some new wire-fronted sheds had been erected in place of the green shed, and I wondered if Mum and Dad had plans to re-open the dog rescue.

"Hello? Is anybody there? What's going on? Is the dog

rescue coming back?"

"Donna?" Mum came rushing from the kitchen, closely followed by Dad. "Oh my God, what's happened?" I noticed a morning paper spread over the table amidst the coffee pot, mugs and empty bowls.

"Esme is safe," I said.

"Oh, thank God," she said, and then "Yes, your dad's picking up some dogs and perhaps cats too later on."

"That's great. Company for Dandy, eh?"

"Yes, that's exactly what we thought, until they go to good homes, of course."

"The papers are very misleading," said Dad, "Look." We all went into the kitchen, Dad pointing at the paper. The headline screamed, *"Missing girl, Esme Palmer found, but shot by sister!"*

I picked it up, "Oh God, that Sunshine News Group! Sensationalism all the time." I waved it at them, "I'm surprised you two get this paper. And as for page 3, well!" I sat down, and Dandy sat close to me, her warm bulk reassuring but keeping a close eye on Mum as she munched on a piece of toast.

Mum shook her head, "I know, it's terrible!" Dad grinned red-faced and shrugged as if he knew nothing. I sat down at the table and helped myself to coffee, sniffing appreciatively its strong aromatic odor. I took a sip before saying, "The paper shouldn't display a headline like that, but it's true. Esme was shot by Hazel.

Mum and Dad gazed at me wide-eyed, but before they could speak, I said, "But she's okay, a shoulder wound."

"I'm so glad she's alright," said Mum, a hand to her heart. An expression on her face that I knew meant she was thinking of Amy.

"How come Hazel had a gun? We're not in America, you know," said Dad. "Guns aren't readily available here, and for very good reasons." He sat back in his chair, arms folded across his broad chest, eyebrows raised.

"Well, she was in cahoots with her father's killer, Vicky Lonsdale, who's in prison for her crime." I shrugged, "Maybe she got it from her somehow. I'm not sure."

They were all ears as I relayed the whole tale even though, at that time, I had no answer for them as to why Hazel had a gun. It was all pure speculation. That would all come out later today when Hazel was brought in for questioning just as her stepdad Art Cooper had been. Hopefully, she wouldn't have the gall to lead the police up the garden path as he had. It seemed that only people with a certain charm were able to do that.

Chapter Sixteen

"Rain, rain, don't go away, please stay for many a day," were the headlines plastered across the newspapers the day after the rains came. Water trickled down the cobbled street outside the shop, gurgling into the gutters and running into the drains. I stood watching, mesmerized by the long silver rods and the drops rolling down the window pane. Natalie stood beside me, her pretty face fascinated, it seemed, by the downpour. An old song streamed from the radio, *"One drop of rain on your window pane doesn't mean to say there's a thunderstorm coming...."*

"Are you sure you don't mind looking after the shop while I go and watch the interview?" I asked her.

She shook her head. No. She knew whose interview I was talking about by the headlines in the papers and also because of everything I'd told her. *"Rain may pour for an hour or more, but it doesn't matter, you know it doesn't matter...."*

"The Incredible heatwave of 1976 is over," said newscaster, Andrew Gardner on "News at Ten". His smile was jovial, and in the coolness of the night, as the rain poured down, filling cracked empty reservoirs and the wind howled like ghosts, the whole nation breathed a sigh of relief.

***

I arrived a few minutes early at the station and met Baz in interview room 2, standing by the two-way window. As he kissed my cheek, a warm spicy aroma enveloped us both, and I breathed it in happily, moving closer into his arms.

"You okay?" he asked.

I nodded, "Quite a night, eh?"

"You can say that again."

I shrugged, "Quite a night, eh?"

He shook his head, a small smile hovering around his lips, "You are silly." He kissed the tip of my nose. "Drink later?"

"That would be great."

The sound of the Inspector's voice brought us up short, and we turned to the window, realizing that everybody had taken their places. My gaze fell on Hazel first. She wore pale blue flared jeans and a long-sleeved black top, a picture of Marc Bolan as The Slider on the front. Her hair, the color of wheat, hung long and straight around her face. The room was quieter without the incessant humming of the fans. She looked downcast and tired, with black rings around her eyes.

The Inspector pressed the button on the tape recorder and began his spiel.

"Okay, so the date is Saturday, 28 August 1976, and the time is 1:00 pm. Welcome to everybody. We are in Emsworth, Hampshire Constabulary, Interview Room 1, and this is an interview with Miss Hazel Vanessa Palmer. Present, myself, Detective Inspector Ian Ford, Sergeant George Plummer (Note Taker) and Sergeant Christopher Watkins."

DI Ian Ford - "Miss Palmer, you are here today to tell us why you kidnapped and kept hostage your sister, Esme Palmer, for a period of just over four weeks, from Wednesday, 28 July 1976 to Friday, 27 August 1976."

Miss H Palmer - (A long, painful silence).

DI Ian Ford - "Miss Palmer, we really need for you to speak to us."

Miss H Palmer - (Soft and hesitant) "I wanted her gone for a while. My stepdad, Art Cooper, is mean to her, verbally mean. (Looking at Inspector and hanging her head) And I wanted my mum back."

DI Ian Ford - "What do you mean by wanting your mum back?"

Miss H Palmer - "She had more time for Art Cooper and Esme than she did for me."

DI Ian Ford - "Where did you keep Esme, Miss Palmer?"

Miss H Palmer - "First of all, in an old bunker on "Applegarth Farm" Dog Rescue, but when Mr. and Mrs.

Crowther moved out, and new people were going to be coming in, I had to put her somewhere else."

DI Ian Ford – "Did Mr. and Mrs. Crowther know she was there, Miss Palmer?"

Miss H Palmer – "No!"

DI Ian Ford – "Did Mr. Arthur Cooper know she was there?"

Miss H Palmer – "No!"

DI Ian Ford – "Did you make air holes in the trap door, Miss Palmer?"

Miss H Palmer – "Yes, I did. I didn't want her to die down there, did I? It was to keep her safe."

DI Ian Ford – "How did you know about the hole, Miss Palmer?"

Miss H Palmer – "I saw it years ago. We used to play there when we were kids before the house was built. It was just scrubby land, then."

DI Ian Ford – "Where did you move her to, Miss Palmer?"

Miss H Palmer – "To where she was found, the caves. There was a hole in the top of the cave I put her in, but I rolled a stone across as a sort of ceiling. She was better there. No spiders or worms, only crabs and seaweed," (gave a little giggle).

DI Ian Ford – "Don't you think putting your sister down in the ground with spiders and worms was traumatizing for her, Miss Palmer?"

Miss H Palmer – (Shrugging) "I don't know. She didn't seem to mind. I bought her sandwiches and crisps, even her favorite chocolate bars, Twix and Double Decker and coca cola too. She cried sometimes, though, and asked for Mum and even for him, Art Cooper, but I had to be firm and say no."

DI Ian Ford – "So, she asked for Art Cooper. Maybe he's not as black as you paint him?"

Miss H Palmer – "He demeans her and calls her a slow poke. It's not a bad thing to be slow. She's a gentle, kind girl. Nicer than him. She's not cruel to animals, is she? I hope he gets put away for a long time."

DI Ian Ford – "Is that why you told him to make a full confession that he kidnapped your sister, Esme Palmer?"

Miss H Palmer – "Yes, I wanted him to take the blame. He deserves to."

DI Ian Ford – "Miss Palmer, this is Exhibit A, a black headband with silver sparkles, and this is 'Exhibit C,' a black headband with silver sparkles. Do both of these belong to Esme Palmer?"

Miss H Palmer – "Yes, they do. She liked that style of headband the most, so she bought more than one. Inspector Ford, you have 'Exhibit A' and 'Exhibit C.' Where's 'Exhibit B?'"

DI Ian Ford – "It's right here, Miss Palmer" (shows her the blanket).

Miss H Palmer – "Oh yeah, that's the blanket I put in

the hole with her. For comfort, you know."

DI Ian Ford – "Why did you shoot Esme Palmer with a gun, Miss Palmer?"

Miss H Palmer – (Puts hands over her mouth) "I didn't mean to. I felt like a red-hot rage building in my head, and the gun just went off. It scared me, blew me backwards. I didn't want to kill her. I love my sister. She's my full sister, you know, my mum told me."

DI Ian Ford – "Where did you get the gun, Miss Palmer?"

Miss H Palmer – (Smiles) "From a friend of mine who's in prison. She's sort of like an aunt."

DI Ian Ford – "What's her name, Miss Palmer?"

Miss H Palmer – "Vicky Lonsdale."

DI Ian Ford – "Didn't you know, Miss Palmer, that Vicky Lonsdale is in prison for killing your father?"

Miss H Palmer – (Giggles) "Yes, I know that, but, well, I forgive her. I was only 4, when he died, so I was just getting to know him. Apart from photos, I don't remember what he looks like."

DI Ian Ford – "Miss Palmer (Inspector's voice soft and caring), have you ever spoken with anybody regarding your childhood trauma?"

Miss H Palmer – (Long silence) "I don't think so (fixes Inspector with a penetrating goose bump stare, pupils large and dilated) I just remember the blood on my face. It tasted so sweet, and it was kinda sticky to the touch. You know?"

DI Ian Ford – "If Vicky Lonsdale is in prison, how did she give you the gun?"

Miss H Palmer – "She has a friend smuggled it in, and I smuggled it out. And guess what (looking all around and then back to the Inspector, a finger over her lips) She told me it was the very gun that killed my daddy. What do you think of that?"

DI Ian Ford – "Miss Palmer, I'm going to have you put back in your holding cell just temporarily until we can find someone who you can talk to regarding your childhood trauma before you can go home to your mum and sister. Do you understand Miss Palmer?"

Miss H Palmer – (nodding her head) "Yeah, I understand. Esme won't die, will she?"

DI Ian Ford – "No, Esme won't die, Miss Palmer. Oh, and one more thing. Did you pose as Juliet Jones so you could visit Vicky Lonsdale and Art Cooper?"

Miss H Palmer – "Yeah, I did. Juliet Jones. A good name, don't you think? I hate the name, Hazel. I wanted to be somebody else."

DI Ian Ford – "Okay, wrap it up, everyone. Sergeant Watkins, please take Miss Palmer back to her holding cell. The time is 2:30 pm. Thank you, everyone."

The Inspector sat very still in his chair as the two Sergeants and Hazel Palmer left the room. Wearily it seemed, he put his head in his hands and then abruptly reached out and turned the tape recorder off with a click.

"Hey, I know you two can hear me," he said, as he turned around in his chair and looked up at the two-way window. "That stare of hers just then, when she talked about remembering the blood? That was almost as eerie as pictures I've seen of Charles Manson." Slowly he shook his head, "That was bad. Thought I was going to throw up.

"Yeah," Baz spoke back, "Sent shivers down our spines, Sir."

"She's probably going to need more than counseling. If she's had any at all? Has she?"

"We don't know, Sir," Baz replied, "But it doesn't seem so."

"Wow," breathed the Inspector, "There's something downright evil lurking in that girl. I wanted to wrap the interview up, just to get her out of the room!"

"Yes, Sir," said Baz, "I have some experience of that with her. That's why my hair started to fall out."

"Is that so?

"Yeah, I'll tell you sometime."

"Yeah, I think you should, Baz."

He turned his gaze to me, "Ms. Lane," he said, "I probably won't be able to say this to your face, I'm far too ashamed for doubting you, but thanks, you did us proud in this case. You can add Esme Palmer's name to Marie Nowell's, the other missing girl you helped save, and many more in the future, I would think."

"Why, thank you, Sir."

"I'm hooked now, and I believe in you, both of you." He stood up then right in front of the two-way mirror and raised a hand to his forehead, "I salute you."

I blushed with pleasure, "Thank you, Sir. Oh, um, maybe you'd like a tarot reading at some point? A lot of people swear by them."

The Inspector laughed, "Well do you know, I just might." He made to go out of the door and then stopped and turned back, "Where did you say your shop is?"

Chapter Seventeen

Baz and I were in the flat above The Tarot Trove. It was a lovely September evening with just the right amount of sunshine. The kind that's a pale lemon, balmy and soft. The sky was blue speckled with soft creamy clouds (gladly not obsolete now), and a breeze pushed gently through the open windows, stirring the curtains so they rippled like the sea washing up on the shore. I watched, fascinated, as Bernie tapped at them backwards and forwards with her paws.

I could hear the squawk of contented seagulls and even the slapping of white-tipped waves as they pushed against the harbor wall. I imagine the brightly colored fishing boats, free now from the dry, cracked mud, dipping and swaying on the water. The hosepipe ban had been lifted, and gardens flourished again, and good or bad, you no longer had to bath with a friend.

I had made coffee, and we were sitting at the table, a pack of tarot cards in between us. I picked them up and shuffled them, feeling them slip and slide between my fingers. Music streamed in from The Bluebell, mingled with the chit-chat of people relaxing with a drink, *"Shadows grow so long before my eyes, and they're moving across the page…."*

"Hmm," said Baz, "Donna, I've been thinking."

Placing the pack of cards in front of him, I said, "That is a dangerous business, Baz. You shouldn't do it too often."

He laughed long and loud, throwing back his head, his bare chest showing clearly from the neck of his unbuttoned shirt, giving me a tantalizing thrill. I smiled as I fanned the cards out in front of him and said, "Pick three cards and place them face down on the table. Come on, you know the drill."

He picked up the pack of cards and, touching them thoughtfully, said, "I've decided to ask the Inspector to be my best man." Bernie made her stealthy way up onto my lap and, after turning around and around in circles, made herself comfortable, her purr like a little motor, her body soft and warm. *"Ooh, baby, I love your way, every day…."*

"That's a good idea. He'll be thrilled." Slowly and carefully, seeming to give it a lot of thought this time, he picked three cards and laid them out on the table in front of me.

"Do you think so?"

"Well, yeah, I do." *"Moon appears to shine and light the sky…."*

"The Inspector's happy at the moment. They arrested the guy who gets a kick out of killing young men." He sipped from his mug and then ran his tongue over his lips. I just couldn't take my eyes away from his lips. *"Wanna be with you night and day, hey...."*

"Great. Another crazy loon off the streets."

I turned over the first card, "Wow, Baz, the 6 of wands, the Victory card!"

"Victorious!" crowed Baz.

"Yeah, true enough, isn't it? You helped save Esme Palmer."

"Yeah. Do you know what he said, though, the Inspector?"

"What?" *"Well, don't hesitate, cos your love won't wait...."*

"That even the guy they arrested didn't spook him with a stare the way Hazel Palmer did."

"And that's saying something."

Baz nodded and then said, "How about you?"

"What? Am I having a best man?"

"Ooh baby, I love your way, every day...." Baz laughed again and said, "No. Any bridesmaids?"

"Um, no, my number one choice for a bridesmaid left me long ago. No one can take her place." He squeezed my hand tightly, knowing exactly who I was talking about.

Slowly I turned over the second card. "Ooh, this is interesting, the two of hearts. You had that last time, didn't you?"

"Yeah, what is the universe trying to tell me then. Is it me and you?" He gave me a somewhat shy grin.

I smiled and nodded, said, "Yes, it could very well be," And then, "In answer to your question, I may have a Matron of Honour, I might ask Natalie and Esme too, and Dandy's got to be part of it all."

"Not Hazel, though, I hope?" He rolled his eyes. *"I can see the sunset in your eyes...."*

"No," I shook my head and sipped my coffee, "She's still dealing with her demons. I don't think she'd accept even if I offered."

"Hmm, the hospital might let her out on a day release, but...." *"Brown and grey, blue besides...."*

"Yeah, I could ask the staff...and Angela."

"Talking of Angela, I thought she was going to shoot Hazel at one point, did you?"

"Yeah, she was that angry! And what about Vicky Lonsdale? Will she serve more time for smuggling the gun out?"

"Yeah, without a doubt."

"Hey, how about Art Cooper, though?"

"What about him? I don't want him as a Matron of Honour."

He gave a great whoop of laughter, "No, not that. Is he a character or what?"

"Ha, yeah, that quip about his beard cracked me up."

"Yeah, what did he say? Something about his beard

goals?" *"Clouds are stalking islands in the sun...."*

"Nobody will care about his beard goals where he's going. Prison for two years. Tick. And not allowed to keep animals for the rest of his life. Tick."

"And as for him musing in a deep hole. Well, that really took the biscuit!"

"To tell you the truth, I can see him sitting down there amongst the spiders and the worms."

I turned over the third and final card to reveal the 4 of wands. I gazed at it, taking in the picture of a happy couple, four upright posts depicting a house decorated with garlands.

"Well, what does it mean?" asked Baz, pointing to the card. "Don't keep me on tenterhooks." *"Well, don't hesitate, cos your love won't wait...."*

"The 4 of wands," I said, "Is a card of family, good times and celebration." I fluttered my eyelashes at him, "You know, parties, weddings."

"Well, what a coincidence, a wedding. So an overall good reading then?" *"But don't hesitate, cos your love won't wait...."*

"A very good reading. A prediction of your future."

He leaned forward, elbows on the table, "Going back to Art Cooper, I bet Angela won't miss him."

"No, she's asked for a divorce anyway, I think."

"Yeah, I'm not surprised. I don't think theirs has been a happy marriage."

"She met him pretty soon after the death of her

husband, didn't she?"

"Mm, maybe too soon." *"Ooh, baby, I love your way, every day...."*

"Let's have a glass of wine to celebrate. Mateus Rose, Barrington?"

I gave him a cheeky grin as I went to the cupboard for a bottle, brandished it in the air and went to fetch two glasses. I poured the wine, a deep ruby red flowing into the glasses. "I wish you hadn't lost your straw trilby that night. You looked really cute in that hat."

"Ha, yeah," he laughed, "Blew away in the wind," He shrugged, "Maybe in the Isle of Wight as we speak." He took a sip of wine, "Mm, lovely. Thank you."

"We raised our glasses, "To Esme Palmer," I said.

"To Esme Palmer," said Baz, giving me his charming smile.

"You'll need a new trilby to wear at our wedding."

He leaned forward, pressing his lips to mine, they tasted sweet and sugary, and I closed my eyes thinking with a heady excitement of all the days stretching ahead where I would be able to kiss Baz Brady's lips.

"Thinking about that night gives me goosebumps. Esme could have been killed!"

"I know. Hazel went over the edge, but I told you what she was like with me. And that was years ago."

I nodded and said, "She had me believing in her, though, the day we had coffee together, she was sweet as pie."

"She was traumatized," said Baz, "And because she didn't tell anyone, most people thought the death of her dad hadn't affected her. "Oh, she was too young to remember," they said, "She was just a kid!"

"Even Angela didn't seem to realize," I added.

We both nodded sadly when Baz, leaning in closer, asked, "Have you had any dreams lately?"

"Only about you," I replied promptly.

He laughed again, throwing back his head, showing his neck and the tiny curly hairs on his chest. I sipped at my drink and, looking at the cards again, pointing to each one, said, "So, as an overview. The 6 of wands indicates the victory you've just experienced. That's your past card. The two of hearts is your present card, the partnership that you find yourself in now. As you say, it could be me and you, partners in crime, as well as romantic partners, and the fourth card is family, celebration, and homemaking."

"That's me and you, then, making a home together."

I nodded as he raised his eyebrows and gave a sexy grin, "Just think, if it wasn't for your gift, we might never have met."

"You know who to thank for that, then, my mum and my grandmother. I learned everything from those two. I suppose," I said with a smile, "You could call it my inheritance."

"The best inheritance anyone could ask for."

"My grandmother told me to use it wisely, so that's

what I'm trying to do."

Baz suddenly stood up and, taking hold of my hand, pulled me over onto the settee, where we lay close together, tightly entwined like vines. His heart beat fast against mine, and his spicy cologne floated in the air, enveloping us in a seductive haze. His lips, so red and soft, were very close, as he said, "You're not the only one with a special gift, Donna."

"Oh," I said as I gazed into his deep brown eyes. "Have you a gift you haven't told me about, Barrington?"

A small smile hovered around his lips, as he said with feeling, "Yes, you. You're my gift, and I can't wait for you to be my bride."

Cupping his head with the palm of my hand, I pulled his lips towards mine, letting them meet and hold for a very long time.

THE END

Debbie Chase (married name Debbie Spink) was born in Emsworth in Hampshire in 1959 but has lived in West Yorkshire since 1979. She is the eldest of five children (two sisters and two brothers) and has many nieces and nephews, great-nieces and nephews, aunties, uncles and cousins, having come from a very large family. She has been married since 1984 to Howard and has one daughter, Lara, and three cats, Ruby, Teddy and Maurice.

She has always been a reader and has enjoyed writing since school. Her proudest moment being when she achieved an A+ for an essay! She has had many short stories and poems for adults and children published in books and magazines. She has written four self-published books, the first being part fact/part fiction and called "You to Me Are Everything." The second book based on a real-life pet sitting job is called "The Confessions of a Pet Sitter (from the Pet's Point of View), and the third, the sequel to that book, "What a Catastrophe (Teddy's Tale). The fourth book is a book of poems, "I Wasn't There." All four books are available to buy on Amazon and many other online bookstores as a paperback or Kindle. She has also had six pocket novels "Planning on Love," "Romance on the Run," "Puppy Love," "Esther Baby," "Double Trouble" also known as "The Doppelganger" and "The Crying Game," published with My Weekly magazine, with another one, "Rachel's War" coming out in December 2022. Her other novels, "Educating Maggie," "A Step Back in Time," "Ruby Tuesday," and "The Haunting of Pear Tree Cottage," are published here with World Castle Publishing, with another novel, "The Gift," coming soon. All her novels are available on Amazon, Barnes & Noble, e-Bay, Abe Books and many online bookstores.

Her hobbies are weight training, walking, yoga, kettlebell workouts and Pilates. She is also teaching herself sign language in her spare time.
After many years of office work, pub work and shop work, she is now partially retired and, as well as writing her books, works part-time as a Dog Walker/Pet Sitter (Woof Woof Walkies) with her daughter and as an Examination Invigilator in a local school.

Visit her website at: https://www.debbiechase.rocks/

Printed in Dunstable, United Kingdom

77913696R00122